근대 도덕철학의 역사 ③

자율의 발명

나남
nanam

한국연구재단 학술명저번역총서
서양편 399

근대 도덕철학의 역사 ③
자율의 발명

2018년 8월 31일 발행
2018년 8월 31일   1쇄

지은이   제롬 B. 슈니윈드
옮긴이   김성호
발행자   趙相浩
발행처   (주) 나남
주 소   10881 경기도 파주시 회동길 193
전 화   (031) 955-4601 (代)
F A X   (031) 955-4555
등 록   제 1-71호 (1979.5.12)
홈페이지 http://www.nanam.net
전자우편 post@nanam.net
인쇄인   유성근 (삼화인쇄주식회사)

ISBN 978-89-300-8934-0
ISBN 978-89-300-8215-0 (세트)

책값은 뒤표지에 있습니다.

'한국연구재단 학술명저번역총서'는 우리 시대 기초학문의 부흥을 위해
한국연구재단과 (주)나남이 공동으로 펼치는 서양명저 번역간행사업입니다.

근대 도덕철학의 역사 ③

자율의 발명

제롬 B. 슈니윈드 지음

김성호 옮김

나남
nanam

The Invention of Autonomy
A History of Modern Moral Philosophy

by Jerome B. Schneewind
Copyright © 1998 by Cambridge University Press, UK
All rights reserved

근대 도덕철학의 역사 ③
자율의 발명

차례

결 론

인용과 생략형에 관하여

참고문헌의 전반부에 해당하는 1차 자료들에서는 1800년 이전에 출판된 저술의 목록을 제시했다. 여기에는 내가 주로 논의한 철학자들의 저술뿐만 아니라 도덕철학사의 초기 업적에 속하는 수많은 저술이 포함되었다. 이런 저술을 인용하면서 이 목록에서 어떤 저자의 저술이 오직 한 권뿐일 경우에는 저자의 이름만 표시했고, 그렇지 않은 경우에는 저술 제목의 일부 또는 아래의 생략형을 표시했다. 1차 자료 끝부분에 제시한 자료집에서 인용할 경우에도 마찬가지로 편집자의 이름과 페이지를 표시했다.

1800년 이후에 출판된 주석가들과 역사가들의 저술을 인용하면서는 모든 경우에 저자의 이름과 출판연도를 표시했다. 내가 인용한 저술들의 목록은 참고문헌의 후반부에 해당하는 2차 자료에 등장한다. 때로 어떤 현대의 저술을 단 한 번만 부수적으로 인용하기도 했는데 이 경우에는 각주에서 상세한 서지사항을 밝혔다.

DJBP   그로티우스, 《전쟁과 평화의 법》(*De Jure Belli ac Pacis Libri Tres*). Trans. Francis W. Kelsey(1925), Oxford.

DJN   푸펜도르프(1672), 《자연법 및 국가의 법에 관하여》(*De Jure Naturae et Gentium*). Trans. C. H. Oldfather and W. A. Oldfather (1934), Oxford.

DJP   그로티우스(1604), 《전리품과 노획물 법에 관한 주석》(*De Jure Praedae Commentarius*). Trans. Gwladys L. Williams and Walter H. Zeydel(1950), Oxford.

LCCorr   클라크와 라이프니츠, 《라이프니츠-클라크 편지》(*The Leibniz-Clarke Correspondence*). Ed. Henry G. Alexander(1944), Manchester.

LE   칸트, 《윤리학 강의록》(*Lectures on Ethics*). Ed. Peter Heath and J. B. Schneewind. Trans. Peter Heath(1997), Cambridge.

MM   칸트, 《도덕 형이상학》(*The Metaphysics of Morals*). Trans. Mary Gregor(1991), Cambridge.

ST   아퀴나스, 《신학대전》(*Summa Theologia*). Trans. Fathers of the English Dominican Province(1947), New York.

TP   칸트, 《이론철학, 1755~1770》(*Theoretical Philosophy*, 1755 - 1770). Trans. and ed. David Walford and Ralf Meerbote (1992), Cambridge.

제 4 부

자율과 신성한 질서

제 20 장

완전성과 의지: 볼프와 크루지우스

1720년대 할레(Halle) 대학 신학부는 볼프의 철학에 격분해 이를 공격할 준비를 갖추었다. 신학부 학자들은 특히 볼프가 앞서 독일어로 쓴, 형이상학 체계에 관한 저술을 라틴어 증보판으로 출판하려 한다는 소식을 듣고 크게 분개했다. 이들은 볼프가 할레대학에서 강의했던 반종교적인 이론들이 그의 새 저술을 통해 세계 전체로 확산될 뿐만 아니라 대학의 평판도 크게 악화되리라고 여겼다.[1] 만일 신학자들이 외국인들은 독일어로 쓴 형이상학 저술을 읽지는 않으리라고 생각했다면 그 판단은 옳았다. 심지어 이보다 30여 년 후에 아담 스미스는 다음과 같이 말함으로써 이런 사실을 잘 보여 준다. "독일인들은 결코 자신들의 언어를 계발하지 않았다. 독일 지식인들은 독일어가 아닌 언어로 생각하고 저술하는 데는 익숙했던 반면 독일어로

---

1) Hinrichs(1971): 410~411면.

어떤 민감하고 정교한 주제라도 만족스럽고 정확하게 생각하고 저술하는 일은 드물었다." 또한 그는 비록 독일 학술계가 이룩한 업적은 외국에도 알려졌지만 "어떤 특정한 인물의 저술이 탐구 대상이 된 경우는 거의 없었다"고 덧붙인다. 2)

스미스의 이런 언급은 당시 독일 학술계에 대한 일반적인 평판을 잘 드러낸다. 18세기 비독일인들이 보기에 독일은 매우 작거나 기껏해야 중간 정도 크기의 수많은 나라가 모인, 체계가 없는 오합지졸에 지나지 않았다. 그러므로 다소 독창적일지는 몰라도 학술계에도 아무런 기여는 하지 못하는 곳으로 여겨졌다. 비독일인들은 독일어를 배울 가치가 없는 언어로 생각했다. 하지만 독일 학자들은 프랑스어로 쓰인 중요한 저술 거의 대부분과 영어로 출판된 수많은 저술을 재빨리 독일어로 번역했다. 하지만 독일 학자들 자신이 프랑스어로 저술하지 않는 한 18세기 후반 이전까지 이들의 책이 외국에서 읽히는 경우는 거의 없었다.

17세기 끝 무렵부터 독일 저술가들과 사상가들은 독일이 문화적 후진국이라는 외국의 평가를 받아들이고 이런 상황을 변화시키려고 분투하기 시작했다. 이들은 〈관망자〉(Spectator)와 같은 영어 잡지를 본받아 독일어 잡지를 창간해 비교적 부유한 계층에 속하는 상인, 법률가, 고위 관리들이 품위 있는 예의범절을 익히고 시야를 넓히도록 유도했다. 3) 그리고 비록 큰 성과를 거두지는 못했지만 대학 개혁도 시도하였다. 4) 또한 외국어로 쓰인 시나 희곡, 소설 등을 전

---

2) Smith, *Essays*, "Letter to the Edinburgh Review": 243면.
3) 이런 잡지들에 관한 흥미로운 탐구로는 Martens(1968) 참조.

형으로 삼아 독일어를 발전시키는 데 전력을 기울였으며, 더 나아가 이런 전형을 넘어서서 세련되고 정교한 독일어로 글을 쓰는 혁신적인 저술가들을 돕고 이들에 대한 문예 비평을 후원했다.

이런 활동의 목표는 단지 당시 계몽된 프랑스인들과 같은 수준에 이르는 데 그치지 않았다. 여기에는 상업이나 행정 분야에서 성공한 사람들이 고도의 계급사회가 부과하는 질서에 복종할 수밖에 없다는 사실에 분개하도록 만듦으로써 이들의 삶에 더욱 큰 자유를 부여하려는 목표도 있었다. 루터파 목사들과 가톨릭 성직자들은 엄격한 도덕을 고수했다. 귀족과 궁정의 신료들은 세금뿐만 아니라 무조건적 복종도 강요했다. 이 시대의 계몽을 우리는 탈신화화라고 생각할지 몰라도 사실 그것은 정치적 목표를 지닌 문화적 시도였다.[5] 도덕과 정치에 관해 자신의 모국어로 분명하고 정확하게 말할 수 있는 능력을 기르는 것은 계몽주의 기획의 핵심적인 부분이었다.

1. 볼프: 체계의 필요성

이렇게 하는 데 볼프(Christian Wolff, 1679~1754) 보다 더 큰 노력을 기울인 철학자는 없었다. 이전에 토마지우스는 프랑스어나 영어 단

---

4) 이에 관해서는 McClelland(1980), Turner(1974), Paulsen(1919) 참조.
5) 멘델스존(Moses Mendelssohn)은 "계몽이란 무엇인가라는 질문에 대해" (On the Question: What Is Enlightenment?) 라는 글의 첫 문장에서 "'계몽'(*Aufklärung*), '문화', '교육'(*Bildung*) 등의 단어는 우리 언어에서 아직도 신조어에 속한다"고 말한다. 당시 이들은 책에서만 사용되는 단어였다. 멘델스존의 글은 1784년 출판되었다. Bahr: 3면.

어에 독일어 어미를 붙이는 방식을 사용해 모국어인 독일어로 철학적 논의를 진행했지만 볼프는 완전히 새로운 어휘를 만들어 내어 당시 여전히 대학을 지배했던 라틴어를 독일어로 대체하려 했다. 토마지우스는 자연법과 도덕에 관해 나름대로 일관성을 지닌 견해를 제시하려 했지만 그리 성공을 거두지 못했다. 반면 볼프는 논리학과 방법론으로부터 출발해 존재론과 철학적 심리학, 실천철학의 보편적 원리 등을 거쳐 이들을 도덕, 정치학, 국제법, 경제학, 우주론, 자연의 목적론 그리고 동물과 인간이 지닌 신체 기관의 목적론에 구체적으로 적용하는 데까지 이르는 철학의 전체 체계를 구성했다. 1712년부터 1726년까지 그는 자신의 견해를 독일어로 쓴 비교적 간결한 저술들로 출판했다. 그 후 그는 이들을 더욱 확장해 방대한 분량의 라틴어 저술로 다시 출판했다. 그의 저술 중 일부는 요약된 형태의 프랑스어 번역으로 출간되기도 했으며, 그의 라틴어 저술은 그렇게 방대한 저술을 읽을 인내심을 지닌 사람이라면 누구나 당연히 접할 수 있었다. 6)

---

6) 볼프의 생애와 저술에 대한 더욱 상세한 설명은 Ecole(1990) 참조. 볼프는 1703년 이후 계속해서 수학과 과학에 관해서도 다양한 저술을 썼으며, 자신의 철학을 독일어로 출판하는 동안에도 라틴어 저술을 계속했다. 그가 "독일어로 쓴 논리학"은—이 책의 제목은 《인간 지성의 능력에 관한 이성적 고찰》(Vernünftige Gedanken von den Kräfften des Menschlichen Verstandes)인데—1712년 출판되었다. 이 책은 라틴어, 프랑스어, 이탈리아어, 네덜란드어 그리고 1770년 영어로 번역되었다. 볼프가 독일어로 쓴 형이상학, 윤리학, 정치학 관련 저술들은 영어로 번역되지 않았다.
    샤틀레 후작 부인(Mme. du Châtelet)은 1741년에 출판한 《물리학 입문》(Institutions de physique)에서 라이프니츠뿐만 아니라 볼프에 대해서도 훌륭한 설명을 제시한다. 베를린에 살았던 두 위그노 교도는 볼프의 저술들에 대한 더욱 상세한 설명을 담은 책을 출판했다. 데샹(Jean Deschamps)

볼프는 자신이 왜 철학적 저술들을 독일어로 쓰는지 매우 명확한 태도로 밝힌다. 행복과 떳떳한 양심은 도덕에 관한 확고한 지식을 필요로 하는데 그런 지식은 확실한 기본 원리들을 요구한다. 일반적으로 어떤 사람은 논증적 지식을 산출하는 데 다른 사람들보다 훨씬 뛰어나다. 하지만 후자도 전자가 쓴 저술로부터 도움을 받을 수 있다. 이런 측면에서 볼프는 다음과 같이 말한다. "바로 이런 이유 때문에 나는 나의 철학 사상들을 독일어로 출판한다. 철학으로부터 나는 진리에 관한 기본 지식들을 이끌어 내어 그리 많은 공부를 하지 않은 사람도 이를 얻을 수 있도록 만들고자 한다. 그리고 나의 노력이 유용한 것으로 인정받을 때 나는 큰 기쁨을 느낀다."[7]

또한 도덕의 기본 원리들을 가르치는 일이 왜 교수직을 필요로 하느냐는 질문을 던질 수 있다. 이에 대해 볼프는 도덕적 지식이 비록 실천적 측면에서 가장 중요하다 할지라도 이런 지식은 형이상학적,

---

은 볼프 철학 체계의 기초를 설명한 프랑스어 요약본을 1741년과 1743년에, 볼프의 심리학을 요약한 두 권의 라틴어 저술을 1747년에 각각 출판했다. 포르미(J. H. S. Formey)는 1741년에서 1753년 사이에 모두 여섯 권으로 이루어진 《탁월한 볼프주의》(*La belle Wolfiennne*)를 출판했는데 여기서 볼프의 수장 대부분을 다루었다. 또한 포르미는 1740년부터 〈독일 총서〉(*Bibliothèque Germanique*)라는 잡지를 편집했는데 이는 프랑스 독자들에게 독일 사상을 알리려는 의도에서 출판되었으며, 포르미의 관점에서 독일 사상이란 곧 볼프주의를 의미했다. 볼프주의에 대한 프랑스의 반응을 더욱 상세히 다룬 내용으로는 Barber(1955), VIII장 참조.

7) 《인간 행위에 관한 이성적 고찰》(*Vernünftige Gedanken von der Menschen Thun und Lassen*), 1720, 288~289. 이 저술은 흔히 "독일어로 쓴 윤리학"으로 알려져 있으므로 이를 《윤리학》으로 인용하고 절의 번호를 표시하려 한다. 또한 직역하면 "세속적 지식"을 의미하는 볼프의 용어 *Weltweisheit*를 "철학"으로 번역하려 한다. 볼프는 이 용어를 *Gottesgelarhtheit*, 즉 "신학" 또는 "신에 관한 학문"에 대응하는 용어로 도입했다.

심리학적 지식에 의존하며, 이들은 다시 적절한 출발점으로부터 적절한 순서에 따라 도출되어야 하므로 체계적인 연구가 필요하기 때문이라고 답한다. 볼프가 1703년에 제출한 박사학위 논문은 방법론에 관한, 독일어로 쓰인 최초의 저술이었다. 그는 형이상학에서 논증의 순서를 설명하면서 자신의 논리학에 의지하며, 이어 윤리학에서 자신의 원리들을 설명하면서는 앞서 다룬 형이상학에 의지한다. 그는 이런 방식으로 일련의 설명을 시도함으로써 항상 다음 단계를 설명할 때 그 이전 단계를 떠올리도록 한다. [8] 그의 철학 전체는 근대 개신교의 스콜라철학적 체계를 구성한다. 볼프를 뒤따른 사람들은 많았지만 우주가 신을 통해 질서 있는 세계로 형성되는 방식에 관한 이성적 지식이 우리의 삶에도 조화를 가져오고 다른 사람들과 사회적 조화를 이루면서 살도록 하는 데에도 필수적이라는 주장을 매우 정교하고 완전하게 제시한 인물은 그 이후로 없었다.

볼프의 이런 종합은 과연 독창적이었는가? 그를 비판하는 사람들은 그의 견해를 "라이프니츠-볼프 철학"이라고 비하하기도 한다. [9] 볼프가 라이프니츠로부터 큰 영향을 받았음은 분명한 사실인데 이는 그가 라이프니츠의 모나드 이론, 충족이유율, 예정조화설 등을 수용했다는 점에서 잘 드러난다. 하지만 경험적 지식을 이성적 지식만큼이나 중요하게 생각하고, 여러 진리가 후에 어떤 체계에 속한 것으로 드러나든 간에 우선 진리를 추구해야 한다고 생각하는 점에

---

8) 예를 들면 《인간의 사회적 삶에 관한 이성적 고찰》(*Vernünftige Gedanken von dem gesellschaftlichen Leben der Menschen*)의 서문 참조. 이하 이 저술은 《정치학》으로 인용하기로 한다.

9) Carboncini (1969) ; Corr (1975) 참조.

서 그는 라이프니츠주의자보다는 절충주의자에 더욱 가깝다. 10) 특히 가장 지속적으로 관심을 보였던 실천철학의 영역에서 볼프는 라이프니츠를 훨씬 뛰어넘었다. 만일 "라이프니츠-볼프 철학"이란 것이 존재한다면 이 철학의 윤리학과 정치 이론은 거의 볼프가 만들어낸 것임에 틀림없다.

경험적 또는 "역사적" 지식은 감각에서 생겨나며 현실에 실제 존재하는 바를 우리에게 알려 준다. 수학은 분량에 관한 지식을 제공한다. 철학은 왜 사물들이 현존하는지 그 근거를 알려 주는, 더 정확하게 말하자면 무엇이 가능한지 설명하고 여러 가지 가능한 것 중에 왜 현재 존재하는 사물들이 현존하게 되었는지를 알려 주는 학문이다. 따라서 철학이 흔히 말하듯이 본질상 개념적인 학문이라 할지라도 철학의 원리들은 "경험에서 도출되어야 한다"(《논고》 34). 철학은 경험을 통해서 주어지는 사실들이 가능성의 원리 및 사물들의 근거와 어떻게 연관되는지 보여 주는 논증적 증명들을 제시해야 한다. 이런 측면에서 보면 철학은 유용하다. 볼프는 "우리가 철학적으로 인식하는 것들은 단지 역사적으로 인식하는 것들에 비해 훨씬 더 성공적으로 인간 삶의 문제들에 적용된다"고 말한다(41).

철학은 세 분과로 나뉜다. 신학은 신을, 심리학은 영혼을, 자연학은 물체를 다룬다. 11) 이들은 각각 자신의 주제와 관련해 무엇이 가

---

10) 이런 방법론적 견해는 그의 독일어 논리학에서도 등장하지만 《철학 일반에 관한 예비적 논고》(*Preliminary Discourse on Philosophy in General*)에서 더욱 상세히 설명된다. 이 저술은 《논고》로 인용하고 절 번호를 표시하기로 한다.

11) 볼프는 "심리학"(*Psychologia*)이라는 용어를 저술 제목으로 사용한 최초의

능한지 보여 준다. 따라서 심리학은 영혼이 무엇을 할 수 있는지 보여 준다. 우리는 영혼이 인식 능력과 욕구 능력을 지닌다는 점을 경험을 통해서 배운다. 철학은 이런 능력이 무엇을 가능하게 하는지 보여 준다(《논고》 58~60). 이런 점들을 배운 후에야 실천철학을 시작할 수 있는데, 실천철학이란 "욕구 능력이 선을 택하고 악을 피하도록 이끄는 학문"이다(62). 이런 체계화를 통해 볼프는 후에 흄이 오직 행위와 동기 사이의 상대적인 영속성에 관한 특별한 주장들을 통해서만 도달했던 바에, 즉 행위에 관한 심리학이 도덕의 결정 요소라는 점에 이르게 된다.

2. 볼프의 심리학

볼프가 자신의 심리학을 간단히 요약한 내용은 그가 독일어로 쓴 형이상학적 저술 《신, 세계 그리고 인간의 영혼에 관한 이성적 고찰》(*Vernünftige Gedanken von Gott, der Welt und der Seele des Menschen*)에 등장한다. 12) 그는 영혼이 단순한, 비물질적인 실체라고 주장한

인물이다 — 그의 《경험적 심리학》(*Psychologia Empirica*)과 《이성적 심리학》(*Psychologia Rationalis*)에서는 비록 정확하게 일치하지는 않지만 오늘날 우리가 심리학이라고 여기는 바가 다루어진다.

12) 이 저술은 흔히 독일어로 쓴 형이상학으로 알려져 있으므로 이를 《형이상학》으로 인용하고 절의 번호를 표시하려 한다. 여기에는 볼프의 사상이 지닌 라이프니츠적 특성이 많은 점에서 분명하게 드러난다. 예를 들면 765~766절 참조. 여기서 볼프는 예정조화설을 받아들인다.

바움가르텐(A. G. Baumgarten)의 저서 《형이상학》(*Metaphysica*, 1739, 이후 여러 차례 중판)은 칸트가 강의에서 정기적으로 사용했던 교과서였는

다. 현존하는 다른 모든 것들과 마찬가지로 영혼의 본질도 영혼의 능력에 의해서 구성된다. 그런데 영혼은 단순하므로 오직 하나의 능력만을 지닌다(《형이상학》: 742~745). 이 능력은 기본적으로 영혼과 연결된 육체를 거쳐 영혼에 영향을 미치는 것으로서의 세계를 표상하는 능력이다. 표상들(Vorstellungen)은 명석함과 판명함의 정도가 서로 다르다. 어떤 표상이 자신과 유사한 다른 표상과 더욱 분명하게 구별하면 할수록 그 표상은 더욱 명석하다. 어떤 표상을 형성하는 더욱 많은 부분들을 분명하게 지각하면 할수록 그 표상은 더욱 판명하다. 판명하든 그렇지 않든 또는 명석하든 모호하든 간에 모든 표상은 본질상 세계에 관한 명제를 우리에게 전달한다(198~199, 206, 209). 감각, 상상, 기억, 반성, 이해, 욕구, 의지 등은 모두 영혼이 세계를 표상하는 서로 다른 방식들로 이해되어야 한다(747).

따라서 볼프의 견해는 감각에서 개념적 추론에 이르는, 욕구에서 의지작용에 이르는 모든 종류의 정신적 활동과 이에 속하는 각각의 경우가 두 가지 요소, 즉 명제로 표현되는 일정한 내용과 명석, 판명함의 정도로 구성된다는 점을 함축한다. 영혼은 오직 한 가지 능력만을 지니며, 내용과 명석, 판명함의 정도는 이런 능력이 드러나는

데 여기에는 라이프니츠-볼프 철학의 포괄적인 개요가 등장한다. 1766년 마이어(G. F. Meier)는 자신의 강의에 사용하기 위해 이 책을 독일어로 번역했다.

심리학에 관한 볼프의 설명은 그가 쓴 《경험적 심리학》과 《이성적 심리학》에 훨씬 더 길고 상세하게 제시된다. 전자에서는 지각, 기억, 상상력, 주의력, 다양한 형태의 사고, 성향, 쾌락, 정서, 정신과 육체 사이의 연결 등의 주제가 요약되며, 후자에서는 이들 모두가 어떻게 영혼의 본질에 의해서 가능하게 되는지 다루어진다.

유일한 측면이므로 이것 외에 정신의 상태를 확인할 수 있는 요소는 전혀 존재하지 않는다. 예를 들면 감각은 명석한 표상일 수도 있지만 — 즉 나는 초록색이 빨간색이 아니라는 점을 명석하게 인식하지만 — 판명하지는 않다(undeutlich). 왜냐하면 나는 무엇이 빨간색과 초록색의 차이를 형성하는지 정확하게 알지 못하기 때문이다. 하지만 차이에 관한 일련의 진리들이 존재하는데 내가 색들을 판명하게 지각할 경우에만 이런 진리들을 인식할 수 있다. 표상에 대한 반복적인 작용을 포함하는 기억과 반성을 통해 우리는 더욱 명석하고 판명한 개념을 얻고, 판단을 형성하고, 추론을 진행한다. 표상들로부터 어떻게 정념과 의지가 등장하는지 알기 위해서는 새로운 방식의 고려가 필요하다.

라이프니츠와 마찬가지로 볼프는 세계와 그 안에 있는 모든 것을 완전성과 불완전성의 측면에서 파악한다. 볼프는 사물들의 완전성을 "다양한 것들의 조화"로 정의한다(152). 복합적 실재는 하나의 목적에 이르기 위해 서로 조화롭게 작용하는 수많은 부분들로 형성된다. 어떤 실재가 더 많은 부분들을 포함할수록 그들을 하나의 목적을 향하도록 조직하는 원리는 더욱 단순하며 따라서 그 실재는 더욱 완전하다. 볼프는 이 세계가 모든 가능세계들 중 가장 완전한 것이라고 주장하는데 그 까닭은 이 세계의 모든 부분들이 신의 영광을, 즉 신의 무한한 완전성을 표현하기 위해 가능한 한 가장 완전하고 단순하게 함께 작용하기 때문이다(982, 1045, 1049~1051).

완전성 이론은 정념과 욕구를 이해하는 데도 중요하다. 완전성을 인식할 때 또는 완전성을 인식한다고 스스로 생각할 때 우리는 쾌락을 느낀다. 진정으로 쾌락을 느끼는 것은 곧 완전성을 직관하는(ein

Anschauen der Vollkommenheit) 것이다(404). 13) 볼프는 직관이라는 용어를 통해 추론되지 않은 표상을 의미하는데, 직관은 결코 오류에 빠지지 않는다는 점을 암시하고자 의도하지는 않는다. 우리는 완전성에 대한 정확한 표상뿐만 아니라 잘못된 표상으로부터도 쾌락을 얻을 수 있다(405). 그리고 우리가 느끼는 쾌락의 총량은 우리가 직관하는 완전성의 총량과 절대적으로 비례함에 틀림없다. 14) 쾌락 및 불쾌 또는 고통은(417~418, 421 참조) "우리 자신과 우리의 상태를 더욱 완전하게 만드는 것은 선"(422)이라는 핵심적인 정의를 통해 선악과 연결된다. 따라서 선에 대한 직관적인 인식이 바로 쾌락을 낳는다고, 더욱 정확하게는 구성한다고 말할 수 있다. 이런 방식으로 이해할 경우 쾌락과 고통은 정념을 형성하는 기본 요소가 된다.

쾌락과 고통은 서로 분명히 구별되지만 이들은 모두 완전성 또는 선악에 대한 판명하지 않은 표상의 수준에 머문다(432~433). 판명하지 않은 한에서 이들은 감각적 욕구를 불러일으킨다. 이런 욕구는 "우리가 무언가의 선에 대해 판명하지 않은 개념을 가진 상태에서 그것을 향하려는 영혼의 성향이다"(434). 무엇이 초록색과 빨간색을 만드는지 모르면서도 이 둘을 서로 구별할 수 있듯이 우리는 좋아하

---

13) 라틴어 원문은 다음과 같다. "Voluptas est intuitus, seu cognitio intuitiva perfectionis cujuscunque, sive verae, sive apparentis."《경험적 심리학》: 511. 볼프는 이런 생각이 데카르트에서 유래한 것이라고 말한다.

14) Ecole(1990), I. 269에서 지적되듯이 볼프는 가끔 쾌락과 고통이 직관의 결과인 듯이 말한다. 만일 이런 주장이 그가 쾌락과 고통을 표상이 아닌 정신의 상태로 보았음을 의미한다면 그는 자신의 기본적인 이론으로부터 무척 심각하게 벗어나는 셈이 된다. 하지만 어떤 경우든 쾌락 및 고통의 느낌은 지각된 완전성과 비례한다.

는 포도주를 싫어하는 포도주보다 더욱 완전하게 만드는 요소가 무엇인지 모르면서도 포도주의 맛을 구별해 특정한 포도주를 더 좋아하기도 한다. 이때 우리의 쾌락은 선을 혼란스럽고 판명하지 않게 반영한다. 하지만 볼프는 여기서 더 좋은 포도주를 마시려는 성향은 필연적이라고 말한다. 왜냐하면 영혼은 어떤 쾌락을 드러내든 간에 그것을 선으로 여기고 그것을 향하려는 성향을 가지고 있기 때문이다(878).

구체적인 정념들은 본질상 이들을 형성하는 일종의 선 또는 쾌락에 의해 특징지어지는데 우리가 그런 선과 유지하는 관계 또한 고려의 대상이 된다. 볼프에 따르면 욕구와 혐오는 쾌락과 고통으로부터 직접 등장한다(434, 436). 우리가 다른 어떤 사람의 행복에서 쾌락을 느끼는 성향을 보일 때 그 사람을 사랑하는 것이라고 말할 수 있다. 이런 사랑은 우리가 사랑하는 상대방이 잘 살아가는지 그렇지 못한지에 따라 우리에게도 상당한 정도의 행복이나 불행을 일으킨다(449~453). 라이프니츠가 때로 그랬듯이 볼프 또한 그리 주의 깊지 않게 우리는 다른 사람을 사랑하면서 우리 자신의 기쁨이나 이익을 추구한다고 전제한다. 볼프는 정념이 현저한 수준으로 강력해지면 감정으로 불리게 된다고 말한다(441). 감정은 이런 방식으로 우리에게 작용하는데, 감정이 판명하지 않은 한 우리는 감정의 노예가 된다(491). 하지만 우리가 지니는 표상의 질을 높임으로써 이런 감정의 노예 상태에서 벗어날 수 있다. 우리는 불명료하고 모호한 표상뿐만 아니라 명석하고 판명한 표상을 통해서도 무언가를 선하다고 생각할 수 있다. 우리의 사고가 더욱 명석하고 판명할수록 우리 자신은 더욱 완전해진다. 우리에게는 더욱 큰 완전성에 이르려는 노

24

력이 반드시 필요하다. 그러므로 모호한 표상에 의해서 움직이는 한 우리는 본질상 행해야 할 바를 덜 행하게 되며 따라서 수동적이 된다. 우리의 관념이 명확해질수록 우리는 본질상 행해야 할 바를 더 많이 행하게 된다. 명확한 관념이 그렇지 않은 관념보다 우리에게 더 큰 능력을 주므로 명확한 관념은 우리를 더욱 능동적으로 만든다 (115, 744, 748, 755~756). 더 능동적이 될수록 우리는 정념의 노예 상태로부터 더욱 멀리 벗어난다.

완전성 또는 선 일반을 향한 우리의 본질적 노력이 의지를 구성한다(492). "영혼의 능력을 드러낸다는 측면에서" 의지와 욕구는 서로 다른 종류의 것이 아니다(879). 완전한 무언가에 대한 표상은 곧 우리로 하여금 그것을 향한 성향을 지니게 하는 표상이기도 하다. 의지가 욕구와 구별되는 까닭은 오직 우리가 의지작용을 통해 서로 다른 관념들이 드러내는 완전성의 총량을 비교한 후 가장 큰 완전성을 향해 나아가기 때문이다. 우리의 의지를 움직이는 최후의 요소는 바로 우리의 행위 근거이다. 그리고 볼프는 라이프니츠와 마찬가지로 근거나 동기(*Bewegungsgrund*)가15) 없을 경우 의지는 선택 능력을 가질 수 없다는 점을 강조한다. 우리가 전적으로 무관심할 경우에도 어떤 선택을 내릴 수 있는 듯 보일지도 모른다. 하지만 설령 우리를 움직이는 완전성에 대한 인식이 의식 아래에 숨어 있는 경우가 자주 발생한다 할지라도 이는 사실이 아니다(496~498, 508~509). 더욱이 설혹 우리에게 영향을 미치는 감각적인 욕구를 인식하지 못한다

---

15) 볼프는 동기를 의미하는 라틴어 *motiva*를 독일어 *Bewegungsgrund*의 동의어로 사용한다.

할지라도 우리는 결코 더 좋게 보이는 것보다 더 나쁘게 보이는 것을 선호해 그것을 선택하지 않는다.

정신은 동기가 아닌 다른 무언가에 따라 행위하려는 성향을 조금도 지니지 않는다. 따라서 우리는 항상 필연적으로 우리가 얻을 수 있는 최대한의 선 또는 완전성이라고 드러나는 바에 따라 행위한다. 더욱이 라이프니츠와 볼프는 모두 신이 최선의 세계를 창조했다고 생각한다. 따라서 우리가 선악에 대한 표상에 의해 행위하도록 결정되어 있을 뿐만 아니라 이런 표상도 현재와는 다른 형태로 존재할 수 없는 듯이 보인다. 그러므로 우리는 결코 현재 행위하는 것과는 다른 방식으로 행위할 수 없는 듯하다. 이런 체계에서 과연 우리는 어떻게 자유로울 수 있는가? 이에 대해 볼프는 본질상 이미 라이프니츠에게서 발견되는 것과 동일한 대답을 제시한다.

볼프에 따르면 자유란 "동일하게 가능한 두 가지 것 중에 우리를 가장 만족시키는 것을 선택하는 선택 능력(*Willkühr*)으로 드러나는 영혼의 능력이다"(514~519).[16] 일반인들이 지니는 선입견과는 반대로 자유는 두 가지 대안을 놓고 어떤 쪽을 선호한다는 근거가 전혀 없이 마음대로 어느 하나를 선택하는 능력을 필요로 하지 않는다(511). 볼프는 자유에 대한 이런 견해는 모든 도덕적 진리를 파괴하고 말 것이라고 말한다. 도덕은 선과 악의 표상이 인간 행위에 상당한 영향을 미친다는 것을 필요로 한다.

---

16) 라이프니츠의 경우와 마찬가지로 여기서 또 다시 가능성은 순수한 논리적 가능성을 의미한다. 충족이유율에 따라 현실적이 아닌 것은 상상은 가능하지만 형이상학적으로는 가능하지는 않다.

만일 이런 사실을 내팽개친다면 도덕의 모든 확실성은 붕괴될 것이다. 왜냐하면 오직 선과 악의 표상만이 인간 영혼에 영향을 미칠 수 있기 때문이다. 심지어 국가 차원에서도 처벌에 기초한 의무는 인간이 선을 원하며 악을 원하지는 않는다는 사실, 더욱 큰 악에서 벗어나기 위해 자신이 선으로 여기는 바도 회피한다는 사실에 의존한다(512).

따라서 우리가 우리를 가장 강력하게 움직이는 근거에 따른 행위를 하도록 규정된다는 사실은 도덕을 파괴하는 것이 아니라 오히려 도덕에 필수적인 요소이다 — 후에 흄도 다소 다른 표현을 사용해 이 점을 지적했다.

3. 볼프의 윤리학

볼프는 의무에 대한 설명을 통해 윤리학을 완전성에 관한 형이상학적 심리학과 연결한다. 그는 "누군가에게 무엇을 하라는 의무를 부과하거나(verbinden) 면제하는 일은 오직 그것을 원하거나 원하지 않는 동기와 관련될 뿐"이라고 말한다. 예를 들면 재판관은 도둑질을 하면 교수형에 처하겠다고 위협함으로써 교수형을 두려워하는 사람들에게 도둑질하지 말라는 의무를 부과한다(《윤리학》 8). 따라서 우리에게 의무로 부과되는 바는 우리에게 해야 할 필요가 있는 바이다. 우리는 본성상 완전성을 증가시킬 가능성에 따라 필연적으로 움직이므로 항상 완전성을 추구할 의무가 있다. 이로부터 우리의 행위를 인도하는 기본 법칙이 등장한다. "우리와 우리의 상태를 또는 다른 사람의 상태를 더욱 완전하게 만드는 것을 행하고, 덜 완전하게 만드는 것을 행하지 말라." 이 법칙은 사물들의 본성으로부터 등장한 것이므로 곧 자연법칙이기도 하다(12~16). 우리는 자신의 이성을 통해 이를 배운다. 따라서 "합리적인 사람에게는 더 이상의 어떤 법칙도 필요하지 않다. 그의 이성이 곧 그 자신에게 법칙이기 때문이다"(24).

신이 세계를 창조했으므로 우리는 행위와 완전성 사이의 특별한 연결점이 신으로부터 우리에게 부과된 의무가 무엇인지 알려 준다고 이해할 수 있다. 그리고 이를 통해 우리를 인도하는 자연법칙을 곧 신의 법칙으로 여기게 된다. 여기에 볼프는 만에 하나 신이 존재하지 않더라도 신의 법칙은 우리에게 의무를 부과하는 자연법칙으로부터 도출될 수 없다는 점을 덧붙인다(5, 29). 또한 그는 자신이 주의주의에 반대하는 라이프니츠의 관점과 인간의 가치를 무척이나 강조한다는 점을 보여 주는 몇몇 논점을 더한다. 합리적인 사람은 자신이 해야 한다고 여기는 바를 행하면서 어떤 외부의 보상이나 처벌도 필요로 하지 않는다. 그는 오직 그것이 선하기 때문에 그것을 행할 뿐이며 따라서 그는 "선을 행하라는 의무를 부과하는 더욱 상위의 존재를 허용하지 않는, 마치 신과 같은 존재인데 … 오직 자신의 본성이 완전하기 때문에 그렇게 될 뿐이다"(38).

설령 신과 의무에 관한 그로티우스의 유명한 주장들을 그대로 따르며 우리의 사회적 본성이 중요하다는 점을 강조한다 할지라도, 볼프는 그로티우스주의자가 아니다. 그로티우스가 생각했던 것과 같은 갈등의 문제 상황은 라이프니츠의 철학에서와 마찬가지로 그의 철학에서도 등장하지 않는다. 어떤 한 개인의 진정한 완전성은 다른 모든 사람의 완전성과 결부된다. "자신을 가능한 한 완전하게 만들고자 하는 사람은 누구나 또한 다른 사람들이 추구하는 바를 추구하며, 이를 위해 누구도 희생시키기 원하지 않는다."(43) 스피노자와 마찬가지로 볼프는 신은 최고의 완전성인데 우리가 이런 수준에 도달할 수는 없다고 주장한다. 하지만 그는 좋은 삶을 우리 자신의 완전성을 향해 나아가는 과정으로 본다. 신을 경배하고 다른 사람을 돕는 일은 우리 자신의 완전성에 이르는 데 반드시 필요한 것들이다. 더욱이 덕은 완전성에 이르기 위해 우리에게 필요한 자연법칙에 따라 행위하려는 성향을 의미한다. 심리학을 통해 우리가 더욱 큰 완전성에 이를수록 더욱 큰 쾌락을 느낀다는 점을 배웠으므로 볼프는 우리의 행복이 바로 덕에 놓여 있다는 점을 스스로 증명했다고 생각한다(40~66).

이를 통해 완전성, 의무, 동기부여 그리고 행복을 모두 통합했다 할지라도 우리가 행해야만 할 바를 어떻게 인식할 수 있는지, 특히 우리에게 어떤 의무가 부과되는지에 관한 질문은 여전히 남는다. 볼프는 "양심"이라는 용어를 행위의 선악이 무엇이며 우리가 무엇을 행해야만 하고 행해서는 안 되는지 인식하는 일반적 능력을 지칭하는 것으로 사용한다(73, 78). 그는 양심에 관한 전통적인 논의에서 등장하는 수많은 구별에 대해 새로운 설명을 제시하지만 실상 우리가 양심이 필요로 하는 정보를 어떻게 얻을 수 있는지는 거의 언급하지 않는다. 만일 감각적인 쾌락과 고통으로 이루어진 판명하지 않은 지각들이 양심을 규정하도록 허용한다면 우리는 노예 상태에 빠질 것이며, 명석하고 판명한 지각이 우리를 인도한다면 자유로울 것이다 (81; 《형이상학》 519 참조). 우리는 설령 주의를 기울이더라도 잘못 행위할 수 있는데 그 까닭은 행위의 선악을 결정하는 것은 바로 행위의 결과이기 때문이다(《윤리학》100). 비록 우리가 주의 깊게 판단하지 못해 양심의 고통을 겪는다 하지라도 이런 잘못은 용서할 만한 것이다.

볼프의 주장대로 양심은 단지 특별히 도덕적이라고 여겨지는 행위만이 아니라 우리의 모든 행위를 판단한다. 따라서 양심이 판단을 내리는 방법을 정확하게 기술하는 데는 상당한 난점이 발생한다. 우리의 모든 행위는 완전성을, 즉 우리 자신과 다른 사람들의 행복을 증가시키는 것을 목표로 삼아야 한다. 앞서 언급했듯이 볼프는 지식인들이 나머지 사람이 따라야 하는 규칙을 발견할 수 있다고 생각한다(《윤리학》150). 또한 볼프가 다른 곳에서 지적하듯이(《형이상학》337) 우리는 일반 규칙 또는 특정한 경우를 판단하기 위한 "준칙"(*maxim*)을 필요로 한다. 그는 비록 다른 사람들이 행위할 때 따르는 준칙보다는 우리 스스로의 준칙을 인식하는 것이 쉽다고 생각하지만 — 물론 다른 사람들의 준칙을 발견하는 것도 그렇게 어렵지는 않지만 — 우리 자신이나 지식인들이 준칙을 발견할 수 있는 어떤 방법도 명시하지는 않는다(《윤리학》198~203).

하지만 볼프는 이런 준칙들이 무엇이며 무엇을 말하는지 알고 있다. 그는 자신이 생각하는 도덕을 의무와 관련해 표현하면서 푸펜도르프와 마찬가지로 의무를 자신에 대한 의무, 신에 대한 의무 그리고 다른 사람들에 대한 의무로 나눈다. 간단히 말하면 의무는 법칙과 일치하는 행위이다. 의무를 부과하지 않는 법칙은 없기 때문에 의무란 어떤 행위를 반드시 수행하도록 만드는 것이라고 할 수 있다(《윤리학》221). 볼프는 독일어로 쓴 윤리학에서 신에 대한 의무를 거의 200페이지에 걸쳐 설명하지만 원리 자체는 단순하다. 우리는 신에게 이익이 되는 아무것도 할 수 없다. 우리는 단지 신을 경배할 수 있을 뿐이다. 우리는 신의 완전성을 사랑함으로써, 곧 신의 법칙이기도 한 자연법칙이 우리에게 요구하는 모든 의무들을 수행함으로써 신을 경배한다(650~654). 신을 명석하게 인식할수록 우리는 신을 더욱 사랑하며, 신을 사랑할수록 신을 더욱 경배한다. 그리고 신을 경배할수록 우리는 더 큰 축복을 받는다. "따라서 축복받기 원하는 사람은 항상 신을 염두에 두고 행위해야 한다."(671)

볼프는 자신에 대한 의무를 매우 상세히 명시한다. 볼프는 이 의무가 단지 자신과 관련된 의무가 아니라 진정으로 자신에 **대한** 의무라고 생각하며 이 점에서 클라크와 차이를 보인다. 우리에게 이런 의무가 부과되는 근거는 신이나 다른 사람에 대한 봉사가 아니다. 이런 봉사에는 이미 충분한 근거가 있다. 자신에 대한 의무의 근거는 바로 우리 스스로 도달해야 하는 완전성이다. 우리는 자신의 육체뿐만 아니라 정신까지 돌보아야 한다. 우리는 자신의 지식과 의지를 발전시켜 자신의 덕을 증진해야 한다. 또한 우리는 자신의 상태를 개선해 완전성을 추구하고 신장할 더욱 적절한 수단을 제공해야 한다. 볼프는 독일어로 쓴 《윤리학》의 2부에서 많은 분량을 할애해 이 문제를 상세히 다룬다. 볼프는 건강을 유지하고 후원자나 은인에게 예의를 지키는 데 관한 준칙뿐만 아니라 제멋대로 분출되는 욕구를 조절하고 불타오르는 정념에 맞서 마음을 평온하게 유지하는 처방에 이르기까지 다양한 내용을 다룬다. 여기서 우리는 볼프가 당시 스코틀랜드의 대학에서 학생들을 가르쳤던 여러 영국 학자들과 마찬가지로 아직 사회적 배경도 없고 품위를 갖추지 못한, 거친 시골

소년들을 상대로 가르쳤음을 기억해야 한다.

볼프가 정의한 대로 철학적 윤리학의 영역에서 인간은 오직 그 자신만으로, 즉 어떤 외부적 권위와도 무관하게 살아가는 존재로 간주된다. 반면 정치학에서 인간은 사회적 존재로 다루어진다. 따라서 볼프는 타인과 관련된 권리 및 의무를 《윤리학》이 아닌 별도의 저서 《인간의 사회적 삶에 관한 이성적 고찰》(*Vernünftige Gedanken von dem gesellschaftlichen Leben der Menschen*), 즉 "독일어로 쓴 정치학"으로 알려진 저서에서 논의한다. 《윤리학》에서 자기 자신에 대한 의무가 거의 이백 페이지에 걸쳐 다루어지는 것과 대조적으로 다른 이들에 대한 의무는 단지 50페이지 남짓 언급될 뿐이다. 이런 불균형은 방법론 이상의 무언가를 함축한다. 볼프가 이런 방식을 택한 배후에 놓여 있는 원리는 매우 명확하다. "인간은 다른 사람들뿐만 아니라 자기 자신의, 외부 상태뿐만 아니라 영혼과 육체의 내부 상태까지도 더욱 완전하게 만드는 행위를 행해야만 한다. 따라서 다른 사람들에 대한 의무는 자기 자신에 대한 의무와 동일하다. 우리는 자신에게 행해야 하는 바를 다른 사람들에게도 행해야 한다."(《윤리학》767) 결국 볼프는 자기 자신에 대한 의무를 이미 길게 논의했기 때문에 오직 인간으로 간주될 뿐인 타인에 대한 특수한 의무에 관해 다시 상세히 논의할 필요를 느끼지 않는다. 하지만 독일어로 쓴 정치학에서 그는 배우자로서, 부모로서, 시민으로서 우리의 역할과 관련된 의무들을 상당히 길게 명시한다.

볼프의 견해에 따르면 우리 자신을 발전시킬 수 있는 유일한 방법은 우리 안에 명석 판명한 관념을 늘려 나가는 것뿐이다. 우리의 정신이 지닌 모든 것은 오직 표상에 지나지 않는다. 내용을 제외하면 표상들은 명석함과 판명함의 정도에서만 차이를 보인다. 우리 정신의 이런 측면을 발전시키지 못한다면 우리는 덜 완전해질 수밖에 없다. 더욱 큰 명석함과 판명함으로 나아가기 위해 노력하는 것은 우리의 본질 중 일부이다. 이런 성향과 일치하는 것은 오직 완전성을 구성하는 "다양한 것들의 조화"이다(《형이상학》157). 따라서 설령 자기완성이 무엇인지 항상 명확하게 파악하지는 못한다 할지라도 도덕은 오직 그 완성만을 위해서 항상 노력하는 자세를 필요로 한다. 자신의 완전성을 증가시키는 것만이 다른 사람들에 대한 행위를 개선하기 위해 취할 수 있는 유일한 변화이다. 이런 측면에서 볼프의 심리학은 자기완성이 우선해야 한다고 요구한다.

기본적인 자연법칙에 따르면 우리는 자기 자신에게 행해야 할 바를 다른 사람에게도 똑같이 행해야 하므로 볼프는 우리 자신을 다른 사람들과 결합된 존재로 여긴다. 그는 독일어로 쓴 윤리학에서 "우리는 다른 사람을 마치 우리와 한 사람인 듯이 대해야 한다"고 말한다(《윤리학》796). 이와 동일한 원리가 정치 이론에도 적용된다. 사회는 두 명 이상의 사람이 "공통의 최선"을 증진하기 위해 서로 연합한 경우에 생겨난다. 이런 측면에서 "이들은 공통의 이익과 관심사를 지니는 한 개인 이외의 다른 어떤 것으로도 간주될 수 없다"(《정치학》6).

이로부터 볼프가 이끌어 내는 교훈은 우리가 판단을 내릴 때 고려해야 하는 유일한 요소는 선의 총량이라는 점이다. 스스로 획득할 수 있는 선을 얻도록 어떤 타인을 도울 필요는 없지만 그가 선을 획득하는 데에 나의 도움이 필요할 경우에는 도움을 주어야 한다. 하지만 그가 얻는 이익보다 내가 입을 손실이 더 크다면 그를 도와야 할 의무는 사라지고 만다. 마찬가지로 어떤 약속을 지키는 행위가 오직 선을 산출할 경우에만 약속은 구속력을 지닌다. 약속 자체가 약속을 지키는 행위를 의무로 만드는 것은 결코 아니며, 만일 약속을 지키는 행위보다 어기는 행위에서 더욱 큰 선을 얻을 수 있다면 그런 약속은 어겨야 한다(《윤리학》 769~772, 1003~1006).

나는 다른 사람들의 완전성, 즉 쾌락을 원해야 하므로 다른 사람들이 느끼는 쾌락으로부터 나 자신도 쾌락을 느껴야 한다. 이는 내가 다른 이들을 사랑해야 함을, 나 자신을 사랑하듯이 그들을 사랑해야 함을 의미한다(《윤리학》 774~775). 볼프는 이를 라이프니츠적인 정의로 발전시킨다. 우리는 그저 다른 사람들을 사랑해서는 안되며 그들을 현명하게 사랑해야 한다. 하지만 지혜의 규칙에 따라 선을 행하는 것은 "바로 우리가 습관적으로 정의라고 부르는 바이다". 따라서 사랑과 정의는 지혜를 통해 하나가 된다(1022~1024).

4. 경건주의에 관한 언급

볼프의 저술을 편집한 한 인물은 볼프가 "18세기, 아니 근대 전체를 통틀어서도 가장 장황하고 지루한 문체로 글을 쓴 학자"라고 평가한다.[17] 설령 그렇더라도 그의 저술들은 매우 잘 팔렸다. 젊은 시절 할레대학에서 강의했던 1706년에서 1723년까지 수많은 학생들이

---

17) 볼프의 저서 《자연법과 국가법의 원리》(*Grundsätze des Natur- und Völ-ckerrechts*, Hildesheim, 1980)를 편집한 Marcel Thomann의 편집자 서문, v면.

그에게 매혹되었으며 이 때문에 그를 적대시했던 사람들, 특히 신학부 교수들은 그가 학생들을 훔쳐간다고 생각할 정도였다. 1721년 볼프는 중국의 윤리학에 관한 공개강의를 행했는데 여기서 그는 공자(Confucius)가 비록 신에 관한 적절한 지식이 없었으며 그리스도를 전혀 몰랐지만 도덕과 관련된 모든 중요한 진리를 발견했다고 (따라서 볼프 자신도 공자에게 동의한다고) 주장했다. 신학자 한 사람이 이 공개강의를 빌미로 볼프를 고발했다. 경건주의의 수장이었던 프랑케(August Herman Francke, 1663~1727)는 직접 국왕 프리드리히 빌헬름 1세(Frederick William I)에게 항의했다. 이 결과 1723년 국왕은 볼프가 철학을 가르치는 것을 금지했으며, 그의 생명을 위협하면서 왕국에서 추방했다. 18)

신학자들이 단지 개인적인 질투심 때문에 이렇게 한 것은 아니었다. 여기에는 종교적 신념도 크게 작용했다. 한때 토마지우스가 이끌었던 할레대학은 프로이센에 세워진 최초의 근대적인 대학에 그치지 않았다. 이곳은 또한 18세기 초반 개인적이고 감정적인 측면을 중시하는 루터파의 한 형태인 경건주의의 주요 본거지였다. 슈페너(Philipp Jakob Spener, 1635~1705)의 저술은 당시 루터파의 부활에 새로운 자극제가 되었는데, 이런 슈페너의 추종자였던 프랑케는 생애 후반부를 할레에서 보내면서 경건주의가 프로이센 전역에 상당한 영향을 미치도록 만들었다. 그와 그의 동료 신학자들은 볼프의

---

18) 볼프를 둘러싼 논쟁과 관련 문헌을 연대순으로 간략하게 정리한 자료로는 Ecole(1990), I. 19~20, 81~92 참조. Hinrichs(1971), ch. V. 2에는 이 사건 전체에 대한 더욱 풍부하고 상세한 설명이 등장하는데 나 또한 이를 참고했다.

견해가 종교와 도덕을 심각하게 위협한다고 여겼다. 여기서 이들의 입장을 간략히 살펴볼 필요가 있다. 19)

슈페너는 30년 전쟁(*Thirty Years' War*)의 엄청난 고통을 독일인들이 참된 종교를 저버린 데 대한 신의 응징으로 보았다. 독일인들은 루터가 시작한 종교개혁을 받아들이지 않았다. 이들은 기독교가 가끔 신앙을 고백하고 성찬을 나누며 주요 교리를 아는 것 이상을 요구하지 않는다고 생각했다. 하지만 사실 기독교는 이보다 훨씬 많은 것을 요구한다. 기독교는 우리의 죄에 대한 깊은 참회와 우리의 삶 전체를 완전히 바꾸는 전회를 요구한다. 경건주의자들은 이것이 신 앞에서 한순간에 이루어지는 의인(義認), 즉 신이 인간을 의로운 존재로 인정하는 경험을 의미하지 않는다고 생각했다. 이들은 저술을 통해 의인을 가르치는 대신 오직 우리의 행위가 더 나은 방향으로 개선된 것을 볼 경우에만 신이 우리를 받아들였음을 확신할 수 있다고 단호하게 경고했다. 우리는 매일 선한 기독교인처럼 느끼고 행위해야 한다. 궁극적으로 이는 세계 전체가 타락에서 벗어나 완전성을 구현해야 함을 의미한다. 따라서 슈페너는 신국을 지상에 구현함으로써 종교개혁을 완성하는 것이 독일인들의 역사적 운명이라고 생각했다. 이 일은 각각의 개인 모두의 영혼 안에서 시작되어야 한다.

이런 종교적 태도의 배후에는 칼뱅의 예정은총설을 거부하려는 의도가 숨어 있다. 프랑케의 표현대로 "신이 오직 소수만을 선택한다고 생각해서는 절대 안 된다"(Erb: 150면). 신은 모든 사람에게 은

---

19) 아래 내용은 주로 Hinrichs(1971), 1장에 의지했다. 또한 Stoeffler (1973), I과 II장 참조.

총을 베푼다. 신의 은총을 받아들이거나 거부하는 것은 우리 자신에게 달려 있다. 경건주의자들은 모든 신자들이 곧 성직자라는 루터의 교리를 진지하게 받아들여 모든 기독교인들이 참회와 전회 그리고 올바른 삶의 방식으로 확고히 나아가는 데에 서로 도와야 한다고 주장했다. 이런 의식적 노력은 은총에 이르는 데 도움이 되는 반면 이를 소홀히 한다면 은총을 잃고 만다. 우리는 진정 완전할 수는 없는데 그 까닭은 완전성을 인정받는 일은 오직 그리스도를 매개로 한 은총을 통해서만 이루어지기 때문이다. 하지만 우리는 다른 종류의 완전성에 도달할 수 있다. "한 개인은 그리스도 안에서 인간의 강건함에 이르러 자신 안의 낡은 습관을 버리고 정신과 육체를 정복한다. … 이런 방식으로 한 개인은 항상 다른 개인보다 더욱 완전할 수 있다."[20] 이런 종류의 자기발전은 우리 각자에게 주어진 끝없는 임무이다.

이런 견해를 전제한다면 경건주의자들이 주로 개인의 특성을 형성하는 일에 관심을 보였다는 사실을 충분히 이해할 수 있다. 따라서 프랑케와 그의 추종자들은 교육을 가장 중요하게 여겼다. 할레의 경건주의자들은 초기부터 고아원과 학교를 세움으로써 부자와 가난한 자가 평등하게 교육받을 수 있는 기회를 제공하려 했다. 하지만 이들은 교육을 그 자체로서가 아니라 잘못된 종교적 해석을 방지하는 유용성을 지닌다는 측면에서 중시했다. 슈페너는 "사도들은 대부분 교육받지 못한 평범한 사람들을 위해 서신을 썼는데, 이런 이들은 이교도의 과학과 철학을 전혀 이해하지 못하면서도 이러한 학문

---

20) Francke, "On Christian Perfection", in Erb, *Pietists*: 135면.

없이 오직 신의 은총을 통해 구원받을 수 있다는 사실을 깨닫는다"고
가르쳤다. 우리는 《성서》를 논단의 대상으로 삼아서는 안 되며 오
직 성서의 가르침에 따른 삶을 살도록 애써야 한다(Erb: 55~57면).

루터주의와 마찬가지로 칼뱅주의 또한 우리가 소명에 따른 직업
을 갖고 노동해야 한다고 주장했다. 하지만 칼뱅주의자들은 세속적
인 성공을 우리가 신의 은총을 받았음을 나타내는 것으로 여긴 반면
경건주의자들은 세속적인 성공이 우리를 죄에 빠지게 할 가능성이
큰 것으로 보았다. 영국의 청교도로부터 영향을 받은 경건주의자들
은 음주가무, 도박, 화려한 의상 등을 피하고 검소한 삶을 살면서 열
심히 일해야 한다고 믿었다. 우리가 일하는 목표는 부유해지기 위해
서가 아니다. 오직 우리 자신과 다른 사람들의 영적인 상황을 개선,
발전시키기 위해서이다.

그렇다면 이런 발전은 궁극적으로 은총으로부터 생겨나며 우리의
본성을 넘어서서 사랑하는 것을 포함한다. 도덕은 이웃에게 해를 입
히지 않는 것 이상을 요구한다. "우리는 진정한 애정과 더불어 이웃
을 실제로 사랑해야 한다." 따라서 경건주의자가 보기에 도덕은 겉
으로 드러나는 행위의 문제가 아니다. 심지어 이교도들조차도 그런
겉치레의 도덕에 따라서 살 수 있다. 하지만 루터가 이미 지적했듯
이 (앞의 제2장 4절 참조) 우리 내부에는 올바른 내적 방식에 따라 삶
을 살아가는 강건함이 존재하지 않는다. 타락한 우리는 오직 세속의
것들만을 본성적으로 사랑하는데 결코 이런 타락을 극복할 수 없다.
슈페너는 다음과 같이 선언한다. "법은 무능한 규율만을 내세우는데
이는 헛될 뿐이다. 법은 보상과 처벌을 전시하지만 이 또한 헛될 뿐
이다. 이들은 단지 우리가 죄에 빠져 위험에 처했음을 드러내는 데

도움이 될 뿐 우리를 진정으로 구원하지 못한다."(Erb: 132~133면)

경건주의자들은 이성적 지식이 우리를 구원하는 신앙에 이르는데 효과적이라는 사실 전반을 회의하기 때문에 볼프의 방법을 공격하지 않을 수 없었다. 이들은 검소함과 자제가 기독교도의 삶에서 핵심적인 위치를 차지한다고 믿었기 때문에 현세의 삶을 즐기는 것이 중요하다고 강조하고 춤, 오페라, 화려한 옷과 훌륭한 음식 등을 즐기는 쾌적한 삶을 찬양하는 볼프의 태도에 격노했다. 따라서 이들은 볼프가 신의 섭리를 부정함으로써 무신론에 버금가는 주장을 편다는 이유로 볼프를 고발했다. 또한 이들은 예정조화설이 인간을 단순한 기계로 만들어 버린다고 생각했다. 이들은 이런 여러 문제들에 대한 볼프의 견해가 스피노자의 숙명론보다 조금도 나을 것이 없다고 주장했는데, 스피노자의 철학은 이들이 결코 할레에서 가르쳐서는 안 되며 절대 세상이 알아서도 안 된다고 생각한 이론이었다. 국왕 프리드리히 빌헬름 1세가 볼프를 추방하도록 만든 결정적인 이유는 볼프의 이론에 따르면 반역을 꾀하는 신하나 신앙심이 없는 군인이 자신들의 행위가 이미 그렇게 운명 지어졌으므로 비난의 대상이 되지 않는다고 항변할지도 모른다는 경건주의자들의 주장이었다.

경건주의자들은 볼프를 지지하는 성직자들이 쾨니히스베르크의 교회에서 설교했다는 사실을 알게 되었을 때 그곳에서 다시 볼프주의자들에 대한 공격을 퍼부었으며 유사한 성공을 거두었다. 하지만 이후 국왕은 경건주의자와 그들의 고발에 대한 태도를 바꾼다. 무엇보다도 볼프는 프랑스 학술원의 회원이 되었는데 그는 라이프니츠 이후 독일인으로는 처음으로 이런 명예를 누리게 되었다. 프리드리히 빌헬름 1세의 뒤를 이은 프리드리히 대제(Friedrich the Great)는 볼프를 할레로 복귀시키는 일을 추진했다. 볼프는 경건주의자들과 논쟁을 벌이면서 자신의 이성주의적 논증이 종교적 믿음이 흔들리는 사람들을 보호하는 데 도움이 되리라고 주장했다. 당시 칸트는 쾨니히스베르크의 경건주의 학교에 다니는 학생이었는데 그곳의 교사들은 자신들이 경건주의자인 동시에 볼프주의자라고 주장했다.

5. 크루지우스: 자유의지의 중요성

볼프의 평생에 걸쳐 볼프와 대립했던, 철학적으로 가장 인상 깊은 인물은 루터파의 목사였으며 철학 교수이기도 했던 크루지우스 (Christian August Crusius, 1715~1775)였다. 윤리학을 다룬 그의 대표적 저술은 1744년에 출판된 《이성적 삶을 위한 충고》(*An-weisung vernünftig zu Leben*, 이하 《충고》로 약칭)인데 이보다 한 해 전에 그는 형이상학에 관한 저술 《필연적인 이성적 진리에 대한 시론》(*Entwurf der nothwendigen Vernunft-Wahrheiten*, 이하 《시론》으로 약칭)을 출판했다. 크루지우스는 매우 체계적인 철학자로서 이전 저술을 사용해 이후 저술에서 등장한 견해를 옹호하려는 태도를 보인다. 그리고 그의 철학은 특히 루터주의를 옹호하기 위한 기초를 제공하려는 성격이 있다. 그는 거의 모든 주요 논점에서 의도적으로 라이프니츠와 볼프의 주장에 반대하면서 이성은 그들이 아닌 자신의 편이라고 주장했는데 이후 이 말은 그를 지칭하는 표현이 되었다. 하지만 그는 전적으로 경건주의자의 편에 서지도 않는다.

크루지우스는 이성이 볼프주의자가 생각하는 것보다 훨씬 적은 것을 우리에게 알려 줄 뿐이라고 주장한다. 그는 데카르트와 마찬가지로 우리보다 더욱 완전한 정신을 소유한 존재는 우리가 생각할 수 없는 방식으로 생각할 수 있다는 가능성을 인정한다. 우리에게 모순적으로 보이는 것도 완전한 정신에게는 그렇지 않을지 모른다. 하지만 무엇이 상상 가능한지 이해하는 우리의 능력은 한정적이며 어쩌면 오류에 빠졌을지 모르는 상태로 제한되어 있다. 또한 우리는 어떤 것이 다른 어떤 것의 존재 혹은 부재를 전제해야만 존재할 수 있다고 생각할 때에는 이것들이 실제 우리의 생각대로 활동하리라 가정해야만 한다. 하지만 우리는 이런 원칙을 증명할 수 없을뿐더러, 더 완전한 정신은 이들을 다르게 이해할 수도 있는 것이다(《시론》: 24~27면).

여기서 우리의 정신과 대비되는 것은 물론 신의 정신이다. 그리고 크루지우스는 우리가 신을 파악하는 데는 볼프가 생각하지 못했던 어떤 한계가 존재한다고 주장한다. 유한한 정신과 무한한 정신의 차이는 단지 정도의 차이에 그치지 않는다. 두 정신의 내부적인 본질이 전혀 다르기 때문에 유한한 정신은 무한한 정신과 아무런 관련이 없다(《시론》: 225면). 우리의 정신에도 약간의 완전성이 있지만 신의 정신은 우리의 정신보다 무한히 우월하므로 피조물이 "어쩌면 약간의 신성(神性)을 지닐지도 모른다"는 말은 전혀 사실이 아니다. 우리는 신을 오직 부정문으로만, 예를 들면 신의 완전성에는 한계가 없다는 방식으로만 파악한다. 심지어 직접적인 계시를 통해서도 우리는 신을 긍정문으로서는 완전히 파악하지 못한다(439~441면). 신은 우리가 이런 파악 능력을 훈련할 수 있는 공간을 허용할 수 있으며 또 실제로 그렇게 했다. 하지만 크루지우스는 라이프니츠나 볼프와는 달리 우리가 파악 능력의 측면에서 신과 같이 될 수 있음을 부정한다.

따라서 크루지우스는 도덕의 영역에서 루터가 제시했던 것과 같은 주의주의적인 견해로 나아갈 수 있는 길을 열어 놓으며 실제로 이런 견해를 더욱 발전시킨다. 하지만 그의 주장은 주의 깊게 변형된 주의주의로서 특히 주의주의에 대한 가장 대표적인 비판을 — 즉 주의주의는 인간을 폭군 같은 전횡적 신성 아래 놓인 노예로 축소하기 때문에 도덕적으로 받아들일 수 없다는 비판을 — 피하려는 의도에서 마련된 것이다. 크루지우스는 우리가 따라야 하는 모든 도덕법칙의 근원인 신을 구속하는 도덕적 요구는 존재하지 않는다고 생각한다. 더 나아가 그는 도덕이 우리에게 요구하는 가장 중요한 내용은 우리가 신에게 의존한다는 사실을 깨닫고 신에게 복종하려는 욕구로부터 신이 부여한 법칙에 따르라는 것이라고 주장한다. 이런 요구는 단지 행위뿐만이 아니라 동기와도 관련되는 것인데, 크루지우스는 우리가 어떻게 이런 요구에 반응할 수 있는지 보여 주기 위해 매우 강력한 의미의 자유의지를 핵심에 두는 도덕심리학을 구상한다. 그리고 이전의 다른 어떤 독일 철학자보다도 인간의 자유에 더욱 큰 중요성을 부여함으로써 자신이 주의주의에 대한 라이프니츠-볼프식의 반박이 드러낸 날카로운 칼날을 꺾었다고 생각한다. 루터주의를 이성화하려는 크루지우스의 시도로부터 등장한 도덕철학은 18세기가 낳은 가장 독창적인 산물 중 하나이다.

크루지우스가 《이성적 삶을 위한 충고》에서 의지를 다룬 심리학으로 논의를 시작했다 할지라도 이는 이전의 주의주의자들처럼 도덕이 인간 본성에 따라 요구하는 구체적 내용을 보이기 위해서가 아니다. 오히려 그는 인간 본성이 우리의 목적이 아닌 신의 목적을 실현하는 명령에 반응할 수 있음을 보이려 한다. 의지는 신이 몇몇 피조물에게만 부여한 능동적 능력 중 하나이다. 의지는 "자신의 표상에 따라 행위하려는 정신의 능력" 또는 실재하는 무언가를 표상하려는 노력이다(《충고》: 2면; 《시론》: 866면 참조). 지성이 지식의 획득과 관련하는 다양한 능력들을 총칭하듯이 의지는 때로는 지속되며 때로는 중단되기도 하는 다양한 노력들을 포함하는 능동적 능력을 총칭한다. 여기에는 욕구가 포함되므로 욕구는 의지의 한 측면이라 할 수 있다(《충고》: 7~8면). 욕구는 본질상 필요나 결핍 때문에 생기는 것이 아니며 따라서 볼프주의자들의 주장과는 달리 욕구는 혼란스럽고 불명확한 인식이 아니다. 욕구는 의지가 자신의 활동을 드러내는 한 형태이다. 의지를 통해서 우리는 표상으로부터 등장한 욕구를 채택하거나 거부한다. 욕구를 채택하는 것은 표상된 바를 실현하기로 ― 즉 그것을 존재하도록 하거나 소유하기로 ― 결정하는 것이다. 지성은 단지 하나의 관념에서 다른 관념으로 나아갈 뿐이다. 의지를 통해서 우리는 사고의 영역을 넘어설 수 있다. 따라서 의지는 지성의 한 부분이 아니며 또한 지성으로부터 도출되는 것도 아니다(《충고》: 9~11면; 《시론》: 867~869면). 볼프주의자들은 의지와 지성을 오직 하나의 능력으로 생각하는 잘못을 범했다.

크루지우스는 의지의 행위 또는 의지작용이 항상 그러한 작용을 이끌어 내는 표상을 실현하려 하며 만일 이런 표상이 없다면 그런 작용 또한 존재하지 않으리라고 주장한다. 사고하는 존재는 의지를 반드시 가져야만 한다. 그렇지 않다면 세계에 대한 그의 표상은 의미를 잃고 말 것이다.

모든 정신적인 존재는 의지 또한 지녀야 한다. 만일 의지가 없다면 정신은 자신의 표상들(*Vorstellungen*)에 따라 행위할 수 없게 될 텐데 이는 정신적 존재에게도 다른 존재에게도 도움이 되지 않으며 모든 것을 단지 헛되게 만들 뿐이다. 완전성을 지닌 신이 무용하고 헛된 존재를 창조했다는 생각은 또한 모순적이기도 하다(《충고》: 7면; 《시론》: 886면).

케임브리지 플라톤주의자들은 이성의 기능 중 실천을 인도하는 것이 진리를 발견하는 것보다 중요하다고 생각했다. 크루지우스는 여기에 실천이 우선함을 보이는 일반적인 논증을 더한다. 그의 논증과 그것이 의존하는 가정은 ― 즉 표상만으로는 행위를 낳을 수 없으며 신은 결코 헛된 일을 하지 않는다는 가정은 ― 그의 사상에서 핵심적인 위치를 차지한다. 이들의 중요성은 그가 인간 행위를 설명하는 방식에서도 잘 드러난다.

그는 욕구뿐만 아니라 쾌락과 선도 의지의 측면에서 설명한다. 쾌락은 우리가 의욕을 지니는 상태에서 느끼는 감정이다(《충고》: 25면). 선 자체는 우리의 의지 또는 욕구와 일치하는 바에 지나지 않는다(《충고》: 29면; 《시론》: 326~327면). 설령 선이 홉스의 경우와 마찬가지로 행위자의 충동에 따라 달라진다 할지라도 완전성은 그렇지 않다. 모든 것은 다른 것들에 미치는 영향이 더 큰지 작은지, 지니고 있는 힘이 더 큰지 작은지에 따라 더 완전하거나 덜 완전하다(《시론》: 296면 이하). 따라서 신이 유일하게 무한히 완전한 존재인 까닭은 바로 무한한 힘을 지니기 때문이다. 하지만 신에게는 완전성을 향한 끊임없는 욕구가 있다 ― 즉 계속 자신을 확인하며 또 다른 완전성을 산출하려는 성향이 있다. 따라서 신의 관점에서 볼 때 완전한 것은 동시에 선한 것이기도 하다. 우리도 항상 완전성을 향한 욕구가 있으므로 우리에게도 완전성은 곧 선이며 이 둘은 단지 개념상으로만 서로 다를 뿐이다. 크루지우스는 우리가 항상 선을 원한다는 라이프니츠나 볼프식의 언급은 무의미하다고 생각한다. 선은 의지가 욕구를 지닌다는 사실을 전제할 뿐 의지의 활동을 설명해 주지는 않는다. 크루지우스는 로크처럼 욕구를 단지 특수한 표상에서 우연히 생겨난 것으로 여기기 때문에 그가 욕구의 대상은 셀 수 없을 만큼 많으며 이들을 자기이익이나 다른 어떤 요소 하나만으로는 설명할 수 없다고 주장한다 할지라도 이는 전혀 놀라운 일이 아니다.

우리의 욕구 중 많은 것이 다른 욕구로부터 생겨난다. 이는 어떤 수단을 향한 욕구가 목적을 향한 욕구에서 생겨난다는 점에서 잘 드러난다. 하지만 이런 과정이 무한히 반복될 수는 없기 때문에 기본 욕구들은 반드시 존재해야 하며 최소한 이들 중 일부는 정신의 본질에 속해야 한다. 이런 기본 욕구는 신이 부여한 것으로서 결코 사악할 수 없으며 모두가 공유하는 것이어야 한다. 이와 더불어 우연적인 욕구도 존재하는데 이들은 우리의 부모나 현재 세계의 상황 때문에 우리 안에 심긴 것들이다. 이들에 대해서는 어떤 일반적인 설명도 제시할 수 없다. 하지만 이들로부터 행복을 향한 욕구가 등장한다. 크루지우스는 버틀러와 마찬가지로 우리가 행복을 바라면서 단지 우리의 특수하고 우연적인 욕구의 만족을 목표 삼을 뿐이라고 생각한다. 이런 욕구가 없다면 우리가 쾌락을 얻을 대상 또한 없을 것이다(《충고》: 119~129면).

행복을 향한 욕구는 기본 욕구에 속하지 않는다. 크루지우스는 기본 욕구에 속하는 것으로 오직 세 가지를 지목한다. 첫 번째는 우리 자신의 적절한 완전성을 증가시키려는 욕구이다(《충고》: 133~134면). 크루지우스는 볼프주의자들에 반대해 완전성을 향한 욕구는 모든 노력의 근원이 아니라 진리, 명석함, 훌륭한 추론, 예술, 육체적 건강, 자유, 우정, 명예 등을 향한 욕구의 근원이라고 주장한다(135~144면). 두 번째의 기본 욕구는 완전한 것을 발견하면 그것이 무엇이든 간에 그것과 하나가 되려고 하는, 이익과 전혀 무관한 욕구이다(145면). 이를 통해 우리는 특히 전반적인 도덕적 사랑과 다른 사람을 도우려는 욕구를 느낀다(148면 이하). 세 번째의 기본 욕구는 "신이 부여한 도덕법칙을 인식하려는 본성적인 충동이다"(157면). 이런 충동은 우리의 능동적인 양심(Gewissentrieb)에서 명확하게 드러나는데, 여기서 양심이란 의무를 수행하고 책무를 실천하도록 우리를 이끌고 구속하는 일종의 감각이라 할 수 있다. 이런 모든 노력들에 적용되는 공통분모는 존재하지 않는다. 이들은 우리를 서로 공약 불가능한 목적들을 추구하도록 만든다.

의지의 형태로서 모든 욕구들은 표상을 필요로 한다. 따라서 우리의 타고난 욕구들은 본유 관념을 동반한다. 바로 이 점에서 크루지우스는 푸펜도르프 및 로크와 결정적으로 갈라선다. 하지만 그는 곧바로 우리가 이런 관념들을 직접 인식하지는 않는다고 말한다. 이들을 알게 되는 것은 경험의 결과를 통해서이다. 이들에 관한 우리의 지식이 유용한지와는 전혀 무관하게 이들은 우리의 의식 작용을 파악하고 정신과 세계 사이의 관계를 밝히는 데 반드시 필요하다(109~115면). 의식의 능동적 활동에 필요한 본유 관념들은 바로 신이 우리에게 부여한 법칙에 포함된 것들이다. 그리고 이 법칙은 자주 다른 욕구들과 대립하는 방식으로 행위할 것을 명령한다.

크루지우스는 신의 법칙을 의식함으로써 욕구와 반대되게 행위하기 위해서 우리는 자유로워야만 한다고 생각한다. 그는 우리가 자유롭다는 점을 보이기 위해 세 가지 논증을 제시한다.[21] 그중 하나는 우리가 스스로를 무언가 행위하거나 행위 방식을 변경하고 아니면 아무 행위도 하지 않을 수도 있는, 바꾸어 말하면 행위의 근원으로서 경험한다는 논증이다(51~52면).[22] 또 다른 논증은 우리가 신이 부여한 도덕법칙이 존재함과 이를 따라야 할 의무가 있음을 인식하는데, 만일 우리가 자유롭지 않았다면 결코 그런 의무를 질 수 없었으리라는 것이다(53~54면). 이런 논증들은 클라크를 떠올리게 하지만 크루지우스의 핵심 논증은 훨씬 더 특별한 형태를 취한다.

크루지우스는 어떤 세계에 자유로운 행위자가 존재하지 않는다면 그 세계의 모든 것은 오직 신 자신이 행하게 되리라고 말한다. 따라서 "피조물들은 실재하게 되는 과정에서 그들이 단지 가능성의 상태에서 이미 신과 유지했던 관계, 즉 존재와 본질이 모두 신에 의존하는 관계 이외의 다른 관계를 맺을 수 없다". 그런데 이는 신이 가능

---

21) 크루지우스는 자신이 내린 대부분의 결론에 대해 다양한 논증을 제시하는 습관을 보여 줌으로써 절충주의적인 태도를 드러낸다. 그는 심지어 신의 현존을 증명하면서도 단 하나의 논증에만, 특히 경험과 무관한 어떤 독립적인 논증에만 의지하지 않는다. 그는 자신이 무엇을 지지하든 간에 이에 대해 (나름대로) 최선의 설명을 제시하기 위해 경험과 무관한 측면은 물론 경험적인 자료에도 호소하는 방법을 택한다. 그는 우리가 필연적 확실성에 이를 수 있다고 생각하지 않는다. 하지만 이것이 제한된 인식 능력을 지닌 우리가 할 수 있는 최선이라고 생각한다.
22) 크루지우스는 우리가 특별히 상관없는 여러 가지 중에 하나를 — 예를 들면 우리의 목적에 대해 똑같이 유용한 목적들 중 하나를 — 선택할 수 있다는 점을 여기에 더한다.

세계를 실재하도록 만들면서 어떤 형상적 목적도 가질 수 없음을 의미한다. 하지만 신은 아무것도 헛되이 행하지 않는다. 따라서 실재하는 세계에는 자유로운 행위자가 존재해야만 한다(53면). 23) 피조물은 자유의지를 통해 신과 새로운 관계를— 즉 도덕적 관계를— 맺을 수 있는데 만일 자유의지가 없다면 이런 관계는 불가능하다. 도덕적 관계는 어떤 가능세계를 실재하도록 만드는 신의 작용을 정당화하므로 신이 권능이나 영광을 드러내는 것보다도 오히려 도덕이 세계의 현존을 위한 필요조건이라고 할 수 있다(《시론》: 505~508, 638, 669~670면). 앞서 11장 5절에서 지적했듯이 말브랑슈는 오직 신의 현현만이 신의 세계 창조를 정당화한다고 주장했다. 크루지우스는 세계를 이렇게 창조한 신의 근거가 오히려 인간 행위의 중요성에 놓여 있다고 생각한다. 지성은 의지를 위해 존재하는데 그 까닭은 창조된 세계에서 유한한 존재의 자유의지가 유일무이한 중요성을 지니기 때문이다(《시론》: 886면).

6. 자유와 덕

크루지우스는 자유에 관한 몇 가지를 지적하면서 이런 자유 때문에 우리가 신의 법칙에 따를 수 있다고 주장한다. 자유는 단지 우리가

---

23) 이 논증은 라이프니츠에 반대하기 위한 것이다. 라이프니츠는 《변신론》: 151면에서 "신의 창조 섭리는 사물의 구성을 전혀 바꾸지 않는다. 신은 사물들이 이전의 가능 상태에서 유지했던 바를 그대로 유지하도록 한다"고 말한다.

원하는 것을 하려 할 때 외부의 방해물이 없음을 의미하지 않는다. 또한 자유는 선 또는 완전성의 총계를 최대화한다고 우리에게 인식되는 바에 따라 행위함을 의미하지도 않는다. 크루지우스는 만일 라이프니츠식의 자유만이 존재한다면 "우리의 모든 덕은 단지 한줌의 행운이 되고 말 것"이라고 생각한다. 왜냐하면 덕은 우리가 지식을 획득할 능력을 위해 교육을 받았는지 그리고 지식을 얻을 기회를 얻었는지에 의존할 것이기 때문이다(《충고》: 46면).[24] 만일 우리가 진정으로 자유롭다면 이전에 어떤 일이 일어나고 상황이 어떻든 간에 다양한 방식 중 어떻게 행위할지 혹은 아무 행위도 하지 않을지 스스로 결정할 수 있어야 한다. "어떤 의지작용은 동일한 상황에서 무언가를 행하지 않거나 혹은 얼마든지 다른 방식으로 행위할 수 있을 경우에 자유로운 의지작용이라 불린다."(《충고》: 23면; 44~45면 참조; 《시론》: 140~145면) 크루지우스는 이런 의지작용이 어떻게 이루어지는지 다음과 같이 설명한다.

우리는 자유롭게 무언가를 원할 때마다 이미 우리 안에 존재하는 하나의 또는 여러 가지의 욕구를 실현하기 위해 무언가 행하기로 결정한다. … 자유는 의지가 행하는, 내부의 완벽한 활동으로서 우리는 자유를 통해 행위의 효능을 현재 의지를 이끄는 능동적인 충동과 연결하거나, 이런

---

24) 크루지우스는 라이프니츠가 숙명론을 피하려 하지 않는다고 생각한다. 만일 라이프니츠의 "가설적 필연성"이 실제로 여러 가지 행위 방식을 제공한다면 행위가 지향하는 목적을 선택할 수 있는, 진정으로 자기결정적인 행위자가 존재해야 하는데 라이프니츠는 이런 종류의 행위자를 허용하지 않는다(《시론》: 203~210면). 또한 크루지우스는 라이프니츠가 "자유롭다"는 말의 의미를 자신의 철학에 들어맞게 마음대로 바꾸었다고 비난한다(752면).

연결을 끊고 수동적인 채로 남거나 아니면 처음과는 다른 어떤 충동과 연결할 수도 있다(《충고》: 54~55면).

크루지우스는 물리적 원인과 동기를 구별함으로써 이런 주장을 펴게 되는데 동기란 현재 행하려 하는 행위를 정당화하는 근거로 작용한다. 그는 라이프니츠의 충족이유율이 이런 구별을 조직적으로 변명의 여지없이 간과함으로써 근본적으로 서로 다른 종류의 근거(Grund)들, 즉 물리적 근거와 도덕적 근거를 하나로 묶어 버리는 잘못을 범했다고 주장한다(《충고》: 204~206면).25) 크루지우스는 물질계에서 운동하는 물체들의 원인을 인식적 근거를 통해 파악할 수 있다는 점을 서슴없이 받아들인다. 이른바 물리적 결정론은 생명이 없는 물체들의 운동을 대부분 설명해 준다. 하지만 모든 것을 결정론적으로 설명하려는 시도는 결코 받아들일 수 없다. 결정론은 도덕도 기적도 허용하지 않는다(《시론》: 723~725면). 정신은 정신적 실체이며, 신과 우리는 모두 사건의 전개방향을 바꿀 수 있어야 한다. 진정한 능동적 능력을 지니는 존재는 결국 신과 우리 자신뿐이다(《시론》: 776~777면). 결정론이 이런 사실을 설명하지 못한다면 그것은 그만큼 중대한 결함을 지니게 된다.

기본적 욕구 중에 가장 중요한 지위를 차지하는 것은 바로 양심적이기 원하는 욕구이다. 이는 "신의 도덕법칙을 인정하려 하는 본성적인 성향으로서", 단지 이론적 지식에 그치는 것이 아니라 우리가

---

25) 이 문제는 《충고》 I, v장에서 상당히 길게 논의된다. 또한 《시론》: 865~866 참조.

법칙의 부여자에게 의존한다는 사실을 인식함으로써 그 법칙에 따르려는 성향을 포함한다. 양심을 통해 우리는 어떤 책임(*Schuldig-keiten*)과 의무(*Verbindlichkeiten*)를 인식하는데 이들은 매우 독특한 동기를 부여한다. 의무를 진다는 것은 볼프의 주장처럼 단지 행위의 동기를 부여받는 것이 아니다. 왜냐하면 우리는 악하거나 도덕과 무관한 행위를 할 동기를 부여받는 경우도 있기 때문이다. 또한 그것은 내적이나 외적으로 강요당하는 것도 아니다. 왜냐하면 강요는 오히려 의무를 차단하기 때문이다. 두려움이나 희망에 따라 행위하는 것은 의무로부터 행위하는 것이 아니다. 왜냐하면 그에 따라 행위할 경우 전혀 의무가 아닌 것들도 얼마든지 행할 수 있기 때문이다. 마지막으로 의무에 따라 행위하는 것은 사랑으로부터 행위하는 것이 아니다. 사랑에 따라 행위할 경우 우리는 선호하는 것만을 행한다. 하지만 책임은 우리가 선호하지 않는 것을 행하라고 요구하기도 한다. 따라서 양심에 따르는 것은 우리를 지배하는 최고의 통치자(*Oberherr*)가 내린 명령에 따르라는 독특한 동기를 부여한다(《충고》: 157~161면).

어떤 이들이 양심에 따르지 않기 때문에 우리는 모두 사람에게 양심이 있는 것은 아니라고 생각하기도 한다. 따라서 크루지우스는 모든 사람이 양심을 지닌다는 것에 대한 몇 가지 증명을 제시한다. 그 중 특별히 중요한 한 가지 논증은 볼프주의에 정면으로 반대하는 방향을 취한다. 신은 신의 법칙을 준수했는지 아닌지에 따라서 모든 사람을 심판하지만 대부분의 사람은 신의 법칙을 그리 잘 추론하지 못한다. 따라서 신은 자신의 법칙을 깨닫는 더욱 간편한 방법을 사람들에게 제시해야만 했다.[26] 우리는 바로 양심의 명령에서 신의 법칙을 발견한다. 양심의 명령을 통해 평범한 사람도 어쩌면 그 이유를 잘 알지 못하면서도 "가장 어렵고 혼란스러운 경우에도 무엇이 옳고 무엇이 그른지" 분명히 파악한다(《충고》: 161~162면). 따라서 크루지우스는 양심이 제시하는 바의 이성적 근거를 제대로 알지 못하면서도 모든 사람이 얼마든지 이용할 수 있는 윤리적 방법을 양심이 제공한다고 생각한다.

앞서 지적했듯이 크루지우스는 우리에게 법칙에 따를 의무를 부과하는 양심의 기본적인 성향에 해당하는, 법칙에 대한 본유적 표상을 의지가 포함해야 한다고 생각한다. 오직 가장 기본적인 법칙만 본유적이면 충분하며, 이로부터 상세한 법칙들을 이끌어 낼 수 있다. 즉, 양심을 통해서 우리의 의무로 알려지는 바들을 대부분 한데 묶을 수 있는 규칙이 성립한다. 따라서 이는 본유적인 규칙이어야 한다. 이 규칙은 "신의 완전성 및 신과 우리의 관계와 일치하는 바를 그리고 … 인간 본성의 본질적인 완전성과 일치하는 바를 행하라"고 말한다. (볼프와 마찬가지로 크루지우스는 이와 반대되는 경우를 행하지 말라는 규칙은 생략해도 좋다고 덧붙인다.) 크루지우스가 이미 언급했듯이 양심의 기본적인 성향은 우리를 "우리가 신에 의존하기 때문에 신의 의지에 따라야 한다는 생각에서" 완전성과 일치하도록 이끄는 독특한 동기로 작용한다(《충고》: 167~168면).

라이프니츠와 볼프가 설명한 의지와 마찬가지로 크루지우스가 생각한 의지 또한 욕구와 충동이 제시한 여러 가지 행위 방식 중 하나

---

26) 처베리의 허버트 경 또한 이와 유사한 추론에 기초해 유사한 견해를 주장한다. 앞의 제9장 3절 참조.

를 선택하기 위한 규칙을 내포한다(《충고》: 54면). 하지만 내가 앞서 설명했듯이 크루지우스는 로크와 마찬가지로 충동이 우리를 서로 공약 불가능한 목표를 추구하도록 몰아붙인다고 생각한다. 따라서 크루지우스의 의지는 서로 다른 종류의 욕구라는 측면에서 라이프니츠의 의지와 다를 뿐만 아니라 그보다 훨씬 더 복잡한 작용을 수행한다. 크루지우스의 의지는 완전성이나 다른 어떤 것을 극대화하라고 명령하지 않는다. 그것은 영리함의 규칙뿐만 아니라 도덕법칙에 따르라고 말한다. 이를 통해 크루지우스는 새롭고 엄밀한 구별을 도입한다.

우선 영리함을 고찰해 보자. 우리 자신의 완전성을 향한 노력은 이런 완전성을 낳으리라고 여겨지는 대상들을 표상함으로써 특수한 욕구를 불러일으킨다. 이렇게 표상된 다양한 대상을 욕구함으로써 우리는 또한 자신이 원하는 바에 대한 명석한 관념을 갖기를 욕구한다. 계속 살지 못한다면 원하는 바를 얻을 수 없으므로 우리는 자신을 유지하고 보존하기 욕구한다. 신과 마찬가지로 우리 또한 헛되이 행하기 원하지 않으므로 우리는 획득할 수 있는 바를 욕구하기 원하며, 그것을 향한 우리의 노력이 효과적이기 원한다(《충고》: 116-126면). 우리의 이런 욕구에 대한 욕구는 의지에 내재한다. 이런 욕구는 영리함(Klugheit)의 규칙 또는 "우리의 목적을 위한 훌륭한 수단을 선택하고 적용하는 기법"이다(200면).

이와는 대조적으로 덕(Tugend)은 "정신의 도덕적 상태를 신의 법칙과 일치시키는 것"이다. 이런 법칙은 신이 우리에게 부여한 것이며 우리가 아닌 신의 목적으로부터 등장한 것이다. 크루지우스는 두 종류의 의무를 설명함으로써 덕과 영리함을 구별한다. 의무는 도덕적으로 반드시 필요한 행위이다 — 즉 어떤 목적을 실현하기 위해 반드시 행해야 하는 행위이다. 어떤 의무를 지니는 경우 우리는 항상 그 행위를 해야 하는 책무 또한 지니게 된다. 우리의 어떤 목적을 실현하기 위해 필요한 행위를 행할 때 우리는 영리함의 의무를 행하게 되며 따라서 영리함의 책무를 완수한다. 반면 신의 목적을 실현하는 데 필요한 행위를 행할 때 우리는 덕의 의무를 수행한다. 이런 종류의 행위가 필요한 까닭은 신의 명령으로부터 등장한 법칙이 존재하기 때문이며 따라서 "이런 의무는 … 법적 의무 또는 덕의 의무, 좁은 의미에서의 진정한 의무라고 불릴 수 있다"(《충고》: 199~202면). 양심에 따르려는 기본적인 성향이 없다면 명백히 덕은 성립할 수 없다. 우리는 그저 개인적인 욕구를 만족시키기 위해 또는 다른 사람들에 대한 사랑에서 어떤 행위를 하기도 하는데 "이는 아직 법칙을 준수한 것은 아니다"(218~220면). 27) 하지만 우리는 경험적으로 주어진 우리 자신의 목적을 무시하고 신의 법칙에 따름으로써 우리가 신에 의존한다는 사실을 인정하는, 바로 이런 동기로부터 행위하는 것을 자유롭게 원할 경우에만 덕을 지닐 수 있다. 28)

---

27) 크루지우스는 더 나아가 영리함의 동기가 우리를 신의 법칙에 따르도록 이끌 필요는 없다고 주장한다. 만일 덕을 단지 우리가 지니는 여러 목적 중 하나로 여긴다면 우리는 다른 욕구와 마찬가지로 덕에 대한 욕구를 때로 무시할 수도 있을 것이다. 모든 사람이 덕을 갖춘다면 덕이 행복에 이르는 최선의 수단이라는 점은 의심의 여지가 없다. 하지만 사람들이 실제로 그렇지는 않으므로 단지 영리함의 의무를 통해 덕에 이르려는 시도는 실패하고 만다. 그러나 양심의 성향 덕택에 우리 각자는 이렇게 타락한 사회에서도 덕에 따라 행위하려는 적절한 동기를 부여받는다.

28) 크루지우스는 칭찬과 비난에는 두 종류가 있다고 생각하는데 그중 하나는 자유가 없는 것들에 대한 칭찬과 비난이며 다른 하나는 — 즉 도덕적 칭찬과

7. 도덕과 신의 의지

우리가 신에 의존한다는 사실을 인식하였기 때문에 신에 복종하려는 행위는 크루지우스가 "덕의 **형식**"이라고 부른 것을 가진다. 그렇다면 덕의 **내용**은 신과 인간의 완전성을 존중하는 행위이다(《충고》: 220~222면). 우리는 양심의 소리를 들음으로써 덕과 관련된 구체적인 요소들을 발견할 수 있다. 학자를 포함한 대부분의 사람이 실제로 이렇게 한다. 만일 양심이 오류를 범할 수 있다면 우리의 오감 또한 당연히 그럴 수 있다. 하지만 그렇더라도 우리는 오감에 의지하지 않을 수 없다. 그러나 자기애와 타락에서 생겨난 편견에 맞서 자신을 보호하기 위해 우리는 양심의 느낌을 명확히 파악된 결론으로 변형해야 한다. 사물의 완전성과 신의 의도를 배움으로써 그렇게 할 수 있다(222~227, 449~450면). 따라서 철학은 도덕적 삶에도 중요한 역할을 한다.

크루지우스는 신에 대한, 이웃에 대한 그리고 자신에 대한 의무를 언급한다. 모든 의무는 신이 우리에게 따르라고 명령한 법칙들로부터 등장하므로 넓은 의미에서 자연법칙 아래 포섭된다. 그리고 형이상학을 통해서 우리는 신이 아무것도 헛되이 행하지 않았음을 알 수 있다(《시론》: 505면). 따라서 신이 의도하고 명령한 바를 깨닫는 데 경험에 의존하는 요소와 경험과 무관한 요소 모두가 사용될 수 있다. 우리는 신이 세계를 창조하면서 지닐 수 있는 유일한 근거가 자

비난은—오직 자유로운 행위자에 대해서만 배타적으로 적용되는 것이다(《충고》: 46~48면).

유의지를 지닌 존재의 현존임을 이미 살펴보았다. 따라서 크루지우스는 그런 존재가 현존하고 번영하는 것이 신이 세계를 창조한 목적이라고 생각한다. 하지만 이성적이고 자유로운 행위자가 물리적 세계를 인식하고 향유하지 못한다면 그 세계는 의미를 잃고 말 것이다. 만일 물리적 세계가 인간에게 도움이 되기 위해 창조되었다면 신의 목적, 또한 인간의 목적은 무엇보다도 덕을 증진하는 것이다. 우리는 오직 덕이 허용하는 한에서만 세계를 활용하고 그것이 주는 쾌락을 누릴 수 있다(《충고》: 251~256면; 《시론》: 506~509, 669~670면). 크루지우스는 나름대로의 방식으로 말브랑슈가 다소 다른 용어를 사용해 설명했던 결론에(앞의 제 11장 5절) 도달한다.

인간의 목적에서 드러나는 이원성과 질서는 신에게서 드러나는 유사한 이원성과 대응하며 사실상 신의 이원성에서 기인한다. 신은 절대적인 자유의지를 지니는데 이를 통해 항상 자신의 완전성을 유지하기 원하며 때로는 자신을 넘어서서 행위하기 원한다. 신은 창조할 때 자신의 피조물에서 기쁨을 느끼며 따라서 피조물을 사랑한다. 이로부터 신의 의지에는 두 가지 기본 성향이 있다는 점을 추론할 수 있다. 그중 하나는 신을 창조 행위에 나서도록 만드는, 완전성을 향한 성향이며 다른 하나는 자신이 창조한 것은 무엇이든 사랑하고 선하게 대하려는 성향이다(《시론》: 498~501면). 크루지우스는 "오직 신이 우선 이 세계를 이성적인 정신을 소유한 존재들이 자유롭게 덕을 발휘할 수 있는 조건을 갖도록 창조하고, 그 다음에는 덕에 비례해 행복을 분배할 경우에만 이 두 목적이 서로 조화를 이룰 수 있다"고 말한다(《충고》: 257~258면).

우리를 창조한 신의 목적은 지식일 수 없다. 지성은 의지를 돕기 위한 것이기 때문이다. 또한 오직 우리의 행복만이 신의 목적일 수도 없다. 크루지우스는 자연적인 악의 존재를 너무나 잘 알기 때문에 볼프나 컴벌랜드의 낙관적인 전망을 그대로 받아들이지 않는다. 모든 물리적 물체들은 우리에게 도움이 되는 수단이지만 신은 이들을 가공하거나 완성하지 않은 채 주었으며 심지어 우리에게 기술이나 지식도 부여하지 않았다. 우리는 단지 잠재성에 불과한 지식을 발전시켜야 하며 "거친 땅에서 힘들여 일함으로써" 기술을 익혀야 한다. 이런 사실에 비추어 보면 오직 우리가 스스로 얻은 행복만을 누리게 하려는 신의 의도가 분명하게 드러난다. 만일 신의 창조의 "객관적인 목적"이 바로 우리 자신이라면 이 사실이 우리에게 의미하는 바는 "덕이 삶의 목표"라는 것이다. 덕은 우리 모두가 평등하게 추구할 수 있는 목표이기도 하다(《충고》: 260~262면).

신에 대한 우리의 의무는 본질상 신에게 영광을 돌리는 것이다. 우리는 신을 위해 그 외의 어떤 일도 할 수 없기 때문이다. 물론 복종이 그 핵심을 차지한다. 또한 우리는 신에 대한 지식을 늘려 나가야 하며 이를 선명하게 유지해야 한다. 이런 지식은 신의 완전성을 드러내기 때문에 신을 더욱 사랑하도록 우리를 이끈다. 결국 신에 대한 모든 의무는 사랑에서 행해져야 한다. 우리는 중요한 의무들이 다른 무엇보다도 신을 사랑할 의무에서 등장하게 된다고 생각해야 한다. 이렇게 할 경우 우리의 복종은 순전히 자발적인 것이 된다(《충고》: 388~396면, 294~295면 참조).

다른 사람들에 대한 의무는 그들의 완전성과 일치하게 행위할 것을 요구하지만 단지 행위만으로는 충분하지 않다. 신에 대한 우리의 사랑은 신이 사랑하는 대상인 모든 사람 또한 사랑할 의무를 부과한다. 인간 본성에 관한 여러 사실은 이런 사랑이 함의하는 바를 알려 준다. 신은 우리를 사회적 존재로 창조했기 때문에 우리는 다른 사람의 도움을 필요로 한다. 신은 우리에게 서로를 향한 직접적인 사랑의 감정을 부여했으며, 사회를 벗어난 삶을 견딜 수 없도록 만들었다. 그리고 신은 우리의 생명 자체가 다른 사람 안에서 시작되도록 만듦으로써 우리가 서로 어떻게 연결되는지 보여 주었다. 이로부터 다른 사람의 복지를 단지 자신의 복지를 위한 수단이 아니라 "우리의 궁극 목적으로" 여겨야 한다는 사실이 도출된다. 더욱이 모든 사람을 "신의 절대적인 목적으로" 여김으로써 우리는 모두에게 평등한 권리를 부여해야 하며, 그들이 처한 상황 속에 우리가 있었다면 요구할 만한 권리를 고려하면서 그들을 항상, 그리고 오직 그러한 권리를 가진 존재로서 대해야 한다. 이를 모두 행한다면 우리는 다른 사람을 우리 자신처럼 사랑하게 될 것이다(《충고》: 442~449면).

그런데 의무의 체계가 크루지우스의 기본 법칙으로부터 도출된다고 할지라도 (그 자신은 실제로 이런 체계를 더욱 상세히 전개하는데) 신의 의지와 기본 법칙 사이의 엄밀한 관계는 무엇이냐는 질문은 계속 남게 된다. 크루지우스의 몇몇 언급은 주의주의에 반대하여 제기되는 전형적인 불만을 제거하려는 소망을 내비친다. 따라서 그는 지금까지 자신이 택했던 방식에서 다소 벗어나 처벌과 보상을 통한 제재는 도덕적 의무의 본질적 요소가 아니라고 말한다. 두려움과 희망은 도덕적 동기가 아니다. 설령 신이 위반자를 처벌하고 준법자에게 보상함으로써 자신이 부여한 법칙이 헛되지 않음을 보인다 할지라도, 신의 법칙은 처벌이나 보상과 무관하게 구속력을 지닌다(《충고》: 237~238면). 노상강도는 우리에게 가진 돈을 모두 내놓도록 강요할 수 있다. 하지만 그의 의지는 우리가 그렇게 할 의무를 만들어 내지는 못한다. 신이 의무를 창조할 수 있는 이유는 우리를 위한 선을 제공하기 때문이다. 우리는 이에 대해 신에게 감사해야 하는데 단지 타산적인 이유에서가 아니라 "양심의 성향 때문에" 그렇게 해야 한다(208~209면).

우리가 신에게 감사하면서 복종해야 한다는 점은 물론 푸펜도르프도 주장했던 견해인데 이에 대해 크루지우스도 그와 동일하게 질문을 제기한다. 신에게 감사를 표해야 한다는 양심의 의무는 어디로부터 등장하는가? 이에 대해 단지 신이 그렇게 명령한 것이라고 대답하는 것은 위의 기본적 질문에 대한 답이 될 수 없다. 만일 감사의 의무가 신의 의지와 무관하다면 모든 의무가 그렇게 신과 무관할 가능성이 열리게 된다. 크루지우스는 이런 가능성을 검토한 후 이를 거부한다. 만약 도덕이 오직 우리의 사회적 본성에 그리고 완전성이나 행복에만 의존한다는 것이 사실이었다면 다소 편리할지도 모른다. 이 경우 무신론자도 우리와 마찬가지로 덕을 추구할 의무를 지게 될 것이다. 하지만 오직 타산적인 의무만이 남게 되는 이런 상황은 "특수한 경우에 교묘하게 의무에서 빠져나가려는 모든 틈새를 막기에는" 충분하지 않다. 몇몇 사람이 전체의 행복에 기여하지 않는 경우에도 전체의 행복에 도달할 수 있을지 모른다. 하지만 도덕이 명백히 요구하는 것처럼 모든 사람이 이런 행복을 추구할 의무를 짐을 드러내기 위해서는 "참된 법칙들"이 필요하며, 이런 법칙은 제재를 통해 우리를 지배하는 상위의 존재가 내린 명령으로 받아들여야 한다(《충고》: 454~458면; 《시론》: 515~516면).

신의 의지와 일치하는 것은 단순히 그 일치 때문에 도덕적으로 선하다. 크루지우스는 "도덕적 선은 결코 임의적인 것이 아니다. 왜냐하면 신의 의지는 … 자유로운 의지가 아니라 필연적인 의지이기 때문이다"라고 말함으로써(《충고》: 216~217면) 비판에서 벗어나려 한다. 이는 다소 혼란을 일으키는 언급이므로 크루지우스가 과연 어떤 의미에서 이를 참이라고 생각하는지 살펴보아야 한다. 도덕적으로 선한 의지가 상위의 존재가 내린 명령에 따르는 의지라고 한다면 이런 의미에서 크루지우스는 신 자신이 도덕적으로 선한 의지를 지닌다고 주장할 수 없다.[29] 하지만 신이 자신의 자유로운 피조물들에게 필연적으로 명령을 내리지 않을 수 없다고 보는 접근 방식이 존재한다. 이런 방식은 신이 아무것도 헛되이 행하지 않는다는 가정으로부터 출발한다. 만일 그렇다면 신은 자신의 피조물들이 자신이 창조 시에 부여한 목적을 실현하지 못하는 상황을 원할 수 없다. 따라서 신은 자유로운 존재들에게 도움이 되는 물리적 자연을 원해야 하며, 자유로운 존재들이 덕을 발전시키도록 원해야 한다. 신으로 하여금 세계를 단지 생각만 하지 않고 실제로 창조하도록 만드는 것은 결국 피조물들이 신에게 의존한다는 사실을 인식함으로써 신에게 복종할 것을 자유롭게 선택하며, 이를 통해 신과의 관계를 형성한다는 사실뿐이다. 이러한 인식 없이는 관계도 형성될 수 없을 것이다. 따라서 단지 자유만으로는 충분하지 않지만 자유는 우리의 모든 잠

---

29) 신의 "도덕적 계획"은 자유롭고 이성적인 행위자를 창조한 후 그를 통해 자신이 원하는 바를 실현하는 것이므로 이런 의미에서도 신은 도덕적으로 선한 의지를 가질 수 없다. 또한 크루지우스가 언급하듯이 만일 "도덕적 선이 〔신의〕 법칙과 일치하는 것이라면" 신이 도덕적으로 선한 의지를 가진다는 말은 우리에게 아무런 정보도 주지 않는다. 이는 주의주의에 대한 초기 비판자들이 자주 지적했던 바이기도 하다(《충고》: 30~31면).

재성과 더불어 반드시 실현되어야 한다.

여기서 크루지우스는 바르베이락이 푸펜도르프의 견해로 여기면서 정당화하려고 했던 주장과 같은 진행 방향을 택한다. 신은 무언가를 창조하거나 창조하지 않는 데에 전적으로 자유롭다. 신의 본성은 어느 쪽도 요구하지 않는다. 하지만 일단 자유로운 존재들을 창조하기 원한다면, 신은 그들의 가능한 완전성에 적합한 법칙을 부여해야만 한다. 그리고 자유로운 피조물들에게 적극적으로 도움이 되거나 아니면 최소한 방해가 되지 않는 세계를 만들어야 한다(《시론》: 505~510면). 따라서 크루지우스가 실제로 그렇게 생각하듯이, 신의 기본 법칙이 신과 우리 동료들의 완전성을 위해 우리가 무엇을 해야 하는지 규정하는 법칙이라는 주장은 설득력을 지니는 듯이 보인다. 그렇다면 설령 선이 아니라 무엇을 선으로 여길 것인지 결정하는 신 자신의 행위에 의해서 신의 의지가 결정된다 할지라도 그 의지는 임의적이지 않을 수 있다(518~519면).

크루지우스에 따르면 볼프주의자들의 생각과는 달리 신의 의지가 완전성을 추구하려는 신의 시도에 의해서 결정되지 않는다는 점을 명백히 보이는 일은 매우 중요하다. 라이프니츠는 가장 완전한 유일 세계만이 존재한다고 주장했는데 크루지우스는 이를 부정한다. 단 하나의 세계가 모든 완전성을 포함하는 일은 불가능하며, 다른 어떤 세계보다 더욱 큰 완전성을 포함하는 단 하나의 세계가 존재함을 증명하는 것도 불가능하다. 여기에 덧붙여 크루지우스는 만일 그런 세계가 가능하다면 신은 오직 하나의, 최선의 세계만을 선택해야 할 것이라고 주장한다. 이 경우 신은 자유롭지 않다. 선택할 수 있는 대안이 오직 하나밖에 없다면 어떤 종류의 선택이 가능하겠는가? 이런 상황에서는 신 자신에게 자유의 능력이 없기 때문에 우리를 자유로운 존재로 창조할 수도 없을 것이다. 신은 자유로운데 그 까닭은 (볼프주의자들의 주장처럼) 최선을 알고 원하기 때문이 아니라 일련의 상황이 어떻게 주어지든 이렇게 또는 저렇게 행위하거나 아니면 아무 행위도 하지 않을 수 있기 때문이다. 우리는 이 세계에 대해 오직 《성서》가 말하는 대로만 말할 수 있다(〈창세기〉 1장 31절) ─ 즉 이렇게 만드신 모든 것을 보니 참 좋다고 말할 수 있을 뿐이다(《시론》: 742～753면).30)

세계가 참 좋다고 확신할 만한 근거는 대체로 경험과 무관한 것임에 틀림없다. 육체적 고통과 도덕적 악이 존재한다는 사실은 너무나도 명백하다. 이런 사실을 비롯해 수많은 자유로운 행위자들이 결국 영원한 처벌을 받도록 정죄된다는 사실은 비록 신이 이를 자신의 창조 중 일부로 원하지는 않았다 할지라도 모두 신이 예견한 것들이다(《시론》: 448～496, 504면). 그렇다면 어떻게 우리는 이런 부분을 포함하는 전체 세계를 보고 "참 좋다고" 확신할 수 있는가? 덕을 갖춘 우리의 의지작용은 신뿐만 아니라 피조물들의 완전성과도 일치해야 한다. 신의 의지작용은 현존하는 바를 결정하므로 주의주의자들이 항상 주장해 왔듯이 자신의 외부에 있는 어떤 것으로부터도 아무런 영향을 받지 않는다. 하지만 신이 아무것도 헛되이 행하지 않는다는 사실은 신의 의지작용에도 필연적으로 적용된다. 그렇다면 그러한 신의 내적 필연성이 신의 의지작용을 임의적 권능의 표현 이

---

30) 이런 주장을 비롯해 다른 몇몇 군데에서 드러나는 크루지우스와 클라크 사이의 유사성은 놀라울 정도이다. 하지만 나는 크루지우스가 클라크의 저술을 알고 있었다고 생각할 아무런 근거도 발견하지 못했다.

상의 무언가라고 보증할 수 있는가?

크루지우스는 아무것도 헛되이 행하지 않음이 신에게 무엇을 의미하는지 언급하지 않는다. 하지만 우리는 그 의미가 무엇인지 알 수 있다. 자기모순적 생각은 무언가에 관한 생각이 아니므로 신의 정신 안에서 전혀 존재할 수 없다(《시론》: 483면). 무한한 권능을 지닌 존재로서 신은 자신이 스스로 자유롭게 설정한 어떤 목표라도 이루지 못하는 일이 없다. 신은 자신이 생각할 수는 있지만 이룰 수는 없는 목표를 결코 설정할 수 없다. 따라서 신에게 헛되이 행한다는 것은 자기 자신의 목표를 방해하는 방식으로 행하는 것임에 틀림없다. 한마디로 요약하면 신은 결코 자멸적 방식으로 행하기를 원할 수 없다. 우리는 의지작용에 관한 이런 원리가 행위의 방향을 결정하는 데 어느 정도의 영향을 미칠 수 있을지 의문시하겠지만 크루지우스는 이를 다소 다른 차원의 문제로 여긴다. 인간 지식의 한계와 궁극적으로는 알 수 없는 신의 본성에 관해 자신이 주장한 바를 전제할 때, 그는 아무것도 헛되이 행할 수 없는 신의 필연성으로부터 우리가 과연 어떤 위안이 되는 결론이라도 적절하게 이끌어 낼 수 있는지 진정 궁금하게 생각해야만 했다.

제 21 장

종교, 도덕 그리고 개혁

18세기 프랑스에서 자신의 의견을 분명히 드러내는 것은 당시 독일이나 영국에서보다 훨씬 더 위험한 일이었다. 프로이센에서는 국왕이 교수를 추방하고, 잉글랜드에서는 정통파가 전도유망한 성직을 독차지하는 정도에 그쳤을지 몰라도 프랑스에서는 정부가 마음에 들지 않는 인물을 감옥에 가두고, 고문하고, 교수형에 처할 수도 있었다. 또한 프랑스어 출판물을 검열하는 감시의 눈길이 도처에서 번득이고 있었다. 출판 허가의 기준은 국왕이 구성한 정부와 프랑스 로마 가톨릭교회의 질서가 요구하는 바에 도움이 되는가 그렇지 않은가였다. 하지만 출판 허가 법률은 정부와 교회에 대한 비판적 흐름을 막는 데 실패했다. 기존 정부에 대한 모든 측면에서의 공격이 저자나 출판자를 변조해 국내외에서 익명으로 출판되었다. 이런 출판물들은 단지 지식인뿐만 아니라 대중 전체를 상대로 한 것이었다. 얼마나 많은 독자들이 이를 받아 볼 수 있었는지 현재는 정확히 알 수 없다. 1) 하지만 정치, 종교 당국의 압박이 심해질수록 이들을 비난하는 책의 수는 더욱 늘어났으며 논조 또한 더욱 과격해졌음은 명백한 사실이다. 이런 책의 저자들은 감옥에 갇히거나 국외로 추방되었지만 문자 그대로 자신들의 생명을 위협한 권력자들에 대한 비판을 멈추지 않았다.

대혁명 이전 프랑스에서 도덕에 관한 책을 쓴 저자들의 주된 관심은 도덕 이론이 아니라 희망, 위협 또는 변화 등이었다. 잉글랜드와 스코틀랜드 그리고 독일의 일부 주에서는 성직자와 교수들이 독창적이고 중요한 도덕철학을 제시했다. 반면 프랑스에서 성직자와 교수들은 기존 제도를 확고하게 옹호하는 집단에 지나지 않았으며, 독창적인 사상은 다른 계층에서 등장했다. 2) 18세기 프랑스의 도덕철학이 대부분 영국의 도덕철학에 비해 덜 복잡하고 덜 체계적이라면 프랑스인들이 기존의 종교, 정치 제도를 비판적으로 검토해야 한다는 현실적인 압박을 훨씬 더 크게 받았다는 점을 그 이유 중 하나로 꼽을 수 있다.

구체제를 비판한 사람들 중 일부는 자신이 무신론자임을 솔직히 인정했지만 대부분은 그렇지 않았다. 기독교 신자와 불신자 모두 왕실의 전제정치뿐만 아니라 성직자들이 무제한적 권력을 가지고 지배하는 상황에 강력하게 반대했다. 하지만 비판자들은 폭력 혁명까

---

1) 정부 전복을 주장한 책의 수와 이들이 미친 영향을 다룬 시도로는 Darnton (1995) 참조.
2) 17, 18세기에 걸쳐 프랑스 대학에서 전개된, 기존 제도를 유지하려는 도덕 철학의 보수적인 성격에 관한 고찰로는 Brockliss(1987) : 216면 이하, 292면 이하, 300~301면 참조.

지 생각하지는 않았다. 이들이 공유한 신념이 있었다면 그것은 상황을 변화시키기 위해 가장 필요한 것은 대중을 교육함으로써 무지와 미신에서 벗어나게 하는 것이라는 생각이었다. 다른 유럽 지역의 수많은 사회 비판가들과 마찬가지로 이들은 자신을 과거의 어둠을 몰아내고 뉴턴 물리학, 역사, 《성서》에 대한 비판적 연구와 더불어 생리학, 의학, 심리학 등에서 큰 발전을 이룸으로써 세계에 새로운 빛을 비추는 사람으로 여겼다. 디드로는 자신이 편집한 백과전서 중 한 권에서 백과전서의 목적은 당시까지 인류가 획득한 모든 지식을 모아 체계적으로 설명하고 이를 미래세대에 전함으로써 후세 사람들이 "더 훌륭한 교육을 받는 동시에 더 큰 덕을 갖추어 더 행복하도록 만드는 것"이라고 단호하게 주장했다. 3) 이 장에서는 계몽주의가 그 자체로 근본적인 변화를 가져오리라 기대했던 수많은 인물 중 단지 몇 명만을 다루려 한다. 4) 이들의 사상이 정치적 행동을 포함하지 않는 계몽은 무익하다고 주장한 사람들에게 어떻게 받아들여졌을지는 그리 어렵지 않게 파악할 수 있다.

1. 볼테르와 주의주의

아루에 (François Marie Arouet, 1694~1778) 는 자기 스스로 볼테르 (Voltaire) 로 개명해 이후 볼테르로 알려졌는데, 그는 18세기에 반

---

3) "백과전서"(Encyclopédie), 《전집》, ed. Versini: 363면.
4) 구질서를 옹호한 몇몇 인물들의 견해까지도 논의한 포괄적인 연구로는 Domenech (1989) 참조.

기독교 운동을 가장 효과적으로 펼친 인물인 동시에 이른바 기존 신앙의 상징과 교리를 부정하고 위반함으로써 박해받았던 사람들을 옹호한 대표적 인물이었다. 설령 그가 스스로 독창적인 사상을 제시하기보다는 다른 사람들의 사상을 활용했다 할지라도 이를 그보다 더 효과적으로 활용한 사람은 없었다. 그는 모든 계시를 가차 없이 공격하면서도 신에 대한 신앙을 고백하고 종교의 중요성을 인정했기 때문에 그가 저술 활동을 시작한 당시부터 과연 그 자신의 개인적인 신념이 무엇인지가 논쟁의 대상이 되었다.[5] 도덕에 관한 그의 견해 또한 정리하기 쉽지 않다. 그는 방대한 분량의 저술을 썼지만 수많은 주제에 대해 견해를 계속 바꾸었고, 철학자라면 마땅히 지녀야 할 체계나 일관성, 엄밀함 등에 관심을 거의 보이지 않았다. 나는 그가 완벽하게 일관된 도덕 이론을 제시했다는 데에 회의적이다. 그에게서 발견되는 것은 도덕에 대한 일정한 태도 및 이런 태도와 종교 간의 관계이다. 그가 생각하는 도덕이란 사회적 삶을 가능하게 만들기 위해 인간이 만들어 낸 것이다. 하지만 신은 도덕에 반드시 필요하다. 그렇다면 그에게 제기되는 문제는 당연히 이 두 신념을 어떻게 연결할 것인가이다.

볼테르는 초기 저술인 《형이상학 논고》(Treatise on Metaphysics, 이하 《논고》로 약칭)의 마지막 두 장에서 이 문제를 해결하기 위한 최초의 노력을 드러낸다.[6] 그는 도덕에 관한 자연주의적인 설명을

---

5) 볼테르의 종교관에 대한 두 세기에 걸친 논쟁을 요약한 내용은 Pomeau (1965): 7~15면 참조.

6) 이 저술은 1734년 처음 쓴 이후 계속 수정되었지만 볼테르 생전에는 출판되지 않았다. 이 저술에 대한 인용 표시는 van den Heuvel이 편집한 《저술

제시한다. 성적인 욕구는 동물과 인간이 함께 지니는 것이지만 인간은 벌처럼 고도로 조직화된 사회를 본능적으로 형성하지는 못한다. 더욱이 우리의 모든 욕구가 자기이익에 도움이 되지는 않는다. 우리는 이기적 충동과 더불어 본성에 따른 자비심도 느낀다. 자비심 때문에 다른 사람을 돕기도 하지만 — 이렇게 하는 데 지나치게 큰 비용이 들지 않을 경우에 한해서 그렇게 한다. 단지 상위와 권력을 차지하려는 욕구가 아니더라도 다른 많은 욕구에 따라 행위하면서 우리는 서로의 복지를 위협한다. 하지만 동시에 인간 사회를 복잡하면서도 즐겁게 만드는 많은 재화와 유용한 것들을 생산한다. 볼테르는 "신이 우리에게 이런 욕구와 정념을 부여한 후 우리의 근면함을 통해 이들이 우리에게 이익이 되도록 만들었다는 생각"은 매우 그럴 듯하다고 말한다. 신의 선물을 잘못 사용하지 않도록 잘 조절하는 일은 우리 자신에게 달려 있다(《논고》VIII, 《저술집》: 193~195면).

법은 우리가 신의 선물을 잘 사용하도록 해준다. 법은 나라마다 서로 크게 다르지만 어디서나 덕과 악덕, 도덕적 선과 악은 "사회에 이로운가 해로운가에 따라" 결정된다. 그렇다면 덕이란 사람들을 기쁘게 하는 것을 행하는 습관에 지나지 않는다. 서로 다른 사회에 시행되는 법이 서로 다르지만 모든 사람이 받아들이지 않을 수 없는 자연법이 존재한다. 설령 자연법을 상세히 명령하지 않았다 할지라도 신은 인간에게 "결코 제거될 수 없는 어떤 정서"를 부여했는데 인간 사회의 "영원한 의무이며 최초의 법"이 되는 것은 바로 이런 정서이다. 사회의 이익은 도덕적 선과 악을 판단하는 "유일한 기준"이므로

집》(*Mélanges*)에 따라 장과 페이지를 밝혔다.

도덕 판단이 변화할 수 있다는 사실은 사회의 상황이 변화했음을 반영한다. 일반적으로 금지되는 근친상간도 그것이 종을 유지하는 유일한 방법일 경우에는 선할 수도 있다. 도덕을 무시하고 오직 자기애에 따라서 행위하기로 결심한 사람은 누구나 자신을 보호하기 위한 작은 군대를 필요로 할 것이다. 우리의 자존심은 범죄자가 내보이는 종류의 경멸을 우리가 참을 수 없도록 한다. 따라서 우리는 범죄를 규정하고 그에 대한 처벌을 고안한다. 인간에게 고통을 가하는 처벌에 대해 서로 느끼는 두려움은 신이 우리를 한데 묶기 위해 부여한 것이다. 건전한 교육을 통해서 모든 사람이 이런 감정을 계속 가지도록 이끌 수 있다. 따라서 올바른 인간이 되기 위해 어느 누구도 종교의 도움을 필요로 하지 않음이 밝혀진다(IX: 196~202면).

효용, 자비심, 다른 사람을 기쁘게 하는 일, 본유적 정서, 법, 처벌의 두려움, 교육을 통해서 길러진 감정 ─ 무엇을 가지고 도덕을 설명하더라도 도덕은 인간 본성과 관련된 사실들, 우리가 세계에 대응하는 방식에 관한 사실들을 통해 설명된다. 우리의 대응 방식이 존재하지 않는다면 열기와 같은 제2성질들과 마찬가지로 어떤 덕이나 도덕적 선도 이 세계에 존재하지 않을 것이다. 볼테르가 도덕의 근원에서 명백히 제외하는 것 중의 하나는 신의 직접적인 가르침이다. 만일 어떤 법칙이 "천상에서 신이 직접 명령한 것으로서" 신의 의지를 우리에게 명확히 가르쳐 주는 것이라면 이는 도덕법칙임에 틀림없다. "하지만 내가 아는 한 신은 그런 방식으로 우리의 행위에 관여하려고 계획하지 않았으므로 신이 우리에게 부여한 선물에 굳건하게 의지하는 것이 최선이다" ─ 즉 신의 선물이 혼합된 우리의 천부적 본성에 의지해야 한다(IX: 198~199면).

볼테르는 신은 파악할 수 없는 존재라는 강력한 주장의 틀 안에서 도덕에 관한 자신의 견해를 구체화한다. 신이 존재한다는 사실은 우리가 받아들일 수 있는 가장 그럴 듯한 견해이며 따라서 신이 존재하지 않는다는 주장은 "가장 어리석은 견해이다"(II: 171면). 볼테르는 클라크의 주장에 의지해 만일 신이 존재한다면 신이 자유롭다는 사실 또한 증명 가능하다고 생각한다. 하지만 뒤이어 볼테르는 신의 자유, 전지함, 무한함, 창조 행위 등은 모두 우리가 결코 파악할 수 없는 것이라고 말한다(VIII: 192면). 더 나아가 클라크와 전혀 다른 견해를 내세우면서 볼테르는 우리가 신을 도덕적인 측면에서도 전혀 파악할 수 없다고 주장한다. 그는 다음과 같이 말한다. "우리는 스스로 사회에 이로운 행위를 하는 것 이외에 다른 어떤 정의(正義)의 관념도 지니지 않으며, 우리는 공동의 선을 위해 확립된 법에 따를 뿐이다." 하지만 정의의 관념은 오직 인간들 사이의 관계에 적용될 뿐이며, 신과의 어떤 "유사성도" 없다. 그는 "신이 정의롭거나 정의롭지 않다고 말하는 것은 신이 푸른색이라거나 사각형이라고 말하는 것만큼이나 어리석은 일"이라고 결론짓는다(II: 169~170면).

여기서 묘사되는 도덕은 몇 가지 측면이 다소 약화되기는 했지만 이미 우리에게 충분히 익숙한 것이다. 즉, 이는 주의주의를 내세운 자연법 학자들의 도덕이다. 볼테르는 이들의 경험주의를 받아들인다. 그는 로크를 연구해 그의 인식론을 대부분 수용한다. 그는 클라크의 이론이 자유의지를 지지하는 데 아무리 유용할지라도 영원한 도덕적 적절함에 관한 클라크의 주장은 도덕법칙에 관한 자신의 경험주의적 관점에서 보면 지극히 이상한 것이라는 점을 인식했지만 이에 크게 신경 쓰지 않았다. 그는 신과 인간 사이의 거리가 무한히 멀리 떨어져 있다는 주의주의의 견해를 받아들이면서 존재가 거대한 연쇄로 연결되어 지속된다는 주장을 거부한다. 7) 그는 우리의 정념과 두드러진 특징이 자신이 《논고》에서 제시한 신의 도덕법칙과 어떻게 연결되는지 설명을 몇 차례나 되풀이한다. 이에 관한 가장 압축적인 언급은 아마도 《철학 사전》(*Philosophical Dictionary*) 중 "법칙" 항목에서 등장하는 듯하다.

> 자연은 인류를 창조하면서 본능을 부여했다 — 자기 자신의 보존을 위한 이기심, 다른 사람의 보존을 위한 자비심, 모든 인류에게 공통되는 사랑 그리고 다른 어떤 동물보다 더욱 많은 관념들을 한데 결합할 수 있는 불가해한 선물을 주었다. 우리의 몫을 부여한 후에 자연은 우리에게 말했다. "이제 네가 할 수 있는 최선을 다하라." (《철학 사전》: 364면) 8)

볼테르의 도덕 이론을 이런 측면에서 보면 그의 저술 《캉디드》(*Candide*) 9)가 (무엇보다도 특히) 주의주의를 드러낸다는 점은 명백

---

7) "리스본(Lisbon)에서 일어난 재앙에 관한 시", 《저술집》: 1389~1390면에 등장하는 볼테르의 지적 참조.

8) 앞의 제 7장 7절의 끝부분에서 인용한 푸펜도르프의 지적 참조.

9) 〔옮긴이주〕 볼테르가 라이프니츠의 낙관적 세계관을 비판하기 위해 1759년 발표한 소설이다. 이 소설에서 지극히 낙관주의적인 태도로 살아가던 캉디드와 그의 애인 키네공드, 스승인 팡글로스는 온갖 우여곡절을 겪은 후 자신들의 운명이 왜 이렇게 불행한지 생각하다가 결국에는 말없이 자기 밭을 가꾸는 것, 즉 다른 일에 신경 쓰지 않고 자신의 삶을 하루하루 충실히 살아가는 것만이 지혜의 비결임을 깨닫는다. 불합리한 동기와 이에 따른 행위에서 발생하는 모순이 강조되며, 추리를 잘못함으로써 수많은 어리석은 일들이 벌어지는 것에 대한 조소가 작품 전반을 지배한다. 이 점에서 익살스럽고 풍자적인 프랑스 근대 소설의 대표작으로 평가된다.

하다.¹⁰⁾ 크루지우스의 경우에서 분명히 드러나듯이 주의주의자들은 도덕적 측면에서 이 세계가 가능한 최선의 세계라고 주장할 필요를 느끼지 않는다. 이들은 라이프니츠가 신이 진정으로 어떤 선택을 할 수 있다는 점을 부정함으로써 신의 자유까지도 부정했다고 여기는데 이 점은 볼테르가 "리스본에서 일어난 재앙에 관한 시"의 도입부에서 암시한 것이기도 하다. 이 시의 서문에서 볼테르는 라이프니츠의 "최선의 세계" 이론이 인간이 타락하거나 부패하지 않았음을 함축하며 따라서 구세주를 필요로 하지 않는다는 종교적인 이유에서 그 이론을 비난하는 사람들을 무시한다. 대신 볼테르는 지상에는 악이 존재한다는, 고대로부터 전해진 진리를 강조하는 관점을 택한다. 볼테르는 모든 것은 선하다는 격언을 곧이곧대로 받아들인다면 이는 내세에서의 삶이 더욱 행복하리라는 희망을 완전히 부정하는 것이며, 이런 의미에서 이 격언은 "단지 현세의 불행을 모욕하는 것에 지나지 않는다"고 주장한다. 또한 그는 우리의 정신적 능력은 크게 떨어지기 때문에 "지금까지 어떤 철학자도 도덕적, 자연적 악의 근원을 제대로 설명하지 못했다"고 덧붙인다(《저술집》: 302~304면). 볼테르는 자신도 예외가 아니라고 생각한다.

그가 계속 강조하는 바는 우리에게 악으로 보이는 바가 실제로 악인지 아닌지 판단하는 것은 우리의 능력이라는 것이다. 볼테르가 신

---

10) 당시 프랑스에서 보인 라이프니츠주의에 대한 관심과 포프(Pope)의 널리 알려진 저술 《인간론》(*Essay on Man*)이 이런 관심을 다시 일깨운 과정에 관한 논의로는 Barber(1955) 참조. Barber는 또한 볼테르와 라이프니츠주의 및 볼프주의의 관계에 대해서도 유용한 지적을 한다. 하지만 그는 도덕철학에서 낙관주의를 수용하거나 거부하는 것이 지닌 함의에 대해서는 논의하지 않는다.

랄하게 지적하듯이 캉디드는 "그 무엇이라도 자기 스스로 판단하는 교육을 전혀 받지 못했다".11) 최선의 가능세계 이론은 우리에게 악하게 보이는 것도 전체적 관점에서는 사실 선하다는 형이상학자의 말을 받아들일 것을 요구한다. 하지만 볼테르는 다른 많은 저술에서와 마찬가지로 《캉디드》에서도 이 이론이 조소의 대상에 지나지 않음을 폭로하면서 이에 현혹된 독자들을 되돌리는 유일한 방법은 일반인들의 건전한 판단을 신뢰하도록 만드는 것이라 주장한다.12)

이 점을 확보하는 일은 볼테르에게 매우 중요하다. 왜냐하면 신은 파악할 수 없는 존재라는 자신의 주장과 파스칼의 동일한 주장 사이에 일정한 거리를 유지하고 싶어 하기 때문이다. 볼테르는 파스칼이 인간을 신비로운 이중적 존재로 다룬 것, 즉 반은 천사인 동시에 반은 야수이며, 자신을 손상시키는 세속적 활동들 때문에 계속 고통을 겪으면서도 동시에 신의 은총을 받을 수 있는 존재로 다룬 것을 강력하게 혐오하며 몹시 불쾌하게 생각한다. 우리 인간은 진정 신비로운 존재이다. 볼테르도 이를 인정하지만 인간이 물체를 비롯한 세계 속의 나머지 것들 이상으로 신비롭지는 않다고 생각한다. 신은 우리로부터 완전히 떠나지 않았다.13) "자연법에 관한 시"에서 이런 주장이

---

11) 《캉디드》: 85면.
12) 《철학 사전》중 "모든 것은 선하다"는 항목에서 볼테르는 논의의 방향을 전환해 주의주의자들이 제시한, 폭군과도 같은 신의 관념에 대한 이성주의자들의 불만을 언급한다. "모든 것은 선하다는 체계는 단지 자연의 창조자가 강력하지만 악에 가득 찬 왕과 같아서 … 자신의 뜻을 이루기만 한다면 수없이 많은 사람들의 생명이 희생되더라도 눈도 깜짝하지 않는 존재로 그를 묘사할 뿐이다."(122면)
13) 《철학 서신》(Lettres philosophiques) 25, 《저술집》: 106~111면.

분명하게 드러난다. 볼테르는 다음과 같이 외친다. "뭐라고! 세계는 보이지만 신은 숨어 있다고? 뭐라고! 이 비참한 삶을 사는 나에게 가장 부족한 것은 스스로 만족할 줄 모른다는 단 한 가지 사실이라고?" 결코 그렇지 않다. 최소한 내가 깨닫지 않을 수 없는 것이 하나 있다. 나는 신이 나를 위해 정해 놓은 바를 안다. 신은 "나를 존재하게 만들었기 때문에 나에게 그의 법칙을 부여했다"(《저술집》: 276면). 나는 이성을 통해 이 법칙이 무엇인지 발견한다. 신의 법칙을 어겼을 때 후회하기 때문에 나는 그 법칙에 따르게 된다. 이성과 후회는 교육이 아니라 신으로부터 생겨난다. 볼테르는 우리가 이성과 후회를 무엇이라 부르든 간에 이들은 분명히 존재하며 "자연법의 기초를 제공한다"고 선언한다(273면). [14]

　종교적 관용을 위한 볼테르의 열정적인 활동은 신의 파악 불가능성에 대한 그의 주의주의적인 태도로부터 도출되며, 신이 모든 것을 구속하는 법칙을 부여했다는 도덕적 견해에 의해서 지지된다. 그는 어떻게 신이 도덕에 반드시 필요한 존재로 남는지에 대해서는 거의 언급하지 않는다. 물론 신은 우리의 창조자인 동시에 도덕의 창조자이다. 하지만 볼테르는 주의주의자와 같은 방식에 따라 의무를 설명하지도 않으며, 푸펜도르프나 도덕적 실재에 관해 논의하지도 않는다. 그는 도덕을 사실의 세계에 도입하는 것은 우리의 반응이라고 말하지만 이런 견해를 너무 다양한 방식으로 표현하기 때문에 엄밀한 주장을 이끌어 내기는 어렵다. 그는 내세에서 우리를 제재하는

14) 인간이 신을 모른다는 점과 도덕에 관한, 이와 유사한 주장으로는 《저술집》에 수록된 《무지한 철학자》(Le Philosophe Ignorant), XVII~XIX, XXI~XXIII, XXVI, XXXI~XXXVIII장 참조.

신에 대한 믿음이 많은 사람에게 적절한 두려움을 불러일으킴으로써 신의 법칙에 따르도록 만드는 데 필요하다고 생각한다. "자연법에 관한 시"의 끝부분에서는 사악한 사람들에게 가해지는 영원한 처벌을 그 자신은 믿지 않는다는 사실이 암시된다. 하지만 그가 내세에서의 정의나 그 필요성에 대해 그 이상 어떤 생각을 가지고 있는지는 명확하지 않다. 결연한 무신론자는 어쩌면 볼테르가 생각한 자연화한 도덕을 받아들일 만하다고 여기면서도 종교는 지나친 부담이 된다고 생각할지도 모른다.

2. 라메트리: 다소 느슨한 무신론

무신론은 물론 엘베시우스(Helvetius)와 돌바크(d'Holbach)가 내세운 견해였다. 하지만 이들이 프랑스에서 최초로 등장한 무신론적 도덕철학자는 아니었다. 이들이 활동했던 바로 그 세기에 이들보다 앞서 라메트리(Julien Offray de la Mettrie, 1709~1751)가 있었다. 볼테르가 관용을 향한 최선의 희망을 품게 하는 최소한의 종교를 생각했다면 라메트리는 이보다 한 걸음 더 나아갔다. 그는 1747년 오직 종교적 신앙이 없는 세계만이 행복할 수 있다고 주장했는데 그 까닭은 오직 그런 세계에서만 모든 종교를 아예 뿌리째 뽑아 버릴 수 있기 때문이다. 그런 세계에는 더 이상 종교 전쟁도 없고 "종교를 위해 싸우는 전사"도 없을 것이다. 이른바 "신성한 독약"과 같은 종교가 현재와 같은 체계에서 벗어나 사라지게 되면 모든 것이 좋을 것이다 (《전집》 I. 97).

혹은, 최소한 지금보다는 나은 상황이 될 것이다. 라메트리는 사회가 진보하기 바랐지만 이에 기초를 제공할 어떤 계획이나 방법도 제시하지 않았다. 의사이자 경험주의자였던 그는 무절제한 삶을 살았고 자신이 만년에 의탁했던 계몽 군주 프리드리히 대제에게 아첨을 했다는 이유로 평판이 좋지 않았다. 그는 이후 등장한 계몽 사상가들을 당황하게 만든 인물이었다. 그의 자연주의적 도덕은 계몽 사상가들이 직면했던 문제들을 이미 지적하고 있었다. 하지만 라메트리는 이런 문제들을 집중해서 다루는 데 실패했기 때문에, 혹은 이를 거부했기 때문에, 그의 철학을 비난하면서도 그의 저술에 의지하지 않을 수 없었던 학자들에게, 예를 들면 디드로와 같은 학자들에게 몹시 불편한 인물이었다.

라메트리는 인간의 영혼이나 신이 현존하는 데 대한 경험적 증거를 전혀 발견하지 못한다. 그는 데카르트가 동물은 기계라고 보았음을 지적한다. 그리고 데카르트가 교회를 속이기 위해 기계이자 물체인 동물도 감각이 있고 따라서 사고할 수 있다는 것, 그리고 인간도 동물과 같은 수준의 기계라는 것을 깨닫지 못한 체했다고 생각한다. 만일 자연이 그 스스로는 아무것도 볼 수 없으면서 무언가 볼 수 있는 눈을 만들어 낸다면 사고하지 않는 어떤 원인이 지성적 존재가 사는 세계를 만들어 내는 일이 왜 불가능하겠는가? 또 어리석은 부모 아래서 똑똑한 자식이 태어나는 일이 얼마든지 일어난다. 라메트리는 비록 수많은 생물들이 환경에 적응하는 데 실패하기도 하지만 인간이라는 동물은 결국 더욱 단순한 형태의 생물에서 진화한 것이라는 예리한 추측을 제시한다. 그의 무신론적 유물론은 오직 신앙을 통해서만 우리가 신을 파악할 수 있다는 주장의 결과인 것처럼 가끔 가장되기도 하지만 그는 결코 신앙주의자가 아니다. 그의 윤리학은 인간이 순전히 자연적인 동물이라는 사실을 전제한 후 이런 상황에서 과연 어떤 도덕이 가능한지 탐색하려는 시도이다. 여기에는 신이 개입할 여지가 없다. 15)

라메트리는 다음과 같이 말한다. "현재 우리가 사는 계몽된 시대에 이르러 … 마침내 오직 하나의 삶과 하나의 행복만이, 즉 현세에서의 행복만이 존재한다는 점이 논증되었다."(《전집》 II. 249) 16) 하지만 어떤 두 유기체도 서로 정확히 동일할 수는 없으며, 어떤 두 사람도 정확히 동일한 종류의 삶에서 행복을 발견할 수는 없다. 행복의 원인으로는 외적인 것보다 내적인 것이 훨씬 더 중요한데 내적인 원인은 "사람마다 고유하고 개인적인 것이다"(II. 241). 우리 모두에게는 쾌락을 주는 감각과 그 반대되는 감각이 있는데 전자를 가능한 한 오래 지속하려 한다는 점은 자연스럽게 받아들여진다. 17) 하지만 우리가 덕을 갖추는 것은 두꺼운 옷을 껴입는 것만큼이나 부자연스러운 일이다. 무지하고 사악한 사람도 학식 있고 덕을 갖춘 사람과

---

15) 가장 유명한 라메트리의 저술은 간략하면서도 신랄한 《인간 기계론》(*Man a Machine*) 이다. 이와 유사한 견해가 그의 《철학 전집》 I에 수록된 《영혼론》(*Traité de l'âme*) 에서도 강력하게 표명된다.

16) 나는 라메트리의 저술 《행복론》(*Discours sur le bonheur*) 에 크게 의지했는데 이 저술은 Falvey가 편집한 판이 매우 유용하다.

17) 라메트리는 쾌락과 고통이 오직 지속성과 선명함에서만 차이가 날 뿐 서로 공약 가능하다는 모페르튀의 견해를 (앞의 제 19장 각주 7 참조) 받아들인다. 특히 그는 "선명함"이 큰 비중을 차지하는 까닭은 최고선의 어떤 부분도 사랑이 주는 쾌락만큼 중요하지 않기 때문이라고 설명한다(《전집》 II. 239). 라메트리는 전문적인 문제들을 그리 중요하게 생각하지 않지만 프리드리히 대제의 총애를 받았던 모페르튀와는 좋은 관계를 유지하려 애썼다.

똑같이 행복할 수 있다.

따라서 라메트리는 자신의 자연주의를 통해 도덕과 행복 사이의 연결을 말브랑슈만큼이나 단호하게 끊어 버린다. 라메트리는 덕을 "절대적인 것"이 아니라 그저 공동체의 복지에 도움이 되는 성향 정도로 여긴다. 만일 우리가 모두 혼자 산다면 덕은 아무 필요도 없을 것이다. 하지만 우리는 성적 욕구를 비롯한 다른 욕구들 때문에 함께 어울려 살게 된다. 또한 감정을 지니기 때문에 순전히 공동의 삶을 위해 필요한 정치적 고안물에 지나지 않는 것들에게 도덕적 명칭을 붙이게 된다. 이로 인해 우리는 이들을 사회적 삶에 필요한 수단 이상의 무언가로 생각하게 된다. 덕이 몇몇 사람을 행복하게 만든다는 점은 사실이다. 하지만 덕의 가치를 인식하지 못하여 덕을 근원으로 삼아 생겨나는 행복을 누릴 수 없는 이들이라도 행복의 다른 근원들을 발견해 그들 나름대로의 방식으로 행복하게 살아간다(II. 251~253). 라메트리는 "악하게 행위하는 데서 큰 만족을 느끼는 사람은 선하게 행위하는 데서 작은 만족을 느끼는 그 누구보다도 행복하리라"는 점을 지적한다. 쾌락은 행복의 구체적 내용이기 때문에 행복을 덕에서 얻는지 아니면 악덕에서 얻는지는 가 개인의 성향에 따라 결정된다. 덕은 "우리 인간의 본성에 속하지 않으며" 행복의 기초가 아니라 장식품에 불과하기 때문에 많은 범죄자들도 얼마든지 행복을 누린다(II. 263, 284). 그렇다면 우리를 덕으로 이끄는 것은 과연 무엇인가? 라메트리는 우리의 행위 대부분의 근원은 허영심이라고 말한다. 덕은 아름다운 영혼으로부터 등장하기도 한다. 하지만 사람들은 오직 인정받고 칭찬받을 경우에만 덕을 실행에 옮긴다. 허영심은 인간에게 가장 적절하게 규제된 자기애보다도 훨씬 더 큰 영향을 미친다(II. 253).

교육을 받음으로써 사람들은 다른 사람을 돕는 데서 쾌락을 느끼기도 한다. 하지만 교육이 모든 일을 다 할 수는 없다. 더욱이 실상을 말하자면 교육은 행복을 파괴하는 경향을 지닌다. 교육 때문에 우리는 반사회적 행위를 할 경우 후회하게 된다. 그런데 후회는 쓸모없기보다는 오히려 나쁜 것이다. 우리는 어떤 행위를 하면 후회하리라고 예상하면서도 그 행위를 그만두지 못함으로써 더 큰 후회에 빠지게 된다. 우리의 본성을 바꿀 수는 없다. 우리의 의지는 우리가 쾌락과 고통을 일으키리라고 생각하는 바에 따라 결정되므로 몇몇 사람은 반사회적인 방식으로 행위하지 않을 수 없다. 이들은 덕이 주는 쾌락을 누릴 수 없으므로 이미 고통 받고 있다. 이들이 범죄를 저지르지 않도록 막는 것이 있다면 그것은 교수대의 위협뿐이다. 후회는 사악한 이들의 악행을 막지도 못하면서 덕이 있는 사람들을 비참하게 만들 뿐이다. 덕이 자연스러운 감정이 아니라 사회가 만들어 낸 인공물이라는 점을 받아들이기만 하면 우리는 덕을 주입하는 일을 멈출 것이며 따라서 전체적인 쾌락의 총계를 증가시킬 것이다.

라메트리는 쾌락이 최고선이며 모든 사람이 이를 추구하도록 허락해야 한다고 거리낌 없이 말한다. 하지만 그는 우리 모두가 선을 추구하는 하나의 구체적 방법에 동의하지는 않으리라고 생각한다. 또한 우리 모두가 최소한 성적 욕구와 칭찬받으려는 욕구를 만족시키기에 충분한 사회를 추구한다 할지라도, 이런 목표가 우리가 함께 살아갈 때에 우리 모두를 통제하는 법칙을 형성하기는 어렵다고 여긴다. 볼테르는 우리가 자연법을 발견할 수 있으며, 신이 우리에게 부여한 목적을 깨달음으로써 자연법과 일치하는 정치 제도를 형성할 수 있다고 주장했다. 또한 그는 우리가 신이 부여한 최종 목적을 파악함으로써 이와 관련되는 사실의 영역에서도 일관성이 존재함을 알 수 있다고 생각했다. 따라서 눈은 보기 위한 것이지만 코는 안경을 걸기 위해 만들어진 것이 아니다. [18] 라메트리는 인간 본성 안에 어떤 적절한 일관성이라도 존재한다는 것을 부정하면서 자연의 목적론이나 자연법이 성립할 여지가 없다고 본다. 기껏해야 "다른 사람이 우리에게 하지 않기 원하는 일을 우리도 다른 사람에게 행해서는 안 된다는 사실을 가르쳐 주는" 감정 정도가 존재할 뿐이다. 이는 인류에게 유익한 일종의 자연스러운 공포 또는 두려움에 지나지 않는다(I. 93). 동물들도 후회와 마찬가지로 이러한 감정을 지닌다(I. 87~90).

하지만 라메트리가 자연법이 "하늘과 땅 그리고 바다의 모든 피조물에게"[19] 적용된다는 고대 로마적인 생각을 회복시키려 한다고 생각해서는 안 된다. 그는 단지 역설적으로 일상의 도덕을 존중하는 체할 뿐이다. 그는 자연스러운 개성을 억압하고 통제하려는 모든 시도에 대해 강력한 분노를 표현하지만 범죄를 저지르는 생리적 성향을 지닌 사람들을 통제하기 위해 통치자가 사용할 수 있는 법적 강제에 대해서는 어디에서도 언급하지 않는다. 그의 견해에 따르면 전제적인 통치자의 성격은 평범한 범죄자의 성격만큼이나 자연스러운 사실이며 따라서 별로 바꿀 필요가 없다. 라메트리는 자신의 언급대로 아무것도 규정하려 하지 않으며 단지 설명할 뿐이다. 퐁트넬

---

18) 《철학 사전》, "최종 목적" 항목: 71~72면.
19) 유스티니아누스, 《법학제요》(*Institutes*), I. 1. 1.

(Fontanelle) 이 쓴 대중적인 책 《행복에 관해》(*Du Bonheur*, 1724) 와 같은, 행복을 다룬 초기 저술에는 독자들을 가르치고 인도하려는 의도가 있었던 반면 같은 주제에 관한 라메트리의 저술은 주로 행복을 추구하려는 성향이 개인과 사회 안에서 작용하는 방식을 설명하려고 한다.

하지만 사실들은 사회적 변화와 밀접히 관련된다. 라메트리는 의사 및 실험주의자와 비판자 사이를 오가면서 저술 활동을 한다. (그의 모든 언급을 액면 그대로 받아들인다면) 그는 철학의 유용성에 대해 이중적인 태도를 드러낸다. 한편으로 그는 철학자들이 사상의 자유를 누려야 한다고 주장한다. 철학자들은 위험인물이 아니다. 이들의 저술은 대중의 여론이나 행동 양식을 변화시킬 수 없다. 왜냐하면 대중은 라메트리 자신이 후회에 대해 시도한 것과 같은 비판을 이해하고 이에 반응하기에는 너무나 어리석고 이미 지나치게 세뇌되어 버렸기 때문이다. 다른 한편 라메트리는 자신의 저술을 무척 높이 평가하며 최소한 사려 깊은 통치자가 이를 읽는다면 개혁의 근거를 마련하리라고 생각한다. 하지만 그는 당시의 여러 관행에 대한 자신의 비판이 과연 어떤 근거에서 자신의 개인적인 취향 이상의 무언가를 표현할 수 있는지 전혀 명확히 밝히지 않는다.[20] 따라서 라메트리는 몽테뉴가 그로티우스에게 제기한 것과 같은 문제를 이후 등장한 계몽주의 개혁 사상가들에게 제기한다. 몽테뉴의 회의주의와 마찬가지로 라메트리의 무신론적 자연주의는 그가 저술 활동을

---

[20] 철학의 역할에 관한 라메트리의 더욱 풍부한 논의는 《전집》 I. 9~49에 수록된 《예비적 논고》(*Discours Préliminaire*) 에 등장하는데 Thomson (1981), 2부에서는 이에 대한 상세한 분석이 시도된다.

했던 당시 사람들을 괴롭혔던 심각한 논쟁들을 해결할 수 있는, 개인의 수준을 넘어선 어떤 기준을 제시했다고 보기는 어렵다. 그와 같은 견해를 지녔던 무신론자들조차도 그의 견해에 만족하지 못했으며 따라서 이에 대한 대응으로 엘베시우스와 돌바크가 등장한다.

3. 디드로: 이론이 없는 도덕

볼테르는 자연법과 후회의 개념을 완전히 배제하려는 라메트리의 시도에 대응해 자연법에 관한 시를 썼다. 이로부터 삼십여 년이 지난 후 디드로 또한 라메트리를 철저히 비판해야 한다고 느끼면서 그를 향해 놀라울 정도의 적의를 드러낸다. 디드로는 한 대목에서 라메트리를 "악덕의 옹호자이며 덕의 파괴자"라고 부르면서 라메트리가 인간이 본성에 의해 규정된다고 봄으로써 "인간 본성을 의무의 규칙인 동시에 행복의 근원으로 만들었다"고 주장한다. 21) 디드로는 라메트리의 의학적 유물론 및 행위와 감정을 생물학적 요인이 결정한다는 주장으로부터 많은 것을 배웠다. 하지만 그는 권력에 아부하는 술 취한 무신론자로 — 동시에 철학적 개혁가의 전형으로 — 여겨지기 시작한 라메트리와는 거리를 두지 않을 수 없었다.

---

21) 《클라우디우스와 네로의 통치에 관한 논고》(Essai sur les règnes de Claude et de Néron), II. 6, Versini가 편집한 《전집》: 1118~1119면. 프랑스에서 등장한, 라메트리의 《인간 기계론》에 대한 비판적 반응에 관해 Vartanian (1960), V, VI장 참조. 상세히 언급하지는 않지만, Vartanian은 독일어 사용권에서도 《인간 기계론》에 반대하는 목소리가 무척 높았음을 지적한다.

이론적인 측면에서 디드로가 라메트리와 거리를 유지하기는 쉽지 않았다. 왜냐하면 그는 라메트리의 무신론과 결정론적 유물론을 그대로 이어받았기 때문이다. 또한 그는 개인적인 성향의 차이 때문에 사람들이 서로 전혀 다른 행복의 관념을 갖는다는 설명 방식을 무척 높이 평가했다. 그는 이런 견해들을 근거로 삼아 엘베시우스의 주장, 즉 오직 교육만이 개인들의 차이에 책임이 있으며 따라서 훌륭한 교육은 모든 사람을 훌륭한 시민으로 만든다는 주장을 비판했다.[22] 하지만 그는 엘베시우스나 돌바크와 수많은 정치적 목적을 공유했으므로 그 자신이 프랑스를 비롯한 다른 지역에서 변화가 일어나도록 일조하기를 바랐으며, 이러한 변화를 인도할 수 있는 일반적으로 수용 가능한 원리의 필요성을 절감했다.[23]

도덕은 디드로가 가장 지속적인 관심을 보였던 주제 중 하나로서, 이러한 관심은 샤프츠버리의 《덕에 관한 탐구》(*Inquiry concerning Virtue*)를 풍부한 주석과 함께 번역, 출판한 때부터(1745) 만년에 이르러 세네카의 저술에 대한 방대한 주석서를 쓸 때까지(1778~

---

22) 엘베시우스는 이런 견해를 사후 1772년에 출판된 《인간론》(*De l'homme*)에서 전개했다. 이 글에 대한 디드로의 상세한 비판은 Versini가 편집한 《전집》: 777~923면에 수록된 《엘베시우스에 대한 … 일관된 반박》(*Refutation suivie de … Helvetius*) 참조.

23) 디드로는 특히 전제군주를 추종한다는 점을 들어 라메트리를 비난했다. 하지만 그 자신도 상당한 경제적 후원을 받으면서 러시아의 예카테리나 2세 대제(Catherine the Great)에게 봉직한 철학자였다. 그는 대제에게 강력한 개혁을 주장했지만 성공을 거두지 못했다. 그는 이 문제를 개인적으로 매우 민감하게 받아들였는데, 이런 사실은 그가 만년에 쓴 《클라우디우스와 네로의 통치에 관한 논고》 중 결론 부분에서 세네카에 대해 평가하면서 언급한, 자신을 옹호하는 부분에서 명백하게 드러난다.

1782) 계속 이어졌다. 하지만 그는 도덕을 다룬 체계적인 저술을 쓰지는 않았다. 그는 상상 속 상대방과의 대화, 그에 대한 논평 및 논쟁의 형태를 통해 자신의 견해를 드러냈다. 만일 이런 논의들이 세속 도덕에 대해 제기되는 핵심 논제에 관한 예리하고 통찰력 넘치는 논점을 언제나 포함한다면 여기에 굳이 어떤 이론을 더할 필요가 없을 것이다. 디드로는 정교한 이론의 구축을 목표 삼지 않았다. 그럼에도 불구하고, 그에게 동료 무신론자와는 구별되는, 도덕에 관한 일관된 견해가 있었다는 것은 명백한 사실이다. 24)

도덕과 정치의 기본 원리에 가장 가까운 디드로의 철학적 언급은 이런 주제에 대해 최초로 출판한 저서 《백과전서》(Encyclopedia) 중 "자연권" 항목에서 등장한다. 25) 그는 정의란 각자에게 합당한 몫을 줄 의무라고 말한다. 하지만 이것이 의무라는 생각은 어떻게 생겨나는가? 우리가 우리 자신의 끊임없는 정념에 따라 서로 대립하는 동시에 자신은 대우받고 싶지 않은 방식으로 다른 이들을 대우하려는 유혹에 빠지기 쉬운 자유로운 행위자라고 가정해 보자. 이러한 정념이 너무나 강력해서 자신의 삶을 살 만한 가치가 있도록 하기 위해선 다른 이들을 희생양으로 삼아 그 정념을 만족시켜야만 한다는 것을 알게 된 사람에게 무슨 말을 할 수 있는가? 디드로는 이런 사람도 —

---

24) 디드로의 저술 대부분은 그의 생전에 출판되지 않았다. 단지 몇몇 저술만이 필사본 소식지의 형태로 소규모 모임을 이룬 독자들에게 회람되었을 뿐이다. 또한 생전에 출판된 저술들도 거의 익명으로 출판되었다. 따라서 18세기 독자들이 도덕철학에 대한 디드로의 견해를 전반적으로 조망하기란 무척 어려웠으리라 생각된다.
25) 이 글은 디드로가 쓴 것으로 명시되어 《백과전서》 vol. V: 1755면에 출판되었다. 디드로 초기의 철학 저술은 종교와 형이상학의 문제를 주로 다룬다.

그는 홉스가 주장한 자연 상태에 있는 인간을 생각하는데 — 자신이 다른 사람들을 오직 자신의 쾌락을 위해 사용한다면 다른 사람들도 자신을 오직 그들의 쾌락을 위해 사용할 수 있음을 인식하리라고 생각한다. 그도 기꺼이 추론하기를 원한다. 사악한 사람조차도 추론을 포기하는 것은 인간으로서의 지위를 상실하는 것이라는 것에 동의할 것이다. 그렇다면 이런 "난폭한 추론자에게" 무슨 말을 해야 하는가?

디드로는 난폭한 추론자도 스스로 행복할 뿐만 아니라 정의롭기를 바란다고 생각한다. 만일 그렇지 않다면 우리는 그를 세상에서 추방하는 수밖에 없다. 만일 정의롭기 원한다면 그는 자신과 다른 사람 사이에 재화를 할당하기 위한 공정한 법정이 존재해야만 한다는 점에 동의할 것이다. 이런 법정을 어디서 발견할 수 있는가? 신으로부터 온 것에서는 결코 발견할 수 없다. 디드로는 인류에게 호소할 수밖에 없다고 말한다. 인류에게는 "오직 모두의 선 이외의 다른 어떤 열망도 없다. 사적인 의지는 의심스럽다. 이런 의지는 선할 수도, 악할 수도 있다. 하지만 일반 의지는 항상 선하다". 따라서 일반 의지는 우리가 삶의 행로 전체를 걸어갈 때에 무엇을 해도 좋은지 규정한다. 이 의지는 "전체의 공동선과" 조화를 이루는 모든 행위를 할 것을 우리에게 명령한다〔《정치학 저술집》(*Political Writings*): 19∼20면〕.[26] 하지만 일반 의지가 요구하는 바를 어떻게 발견할 수 있는가? 디드로의 대답은 그리 큰 도움이 되지 않는다. 우리는 문명화한

---

26) 여기서 디드로는 일종의 의지작용이 인간에게 속한다는 점을 보이기 위해 말브랑슈의 문구를 이용한다. 하지만 말브랑슈 자신은 이런 의지작용이 오직 신성한 의지에게만 어울리는 것이라고 주장했다.

국가들의 법에서, 현자들의 사회적 관행에서, 도둑들 사이에 성립하는 협약에서 그리고 심지어 동물들까지도 느끼는 분노와 분개의 감정에서 일반 의지의 명령을 파악한다. 더욱 구체적으로 일반 의지는 우리의 정념이 침묵할 때 우리 각자가 자신과 다른 모든 사람에게 요구하는 바를 알려 주는, "순수한 이해의 표현이다". 이렇게 "인류의 일반 의지를 존중함으로써 어떤 법이 만들어져야 하는지 알게 된다. 무엇이 중요한 문제인지는 일반 의지를 고려하는 사람들에게는 명확하게 드러난다. 이런 추론을 거부하는 사람은 누구든지 비자연적인 존재로 여겨져야 한다(《정치학 저술집》: 20~21면).

현세에서 정의와 더불어 행복을 추구하라. 이것이 일종의 도덕 원리라면 이는 바로 디드로가 지지할 만한 것이다. 하지만 그의 논쟁과 소설들을 보면, 그가 이 원리를 비롯한 다른 어떤 규칙도 어떻게 행위해야 할지에 대한 결정적이고 완전한 규정을 우리에게 제공하지는 못한다고 생각한다는 사실이 드러난다. 한 가지만 예를 들면, 그는 심지어 무엇이 행복을 구성하는지도 명확하지 않다고 생각한다. 이런 생각은 그가 쓴 대화체의 저술 《라모의 조카》(Rameau's Nephew)에서 가장 상세히 잘 드러난다. 여기서 조카는 라메트리의 다양한 주장을 예시하기 위해 만들어 낸 인물인 듯 보인다. 디드로는 (다른 한 사람의 대화자로서) 다른 사람들을 돕는 데서 행복을 발견할 수 있다고 생각하지만 조카는 그렇게 생각하지 않는다. 조카는 "그런 종류의 행복은 단지 나를 배고픔이나 지루함 또는 어쩌면 뉘우침 때문에 죽을 지경으로 만들 뿐"이라고 말한다(《전집》, ed. Billy: 457면). 디드로와 같은 제대로 된 사람들이 판단하고 행위하는 방식과 괴팍한 악당이 판단하고 행위하는 방식은 서로 전혀 다르다. 조카는 만일 덕이 특별한 감각을 필요로 한다면 자신에게는 그런 감각이 없다고 생각한다. 어쩌면 "훌륭한 음악가, 나쁜 사람들과" 거의 함께 삶으로써 그의 삶이 망가져 버렸는지도 모른다.[27] 덕이 부과하는 질서를 갖추지 못했지만 조카는 자신의 삶에 충분히 만족하는데 이는 디드로가 자신의 삶에 만족하는 것과 마찬가지이다. 어쨌든 결점이 없는 삶은 없다. 조카와 같은 사람들이 존재한다는 사실은 한 개인의 행복이 다른 사람들의 불행을 필요로 할지도 모른다는 점을 보여 준다. 우리는 모든 종류의 행복을 똑같이 고려해야 하는가? 만일 그렇지 않다면 무엇이 공공의 복지에 기여하는지 어떻게 결정할 수 있는가?

라모의 조카는 디드로에게 도덕적으로 행위할 동기라는 주제를 검토해 보라고 강요한다. 이는 디드로의 가장 재미있는 저술 중 하나로서 1774년에 발표된 "***의 마레샬과 한 철학자와의 대화"(Conversation of a Philosopher with Maréchale de ***) 에 등장하는 핵심 주제이다. 여기서 마레샬은 디드로에게 당신은 무신론자라고 말한다. 그러면서도 당신은 왜 도둑이나 살인자가 아닌가? 당신이 정직한 것은 모순적이 아닌가? 디드로는 그렇지 않다고 대답한다. 그는 다행히 선을 행하는 데서 즐거움을 느끼도록 만들어졌다. 특히 덕이 행복에 이르는 최선의 길이라는 점을 경험을 통해서 안다.[28]

---

27) 디드로가 초기에 출판한 중요한 저술 중 하나는 풍부한 주석과 함께 번역한 샤프츠버리의 《덕과 공적에 관한 탐구》(1745) 이다. 이 당시 그는 종교와 완전히 결별하지는 않았으며 샤프츠버리의 견해에 강하게 공감했다.

28) 《엘베시우스에 대한 반박》에서 디드로는 극도로 단순화된 이기주의적 심리학 이론들에 대한 몇 가지 반박을 제시한다. 그는 사람들이 무척이나 폭넓

디드로는 자신이 현세 이후의 삶을 믿지도 않으며 환영하지도 않는다고 말한다. 그는 현세가 내세를 준비하는 기간이라는 생각을 모든 사람이 받아들이도록 강요하는 것은 무모하며 — 그는 파스칼을 직접 언급하지는 않지만 이를 통해 파스칼에 반대한다 — 너무 어리석은 탓에 신의 존재를 인식하지 못하는 사람을 창조해 놓고 그에게 영원한 처벌을 내리는 신을 숭배하라고 요구하는 것은 명백히 비합리적인 일이라고 주장한다.[29] 종교는 사회적 문제를 해결하는 데 아무런 도움도 되지 않는다. 지옥에 떨어질지도 모른다는 두려움 때문에 달콤한 유혹을 거부하기에는 지옥은 너무나 멀고 유혹은 너무나 가깝다. 특히 사람들은 거의 자신의 신앙에 따라 행위하지 않는다. 디드로는 진정 신앙과 일치하게 행위하는 기독교인을 한 번도 본 적이 없다고 말한다(《전집》, ed. Versini: 929~943면). 그는 "개인의 선이 전체의 선과 밀접하게 연결되어 한 시민이 자신에게 손해가 되는 행위를 하지 않는 한 사회에도 손해가 되지 않도록" 보장할 수 있게 사회를 배열하는 일이 필요하다고 주장한다(Versini: 936면). 자신의 기질 때문에 악하게 되는 사람들이 여전히 존재하지만 사회는 이들도 적절하게 수용해 함께 나아가야 한다. 종교는 오직 사태를 더욱 나쁘게 만들 뿐이다. 종교는 증오와 적대감, 박해의 공포와 종교 전쟁을 일으킨다. 디드로는 만일 인간을 혐오하는 어떤 존재가

고 다양한 것들에서 즐거움을 느끼기 때문에 우리가 항상 우리 자신의 이익을 추구한다는 말은 명백한 거짓이거나 그렇지 않더라도 아무 의미가 없다고 주장한다. Versini: 799~801, 804~808면.

29) 이와 유사한 논점이 《철학적 단상》(*Penseés philosophique*) XXIX, 《전집》, ed. Versini: 28면에도 등장한다.

모든 사람을 불행하게 만들고자 한다면 "인간이 결코 이해할 수 없는, 어떤 파악 불가능한 존재의 관념을 만들어 놓고 사람들 자신의 삶보다 이 존재가 훨씬 더 중요하다는 생각을 불어넣는 것보다 더 나은 방법이 어디 있겠느냐"고 묻는다(Versini: 933면). [30]

도덕이 종교에 의존해서는 안 되고 또 실제로 의존하지도 않는다는 주장은 디드로가 자주 제기하는 것이다. 그는 종교가 항상 주의주의자들이 생각하는 신, 즉 폭군과 같은 존재인 동시에 지상에 등장하는 전제주의의 전형을 제공하는 신에 초점을 맞춘다고 생각한다. [31] 이미 오래전에 소크라테스는 우리의 행위가 신을 기쁘게 하기 때문에 선한 것이 아니라 그 행위가 선하기 때문에 신이 이를 기뻐한다고 선언함으로써 "도덕을 종교로부터 분리하는 원리"를 분명하게 공표했다(《정치학 저술집》, 211면). 《부갱빌의 항해 여록》 (*Supplement to Bougainville's Voyage*)에서[32] 세속적 지혜를 이야기하는 타히티의 현자는 유럽의 성직자들이 세계를 창조했다고 여기는 "위대한 조물주"의 의지에 따라 선악이 결정된다는 생각의 난점을 지적한다. 타히티의 현자는 조물주나 그를 따르는 성직자 또는 법관이

---

30) 디드로는 1762년에 출판한 《철학적 단상 부록》(*Addition aux pensées philosophique*)의 마지막 부분에서도(《전집》, ed. Versini: 48면) 종교적 신앙의 발명이 인간에게 큰 해악이 된다는, 니체(Nietzsche)와 놀랄 정도로 유사한 견해를 표현한다.

31) 《백과전서》 중 "홉스주의" 항목 참조, 《전집》, ed. Versini: 445면.

32) 〔옮긴이주〕 부갱빌(1729~1811)은 프랑스 해군지휘관 출신의 항해가, 탐험가로서 남태평양을 탐험했으며 프랑스인으로서는 최초로 세계일주 항해를 했다. 그가 남긴 항해 보고서는 자연 상태에 있는 인간이 더욱 도덕적일 수 있다는 생각을 확산하는 데 기여했으며 이런 생각은 당시 프랑스 사상계에 큰 영향을 미쳤다.

"해로운 행위를 선하게, 죄가 없고 유익한 행위를 악하게 만들 수 있는지" 묻는다. 만일 그렇다면 당신은 이들의 변덕에, 자주 변하기도 하고 심지어 일관성도 전혀 없는 변덕에 의존하는 셈이 되며, 이들 모두를 만족시키는 것은 불가능하므로 당신은 결코 선한 사람, 선한 시민, 선한 신도가 될 수 없다(《정치학 저술집》: 51면).

타히티의 현자는 행위의 결과가 전체의 복지와 행위자 자신의 행복에 미치는 영향에 특히 주의를 기울이면서 그저 자연에 따를 것을 추천한다. 이 대화에서 프랑스인들은 타히티 현자가 특별히 성적인 만족의 중요성을 강조하는 것을 보고 깜짝 놀란다. 그리고 프랑스인 중 한 사람은 문명이 자연스러운 인간 옆에 인공적인 인간을 도입함으로써 행복을 전혀 불가능하게 하는 내적인 갈등의 원인을 제공한다고 평가한다(《정치학 저술집》: 52, 71면). 하지만 디드로는 감각적 관능주의를 옹호하지는 않는다. 그는 자연에 따르는 삶을 금욕적인 것으로 해석하는 세네카의 스토아학파적인 견해를 거부하면서도(Versini: 1199, 1209~1210면) 우리가 감정적일 뿐만 아니라 이성적이며 따라서 우리는 이성이 제시하는 법칙을 필요로 한다고 말한다. 디드로는 "우리에게는 유일한 의무가 있는데 그것은 행복해야 한다는 의무이며, 또한 유일한 덕이 있는데 그것은 정의라는 덕"이라고 말한다(Versini: 1189면; 《정치학 저술집》: 211면). 디드로는 우리가 가능한 한 행복을 증가시켜야 한다는 것을 유일한 도덕 원리로 채택할 경우 발생할 수 있는 문제점을 예리하게 지적한다. 그는 양심적인 유언 집행인이 처한 상황을 이야기한다. 한 유언 집행인이 개인적으로 전혀 모르는 어떤 부유한 성직자가 남긴 유언을 집행하려 한다. 이 성직자의 친척들은 매우 가난한데 성직자의 유산을 받아 가난에서 벗어나기 기대한다. 그런데 성직자는 어떤 냉혹한 백만장자에게 전 재산을 주라는 유언을 남겼다. 이 유언 집행인은 성직자의 유언을 파기해야 하는가 아니면 법적 절차에 따라 유언을 집행해야 하는가? 의사는 병에서 회복되면 다른 사람에게 큰 손해를 끼칠 것이 분명한 사악한 범죄자를 치료해 그의 생명을 구해야 하는가? 디드로의 견해를 대변하는 인물은 우리가 "진정으로 전체의 복지를 추구한다면 성직자의 유언을 파기하고 범죄자를 죽도록 내버려 두어야 한다"고 말한다. 하지만 디드로는 유언 집행인이나 의사가 지니는 재량권을 진정 모든 사람이 갖기 원하는가? 우리가 더 이상 법을 준수하지 않는다면 누가 결정을 내려야 하는가? 법이 정의롭지 않을 경우에는 어떻게 해야 하는가?33)

디드로는 동기부여의 문제에서와 마찬가지로 이 문제에 관해서도 어떤 일반적인 대답을 제시하지는 않는다. 그는 모든 부조화가 어떻게든 해소될 수 있고 또 실제로 해소된다는 사실을 보장하는 신이 지배하는 세계가 아니라 불확실성으로 가득 찬 세계에서 불완전한 대답을 제시하는 정도에 그친다. 비록 사악한 사람들이 항상 무엇이 정의롭고 무엇이 그렇지 않은지에 대한 감각을 지닌다 할지라도 경찰은 이런 감각이 아예 없는 이들뿐 아니라 이를 무시하는 사람들로부터도 우리를 보호해야 한다. 어쩌면 디드로가 말하는 정의감에 따라 행위하는 사람은 그리 많지 않을지도 모른다. 하지만 많은 사람이 진정한 자기이익을 제대로 이해한다면 항상 전체의 복지를 추구

---

33) "한 아버지와 자녀들 사이의 대화 또는 자신을 법 위에 놓을 경우에 생기는 위험성", 《전집》, ed. Billy: 759~781면 참조. 《부갱빌의 항해 여록》에서도 디드로는 이와 유사한 논점을 정확하게 지적한다.

하는 법이 통용되는 사회에서 법에 따르는 올바른 행위를 하게 될 것이다. 디드로는 볼테르나 자신과 같은 인물들이 통치자에게 충고해야 한다고 생각한다. 훌륭한 충고를 하기 위해서는 주어진 역사적 맥락에서 무엇이 더 나은 상황을 이끌어 내는지 통찰하고 이해해야 한다. 이론은 그리 큰 역할을 하지 못한다. 일반 의지에 관한 언급을 통해 디드로는 우리 모두가 정의로운 행복을 위해 함께 노력해야 함을 호소하기에 이른다. 신이 보장하는 확고한 원리나 성과가 없다 할지라도 우리는 계속 노력해야 한다.

4. 루소: 도덕의 근원

자신의 생애 전반부 동안 루소(Jean-Jacques Rousseau, 1712~1778)는 볼테르의 지지자였으며, 《백과전서》의 기고자였고, 디드로의 절친한 친구였다. 1749년 디드로가 투옥되었을 때 루소는 그와 헤어지지 않기 위해 함께 감옥에 들어가기 원했을 정도였다. 하지만 1750년대에 접어들면서 루소는 백과전서파의 철학자들과 멀어졌으며, 디드로는 곧바로 그를 철학적 논적일 뿐만 아니라 전혀 신뢰할 수 없는 인물로 여기기 시작했다. 이렇게 루소는 심경의 변화를 일으켰지만 사회적, 정치적 문제에 대한 관심은 계속 유지했다. 인간의 비참함과 불행에 관한 그의 묘사는 무척 감각적인 동시에 강력했으며, 사상적으로 성숙한 시기에 쓴 저술에서 그는 자신이 오직 정치적 발전만을 염두에 두고 있음을 드러낸다. 34) 그는 인간이 겪는 비참함의 원인과 관련해서 이전에 견해를 같이 했던 철학자들뿐만 아니라 현존하는 사회를 종교적으로 옹호하려는 사람들과도 전혀 다른 의견을 제시했다. 교회는 그 원인을 아담으로부터 물려받은, 죄에 빠진 인간 본성 때문이라고 설명했다. 백과전서파 철학자들은 무지와 자기이익이 우리를 잘못된 방향으로 이끌며 그 결과 인간이 비참해진다고 보았다. 루소는 이런 두 견해를 거듭해 거부하면서 인간은 원래 죄에 빠지지도 이기적이지도 않으며 오직 선할 뿐이라고 말한다. 그는 또한 사회적 악의 원인이 개인주의 때문이라는 진단도 부정한다. 그는 개인과 사회가 항상 함께 고려되어야 한다고 주장한다. 그는 "정치와 도덕을 서로 분리해 다루려는 사람은 이 중 어떤 것도 전혀 이해할 수 없으리라" 선언한다(IV. 524;《에밀》: 235면).

루소의 관점은 현재 우리의 상태를 역사적으로 추측해 설명하려는 시도와 더불어 시작되는데 이는 인간의 비참함을 설명하는 동시에 도덕이 어떻게 세계에 개입하게 되었는지 보이려는 의도이다. 그는 그로티우스, 홉스, 로크 그리고 푸펜도르프의 자연법 이론을 강력하게 공격하는 것으로 논의를 시작한다.[35] 그의 논의는 정치적 정당성에 관한 기존의 이론들을 비판하는 길을 열며, 도덕의 핵심이 우리를 행복으로 이끄는 것이라는 견해에 반대하는 기초를 형성한다. 또한 이를 통해 루소는 이성과 지식의 확산이 도덕을 증진하고,

---

34) 인간의 비참함에 관한 그의 관점이 잘 드러나는 언급은 《인간불평등기원론》 주석 IX, 《전집》, ed. Gagnebin and Reymond, III. 202~207; 또한 Gourevitch의 번역 207~213면(이하 Gourevitch로 표시). 본문에서 루소의 저술을 인용할 경우 《전집》의 권수와 페이지를 밝혔으며 적절한 번역이 있을 경우 번역본의 페이지도 함께 표시했다.

35) 루소와 자연법 사상 사이의 관계에 대해서는 Derathé(1950)과 Wokler (1994) 참조.

행복을 증가시키고, 모든 사람에게 자유를 가져다준다는 계몽주의 사상가들의 핵심 주장을 거부한다. 그 대신 그는 백과전서파의 철학자들이 진보라고 여겼던 바가 결국 정치적 전제주의와 개인적 삶의 타락으로 귀결될 뿐이라는 역설적인 주장을 내세운다.

자연법 학자들과 마찬가지로 루소는 자연 상태의 인간으로부터 논의를 시작한다. 36) 그는 인간이 본질상 고독하게 혼자 사는 존재라고 본다. 자연 상태에서 인간은 자신을 유지하려는 강력한 충동에 따라 움직인다. 인간에게는 다른 사람들을 해치려는 욕구가 없으며, 인간은 자신과 마찬가지로 고통을 겪는 듯이 보이는 다른 사람들에게 동정심을 느끼며 이에 따라 행위한다. 인간은 서로 사랑하지 않으면서도 성행위를 하며, 자식들이 스스로 살아갈 수 있게 되면 더 이상 돌보지 않는다. 자연 상태의 인간은 언어가 없기 때문에 일반 개념을 형성할 수 없고, 미래를 예상할 수도 없다. 인간의 욕구는 가장 단순한 수준에 머문다. 계속 살아남는 사람은 매우 강하고 튼튼하기 때문에 육체적 고통을 거의 겪지 않는다. 또한 죽음을 예상하지 못하기 때문에 인간은 오직 자신의 현존을 직접 위협하는 것들만을 두려워한다. 배부르고, 잘 곳이 있고, 성적으로 만족하기만 하면 인간은 행복하다.

루소는 자연법 학자들이 사회가 완벽하게 구성될 경우에만 생겨날 수 있는 욕구와 두려움을 자연 상태에 포함시켰다고 불평한다.

---

36) 루소가 생각한 가상적인 역사를 요약하면서 나는 주로 《인간불평등기원론》 (*Discourse on the Origins of Inequality*, 1755), 《전집》 III과 《보몽에게 보낸 편지》(*Letter to Beaumont*, 1763)를 그 자신이 요약한 내용에(《전집》, IV. 934~937)에 따랐다.

홉스가 말한 만인 대 만인의 전쟁 상태에서 사람은 서로 무관심할 뿐이다. 질투, 탐욕, 경쟁심 등은 모두 자연 상태에서의 인간이 지니지 않는 개념을 필요로 한다. 자연 상태에서는 언어가 없기 때문에 권리나 법이 있을 수 없다. 하지만 이성의 어떤 활동보다도 앞서 사람들은 두 가지 원리를 감지하며 이에 반응한다. 그중 하나는 자기애 또는 자기 자신의 복지에 대한 관심이며, 다른 하나는 동정심 또는 "쾌락과 고통을 감지할 수 있는 존재가 … 죽거나 고통을 받는 모습을 보고 느끼는 거북함"인데 이것이 도덕의 위치를 대신한다. 따라서 사람들은 처음에는 선하다 — 다른 사람들을 해치지 않으며 어려움에 빠진 사람들을 도우려 한다. 하지만 자기애와 동정심으로부터 결국 자연권이 등장한다. 루소는 자연권이 등장하기 위해서는 인간의 본성이 억제되어야 한다고 말한다. 따라서 이성은 "지금과는 다른 기초에서 재확립되어", 동기부여의 "규칙으로" 작용해야 한다 (III. 125~126, 156; Gourevitch: 132~133, 162면).

인간의 발전이 이루어지는 까닭은 "자신을 완성하려는" 인간의 능력 때문이다(III. 142; Gourevitch: 149면). 동물은 단지 자기를 보존하도록 만들어진 영리한 기계에 지나지 않는다. 반면 인간은 라메트리의 주장에도 불구하고 동물보다 훨씬 복잡하다. 인간은 욕구를 억제하기도 하며 본성적인 행위 방식을 바꾸기도 한다. 어쨌든 언어와 추상 관념이 등장하고, 이들과 더불어 비교, 예상, 발명의 가능성도 생겨난다. 새로운 욕구는 사람들을 새로운 지식으로 이끄는데 이런 지식은 다시 더 복잡한 욕구를 만들어 낸다. 성적인 욕구는 어떤 한 사람을 다른 사람들보다 더욱 좋아하도록 만드는데 이는 경쟁심을 불러일으켜 사랑하는 사람의 눈에 돋보이려는 충동을 낳는다. 이 단계에서 이루어지는 발전은 사람들을 사교적으로 만듦으로써 동시에 사악하게 만드는 계기를 제공한다(III. 162; Gourevitch: 168면).

경쟁심 때문에 사람들은 칭찬의 대상이 되는 것이면 무엇이든 동료들보다 더 많이 차지하려고 원하게 된다. 더 이상 현재에 만족하는 삶을 추구하지 않으며 몇몇 사람은 다른 사람보다 많은 재화를 획득하기 시작한다. 뒤이어 어떤 사람들은 땅의 일부를 울타리로 에워싸고 자기 것이라고 주장하며 다른 사람들은 이런 주장을 순진하게 받아들인다. 이와 더불어 파괴적인 순환이 시작된다. 토지 소유자는 다른 사람들이 자신을 위해 일하도록 만든다. 오직 자신을 위한 여유 시간을 확보한 토지 소유자는 사치를 추구하면서 시간을 보내기 시작한다. 자신의 새로운 욕구를 만족시키는 방법에 대한 더욱 큰 호기심 때문에 그는 더욱 활발하게 지식을 신장시킨다. 사람들이 특히 원하는 것은 다른 사람들로부터 칭찬받는 것이다.[37] 본성적인 자기애(amour de soi)는 이런 방식으로 사회화되어 루소가 독점적 사랑(amour propre)이라고 부르는 자기중심적인 동기로 변질되는데 이는 원래의 사랑과는 달리 오직 다른 사람보다 우위를 차지할 경우에만 만족된다. 이 경우 사회적 갈등은 피할 수 없는 일이 되며 사기와 위선도 등장한다. 모든 사람은 다른 사람의 이익을 위해 행위하는 체하지만 사실은 오직 스스로의 이익만을 추구한다. 앞서 니콜은 위선을 개인의 악으로부터 사회적 선을 이끌어 내기 위해 신이 사용하

---

37) 여기서 루소는 파스칼의 생각을 그대로 반영한다. "우리는 자신의 있는 그 대로의 삶과 우리 자신의 존재에 만족하지 못한다. 우리는 다른 사람의 눈에 비친 상상적인 삶을 살고 싶어 하며 따라서 그런 삶을 흉내 내려 한다" (《팡세》 806).

는 수단 중 하나로 보았다. 하지만 루소는 위선을 현재 우리 사회의 가장 나쁜 특징 중 하나로 여긴다. 우리가 완전해질 수 있다는 생각은 바로 우리를 타락하게 만든다.

자연 상태에서도 몇몇 사람이 다른 사람들을 지배할 권력을 획득하기도 하지만 자연 상태에서는 도덕이 등장할 여지가 없는 듯이 보인다. 이제 루소는 《사회계약론》의 첫 장에서 도덕의 근원을 설명한다. 그는 어떻게 권력이 정당성을 가질 수 있는지 물으며 시작한다. 부모의 권위가 자연적이기는 하지만 사회로까지 확장되지는 않는다. 가장 강한 자의 권리는 오직 그의 힘이 다른 사람을 압도하는 한에서만 유지되므로 권력이 아니다. 노예 제도는 오직 권력에 복종하는 경우로부터 생겨나므로 정당성이 없다. 따라서 푸펜도르프와 마찬가지로 루소는 자연에서 어떤 정당성의 근거도 발견하지 못한다. 하지만 푸펜도르프가 자연 세계에서 규범성을 설명하기 위해 신이 부과한 도덕적 실재에 호소했던 반면 루소는 인간의 관습에 의지한다.

루소는 관습의 필요성에 대해 자연주의적인 설명을 제시한다. 관습은 한 무리의 사람들이 서로의 관계를 오직 권력의 측면에서만 이해해서는 자신들의 삶을 계속 보존할 수 없다는 사실을 발견함으로써 등장했다. 그들은 새로운 삶의 방식을 발명해야만 했다. 하지만 사람들이 지닌 유일한 힘은 개인적인 권력뿐이었다. 따라서 이들은 지속 가능한 상황을 만들어 내기 위해 개인의 권력을 어떻게든 한데 모으고 "일제히 이에 따라 행위하게 되었다".[38] 루소는 사람들이 서

---

38) Masters가 《사회계약론》 I. viii에 관한 논의 중 각주 29에서 지적하듯이 여

98

로 계약을 맺어 "모든 공통의 힘을 합해 생명과 재화를 지키고 보호하기 위한 일종의 연합을 형성함으로써" 이렇게 하였다고 말한다. 관련된 모든 사람이 계약에 동의하면 이전의 개별적인 개인들로부터 "도덕적이고 집합적인 단체"가 형성된다(III. 351~364; 《사회계약론》 I. i~vii). "자연 상태로부터 시민사회 상태로의 이런 이행"에 관해 루소는 다음과 같이 말한다.

이 이행은 인간 행위에서 본능을 정의로 대체하고, 이전에는 없었던 도덕을 인간 행위에 부여함으로써 인간에게 상당한 변화를 불러일으킨다. 오직 그 후에 의무의 목소리가 물리적 충동을 대신하고 권리가 욕망을 대신할 때 그 이전에는 단지 자기 자신만을 고려했던 인간은 다른 원리들에 따라 행위하지 않을 수 없으며 자신의 성향을 드러내기에 앞서 이성과 상의해야 한다는 사실을 깨닫게 된다(III. 364; 《사회계약론》 I. viii).

사회계약이 유일한 해결책이라는 사실과 관련해 발생하는 현실적 문제는 상당히 복잡하다(III. 360; 《사회계약론》 I. vi). 사회계약은 이성의 산물이다. 그런데 우리는 이성에 맞설 수도 있으며, 우리 본성이 지닌 중요한 정서적 측면 때문에 스스로를 순전히 물리적인 상호작용이 지배하는 세계에서 벗어난 존재로 여길 수도 있다. 때로 루소는 이런 정서적 측면이 도덕의 기초인 듯이 말하기도 한다.

기서 루소는 매우 뉴턴적인 비유를 사용한다. 그는 이런 변화가 자연적인 힘의 세계에서 다른 종류의 세계, 즉 의지가 만들어 낸 도덕적 실재의 세계로의 이행이라는 점을 강조한다.

5. 인간 본성의 변형

아담 스미스는 루소의 견해가 비록 "다소 완화되고, 개선되고, 윤색되기는 했지만" 맨더빌의 견해와 상당히 유사하다고 여겼다(*Essays*: 250~251면). 스미스는 맨더빌의 《꿀벌의 우화》에서와 마찬가지로 루소의 《사회계약론》에서도 도덕의 본성이 서로 다른 행위자들이 자신의 욕구를 만족시키기 위해 협력할 수 있도록 만들어 주는 인간의 발명품으로 묘사된다고 생각한다. 하지만 스미스는 맨더빌이 사회적 지위와 사치의 추구 혹은 겉치레로라도 이들을 성취한 듯이 보이려 하는 허영심이 정상적인 것이며 심지어 사회를 위한 바람직한 조건이라고까지 생각하는 반면 루소는 마키아벨리나 해링턴과 마찬가지로 이들을 사회적 타락으로 여긴다는 점을 지적하지 않는다. 더욱 중요한 차이는 루소가 맨더빌과는 대조적으로 도덕적 사회를 만들기 위해서는 인간 본성의 변형이 필요하다고 생각한다는 점이다 (III. 381; 《사회계약론》 II. vii).

사람들은 점차 자연 상태에서 벗어나 초보적인 집단을 형성하게 되며 이 집단이 점차 발전해 현재 우리가 사는 것과 같은 타락한 사회가 되는데 이때 인간 본성에 변형이 일어난다. 루소의 비판자들은 그가 원래의 자연 상태로 돌아갈 것을 강력하게 주장했다고 생각하지만 그는 이런 복귀의 가능성을 일관되게 부정한다.[39] 그의 견해에 따르면 우리의 유일한 희망은 우리의 본성을 변형하는 것뿐이다.

---

39) 예를 들면 《전집》 III. 207; Gourevitch: 213면. 또한 《인간불평등기원론》에 대한 볼테르의 공격에 대답하는 1755년 9월 10일자 편지, 《전집》 III. 226~229 참조.

우리는 루소가 "일반 의지"(*volonté générale*) 라고 부른 바가 이끄는 방향과 일치하게 행위할 수 있어야 한다.

일반 의지라는 용어는 원래 말브랑슈가 사용했고, 디드로가 자연 권에 관한 글에서 부활시켰는데 루소는 이를 《백과전서》에 수록된 "정치 경제학" 항목에서 처음 사용했다. 여기서 루소는 정치적 통일 체로서의 국가는 의지와 지성을 모두 지닌 도덕적 존재라고 말한다. 국가의 의지는 일반 의지로서 "항상 전체 및 각 부분의 보존과 복지 를 지향하는 성향을 지닌다". 정의의 목소리로서 일반 의지는 정치 와 "모든 인간 행위의 도덕"에 적용되는 법칙의 근원이 된다. 정부는 입법을 하면서 일반 의지에 따라야 하며, 시민들 또한 개인적인 삶 을 살면서 일반 의지에 따라야 한다. 일반 의지는 법을 통해서 작용 하는데 이 경우 일반 의지는 각 개인에게 "공적 이성의 교훈"을 알려 주며 각각이 이에 따름으로써 "자기 자신과 모순을 일으키지 말 것 을" 명령하는 "천상의 목소리"로 표현된다.[40] 《사회계약론》에서 루 소는 일반 의지를 우리 자신의 의지로 받아들임으로써 새로운 선을 추구하게 된다고 명백히 밝힌다. 이 선은 공동의 선이며, 각 개인이 자신의 목적을 추구할 뿐만 아니라 이를 공적으로 드러낼 수 있는 사 회에서 살아감으로써 얻는 선이기도 하다. 이런 사회에서는 타락한 사회가 지닌 최악의 요소인 위선과 기만이 극복된다. 하지만 이런 이익을 얻기 위해 우리 각자는 자신의 목적을 제한해 다른 모든 사람 의 목적 추구가 자신의 목적 추구와 양립할 수 있도록 해야 한다. 그 렇게 할 경우 우리는 계약에 동의함으로써 우리가 속한 사회 집단이

---

40) "정치 경제학", 《전집》 III. 245, 247~248; 《사회계약론》: 212, 214면.

변화하는 것과 마찬가지로 개인적인 측면에서 변화하게 된다. 즉, 우리 각자는 더 이상 물리적으로 고립된 존재이기를 멈추고 도덕적 전체의 일부가 된다(III. 381~384;《사회계약론》II. vii). 41)

시민으로서 우리는 개인적인 욕구에 의해서 좌우되는 사적인 의지를 지니지 않을 수 없다. 하지만 우리의 타락한 정념에 얽매이는 노예 상태를 지속할 필요는 없다. 일반 의지에 따라 삶으로써 우리는 단지 욕구를 행위의 원인으로 삼지 않는 수준에 그치지 않는다. 우리 스스로 어떤 욕구를 만족시킬지 선택하게 된다. 루소는 우리 각자의 사적 의지가 일반 의지를 압도할 위험성이 항상 존재함을 인정한다. 하지만 사회적 제재를 통해 일반 의지에 따르도록 지원할 수 있다. 만일 이런 제재가 우리를 일반 의지에 따르고 덕이 있게 행위하도록 강요한다면 우리는 단지 자유롭도록 강요당하는 존재일 뿐이다. 루소는 "오직 욕망의 충동에 따르는 것만이 노예 상태이므로 법칙에 복종하면서 우리는 스스로를 자유롭다고 규정할 수 있다"고 주장한다(III. 364~365;《사회계약론》I. vii~viii). 이런 주장이 암시하듯이 루소는 우리의 본성이 이중적임을 경험을 통해서 알 수 있다고 생각한다. 그는 "인간은 하나가 아니"라고 선언한다. 우리는 내부적으로 분리된 존재이다. 이성이 우리에게 어느 한 종류의 선을 드러낸다면 감각과 정념은 다른 종류의 선으로 우리를 유혹한다. 이런 양자택일의 상황에 직면할 경우 우리는 수동적이지 않다. 우리에게는 의지가 있다. 비록 자신이 선이라고 생각하는 바를 원하지 않

---

41) 여기서 다시 한 번 루소는 우리가 유기적 공동체의 일부가 되는 것이 바람직하다는 파스칼의 견해를 반영한다. 앞의 제 13장 3절 참조.

을 수는 없지만, 우리의 의지가 우리 자신이 선이라고 판단한 바에 반응할 때 그리고 스스로의 외부에 존재하는 어떤 것에 의해서도 움직이지 않을 때에 우리는 자유롭다. 루소는 우리가 이렇듯 라이프니츠가 주장한 것과 유사한 의지를 소유한다는 사실을 통해서 인간이 "자유롭게 행위하며 비물질적인 실체에 의해서 움직인다는 것이" 드러난다고 생각한다(Ⅳ.586~587; 《에밀》: 280~281면). 자유의지를 가진다는 사실은 우리를 신과 같은 존재로 만드는 요소이다. 설령 자유의지 때문에 죄를 저지를 수도 있다고 할지라도 또한 자유의지 때문에 우리는 올바르게 행위하는 데서 오는 자기만족을 얻기도 한다. 루소는 "우리가 지상에 존재하는 까닭은 바로 이러한 자기만족을 마땅히 얻기 위해서"라고 말한다(Ⅳ.583~587; 《에밀》: 278~281면).

우리가 일반 의지에 따라 행위함으로써 정념들을 정복하기 위해서는 이성과 의지 이상의 무언가가 필요하다. 이성은 우리가 사회계약을 받아들임으로써 얻게 되는 선을 알려 준다. 하지만 말브랑슈와 마찬가지로 루소 또한 선을 인식하는 것과 그것을 추구하도록 움직이는 것은 서로 일치하지 않는다고 생각한다. 이성의 명령대로 행위하기에 앞서 우리는 정의와 선이 "지성을 통해서 형성되는 순수하게 도덕적 존재가" 아니라는 점을 깨달아야 한다. 이들은 "이성에 의해서 계몽된 영혼이 진정으로 좋아하는 바이므로" 우리의 본성적 감정을 발전시킴으로써 생겨난다. "양심과 무관하게, 오직 이성만으로는 어떤 자연법도 확립될 수 없다. … 인간 마음에서 우러나는 자연적인 욕구에 기초하지 않는다면 자연권 전체는 단지 순전한 망상에 그치고 만다." 그리고 루소는 다음과 같이 덧붙인다.

다른 사람들이 우리에게 해주기를 바라는 대로 우리도 다른 사람들에게 그렇게 행해야 한다는 가르침조차도 오직 양심과 정서만을 진정한 기초로 삼는다. … 자신에 대한 사랑으로부터 도출된 인간에 대한 사랑이 인간 정의의 원리이다. 모든 도덕 전체가 법칙으로 요약되어 《성서》에 주어져 있다(IV. 522~523과 각주; 《에밀》: 223면과 각주).

의지가 선택을 하려면 지식뿐만 아니라 욕구 또한 반드시 필요하다. 이성은 우리가 선과 악을 인식하도록 가르칠지도 모른다. 하지만 오직 양심만이 전자를 사랑하고 후자를 미워하도록 만든다(IV. 288; 《에밀》: 67면).

루소는 이 점을 《보몽에게 보낸 편지》에서 더욱 정교하게 제시한다. 여기서 그는 우리가 본성적으로 질서를 사랑하는데 이것이 "더욱 발전해 능동적이 되면 양심이라는 이름을 얻게 된다"고 지적한다. 이것이 인간을 본질적으로 선하게 만드는 본성적 사랑이다. 우리는 질서를 인식하도록 계몽되어야 하는데 일단 질서를 인식하면 이 사랑이 질서를 추구하도록 만든다. 우리가 자신을 고립된 존재가 아니라 본질상 상호 관련된 존재로 — 즉 우리 자신을 일반 의지 아래 놓인 존재로 — 인식한 이후에야 양심은 능동적으로 활동하기 시작한다. 만일 자신을 단지 분리된 존재로 생각한다면 우리는 루소가 《인간불평등기원론》에서(《전집》 IV. 935~937) 묘사한 타락의 슬픈 역사에서 영원히 벗어나지 못할 것이다. 따라서 양심은 말브랑슈가 말한 질서에 대한 사랑이며, 사회계약을 통해 개인 안에서 작용하게 된다.

《에밀》에서 사부아 출신 사제의 목소리를 통해 가장 포괄적인 철학적 내용을 밝히면서 루소는 양심의 위대함을 정열적으로 설명하는 데 많은 공간을 할애한다. 사제는 자유로운 행위자로서 자신이 어떤 규칙에 따라야 할지 자문한 후 도덕의 규칙은 "우리의 본성에 의해서 마음 깊숙한 곳에 말로 표현할 수 없는 특성으로 새겨져 있다"고 대답한다. 그는 이를 "영혼의 목소리인" 양심으로부터 배운다. 양심은 "신성한 본능, 불멸하는 천상의 목소리, 무지하고 제한적이지만 지적이고 자유로운 존재의 확실한 인도자, 선악을 오류 없이 판단함으로써 인간을 신과 같은 존재로 만드는 요소로" 강조되고 고양된다(IV. 594~595, 600~601; 《에밀》: 286, 290면).42) 양심은 도덕이 모든 사람에게 똑같이 명확하도록 만든다. 사제는 양심 덕분에 "우리는 그 모든 위협적인 철학적 장치에서 벗어나게 된다. 우리는 학자가 아니더라도 훌륭한 인간이 될 수 있다. 우리의 삶을 도덕을 탐구하면서 소진하는 데에서 벗어나, 헤아릴 수 없이 많은 인간적 의견의 미로 속에서 우리를 인도하는 더욱 확실한 인도자를 더 적은 비용을 들이고도 얻게 된다"고 말한다(IV. 600~601; 《에밀》: 290면). 양심은 결코 종교 지도자가 말하는 바를 검토하는 방식으로 우리를 인도하지 않는다. 양심은 우리가 계시를 필요로 하지 않음을

---

42) 일찍이 《사회계약론》에서도 루소는 양심에 대해 이와 유사한 방식으로 언급했다. 그는 덕의 원리들이 "모든 사람의 마음에 새겨져 있다"고 말한다. 덕의 법칙들을 배우려면 "자기 자신에로 돌아가, 정념을 잠재우고, 양심의 소리를 듣기만 하면" 된다(III. 30; Gourevitch: 27면). 또한 폴란드 출신의 스타니스라스(Stanislas)가 《사회계약론》을 비판한 내용에 답하는 루소의 지적도 참조. "우리의 내부에는 인도자가 있는데 그는 모든 책보다도 훨씬 더 오류에 빠지지 않으며, 우리가 그를 필요로 할 때 결코 우리를 저버리지 않는다. 항상 기꺼이 그에게 주의를 기울인다면 우리가 무지하더라도 그는 우리를 인도하기에 충분하다."(III. 42; Gourevitch: 37면)

드러내며 신학에 대해서는 아무 말도 하지 않으면서도 기독교에 대해서는 긍정적으로 반응한다 — 양심은 다른 어떤 종교에 대해서도 그렇게 긍정적으로 반응하지 않는다(IV. 608~627; 《에밀》: 296~308면). 따라서 양심은 자기를 믿으라고 서로 떠들어 대는 수많은 종교들 사이에서 가장 단순한 사람조차도 참된 신앙을 선택할 수 있도록 만든다. 43)

하지만 양심 자체는 인식적 기능이 아니다. 위에서 등장한 사제는 "양심의 작용은 판단이 아니라 정서를 느끼는 것"이라고 말한다. 양심의 작용은 "우리의 외부로부터 오는" 관념들에 대해 우리가 느끼는 반응인데 양심은 우리가 어떤 관념에 따르고 어떤 관념을 피해야 하는지 알려 준다. "선을 인식한다고 해서 곧 선을 사랑하지는 않는다. 인간은 선에 대한 지식을 타고나지는 않지만 이성을 통해서 선을 인식하자마자 양심이 선을 사랑하도록 이끈다. 인간이 타고나는 것은 바로 이런 정서이다." 우리가 선을 선택하게 되어 있다면 선에 대한 지식뿐만 아니라 욕구도 존재함에 틀림없다고 주장하는 점에서 루소는 말브랑슈의 견해에 따른다. 하지만 그는 질서에 대한 우리의 지식이 곧 신의 정신에 대한 지식이라는 말브랑슈의 주장은 받아들이지 않는다. 대신 신의 정신과 우리의 정신 사이에 차이가 있음을 지적한다(IV. 593; 《에밀》: 285면). 사실 그는 "선하고 질서에 따르는 것은 그 무엇이든 우리의 관행과 무관하게 사물의 본성에 의해서 그렇게 된다. 모든 정의는 신으로부터 온다"고 말한다. 하지만 그는

---

43) 루소는 만일 "모든 사람들이 알아야 하는 바가 책에만 실려 있고" 본의 아니게 계시를 알지 못하는 사람들조차도 그 무지 때문에 처벌받는다면 자신은 이를 이해할 수 없으리라고 말한다(IV. 620; 《에밀》: 303면).

"만일 우리가 천상으로부터 정의를 직접 받는 방법을 알았다면 정부도 법도 필요하지 않았을 것"이라고 서둘러 덧붙인다(III. 378;《사회계약론》II. vi). 루소의 관심은 지상에서 작용해 우리의 현실적 문제를 해결해 주는 정의이다. 따라서 그는 현실 사회에서 질서의 근원은 신의 정신이 아니라 사회계약이라고 생각한다. 만일 우리가 이성에 의해서 사회계약을 받아들일 수 있다면 변화무쌍한 우리의 본성은 정의에 매력을 느끼고 자유롭게 공공의 선을 개인의 선 앞에 놓음으로써 정의에 대한 사랑에 이르게 될 것이다.

6. 고전적인 공화정을 향해

사회계약이 낳은 총체적인 변화에 관한 설명을 보면 루소는 전적으로 일반 의지에 따르는 시민사회가 아닌 다른 어떤 사회적 상황도 도덕과 전혀 무관하며 본성과 권력이 지배하는 영역으로 남는다고 생각한 듯이 보인다. 하지만 그는 이렇게 생각하지 않는다. 그는 현재 우리 대부분이 살고 있는 전반적으로 타락하고 비참한 사회뿐만 아니라 시민사회 이전의 자연 상태에서도 비록 작기는 하지만 도덕의 영역이 존재할 수 있다고 본다. 《인간불평등기원론》에는 사회계약 이전에도 상호 약속에 대한 "다소 미숙한 관념이" 어떻게 등장하는지 설명이 제시된다(III. 166; Gourevitch: 172면). 44) 루소가 에밀을 위

---

44) 또한 《보몽에게 보낸 편지》에도 다음과 같은 언급이 등장한다. "내가 제시한 발전 과정에 따라 진보함으로써 인간들은 동료 인간들에게 눈을 돌리기 시작하고 또한 그들 및 사물들과의 관계를 파악하기 시작하며, 적절함의 관

해 마련한 모범적인 교육은 완벽한 사회에서 이루어지는 것이 결코 아니다. 왜냐하면 학생은 타락한 욕구로 가득 찬 사람들에게 둘러싸여 있기 때문이다. 그는 이런 욕구를 피하도록 교육받아야 하며, 문명화한 사회에서도 가능한 한 "자연적인" 또는 문명 이전의 상태로 남아야 한다. 그렇다면 그는 독점적인 사랑이라는 타락을 피해 자기애에 의해서 인도되어야 한다. 에밀은 교육의 가장 마지막 단계에 이르러서야 비로소 도덕에 접하게 된다. 그 이전까지 교사는 결코 권위에 호소해서는 안 된다는 점을 루소는 반복해서 언급한다(IV. 639; 《에밀》: 316면). 권위와 의무는 에밀이 자연적인 동정심을 다른 사람들에게 자주 관심을 갖는 수준으로 발전시킨 이후에야 도입된다. 특히 그는 마치 신과도 같은 스승을 항상 복종할 정도로 사랑해야 한다. 에밀이 이렇게 할 수 있는 까닭은 자신의 이기적인 욕구를 깨달은 후 설령 자신은 특수한 경우에 자신의 진정한 선이 무엇인지 파악하지 못한다 할지라도 스승이 명령하는 바는 늘 자신의 진정한 선과 일치한다는 사실을 인식하기 때문이다. 에밀은 "나는 스승님의 법칙에 따르기 원합니다"라고 말하면서 다음과 같이 덧붙인다.

나는 항상 그렇게 하기 원합니다. 이것이 나의 확고한 의지입니다. 만일 내가 단 한 번이라도 스승님을 따르지 않는다면 그것은 나도 모르게 무심코 한 일일 것입니다. 나를 억압하는 나의 정념들로부터 보호함으로써 나를 자유롭게 만들어 주십시오. 내가 노예가 되지 않게 해주십시오. 내

념과 정의 및 질서를 받아들이게 된다. 그래서 사람들은 아름다운 도덕(le beau moral)과 양심의 작용에 눈을 뜨기 시작한다."(IV. 936)

가 나 자신의 주인이 되게 해주시고, 나의 감각이 아니라 이성에 따르게 해주십시오(IV. 651~652; 《에밀》: 325면).

그렇다면 권위는 개인적인 계약과 유사한 무언가를 통해 에밀의 삶에 도입되는데(IV. 653; 《에밀》: 326면) 여전히 다른 누군가로부터 등장하므로 그의 도덕 교육은 아직 완성된 것이 아니다. 이제 스승은 샤프츠버리의 구별을 사용해 에밀에게 다음과 같이 말한다.

나는 너를 덕이 있다기보다는 선하게 만들었다. 하지만 오직 선하기만 한 사람은 선한 데서 쾌락을 얻는 한에서만 계속 선을 유지할 수 있다. … 그렇다면 덕을 갖춘 사람은 어떤 사람인가? 자신의 감정을 정복하는 방법을 아는 사람이다. 그래야만 이성과 양심에 따를 수 있기 때문이다. 그는 자신의 의무를 다하며, 자신을 적절하게 유지하는 사람이다(IV. 818; 《에밀》: 444~445면).

에밀은 소피(Sophie)와의 결혼을 미루고 덕이 있는 사람이 되기 위한 방법을 배운다. 그는 처음에는 스승의 강요에 따라 그렇게 하지만, 결국에는 스스로 그렇게 하기를 선택함으로써 결혼을 통해 그저 시민의 지위를 얻기에 앞서 시민으로서의 의무를 배우게 된다. 일단 이렇게 선택하기만 하면 그의 삶은 도덕적으로 변하게 된다. 그는 자연 상태를 대신하는 문명사회를 창조함으로써 공적인 영역에서 성취한 바를 사적인 영역에서도 이루게 된다.

에밀을 가르치는 스승의 언급을 통해 루소는 에밀이 살고 있는 것과 같은 사회에서는 덕이 있는 삶을 살기가 그리 쉽지 않다는 견해를 분명히 드러낸다. 그는 덕이 있는 삶을 살기에 가장 좋은 사회는 공화정을 시행하는 소규모 국가라고 생각한다. 루소가 세련미와 예술적 우아함에 지나치게 얽매이지 않는 사회에서 자유롭고 평등한 시민으로 살아가는, 덕을 갖춘 사람들의 자기규율이라는 공화정의 이상에 큰 애착을 보인다는 사실은 《사회계약론》에서 파브리키우스(Fabricius)45)의 언급을 통해 가장 강력하게 드러난다. 로마의 영광, 대리석으로 뒤덮인 건물들, 장인과 예술가를 비롯한 부유한 대중, 덕에 관한 대화를 나누는 철학자들을 떠올려 보라고 호소한 후 파브리키우스는 다음과 같이 말한다.

중용과 덕이 가득 찼던, 종려나무 잎으로 이은 지붕 아래 검소한 가정은 어떻게 변했는가? … 키네아스(Cineas)46)가 우리의 원로원을 왕들의 모임으로 여겼을 때 그는 화려한 겉모습에 현혹되거나 그저 미사여구를 동원한 것이 결코 아니었다. … 그렇다면 키네아스가 그토록 위대하다고 여긴 것은 과연 무엇인가? 오, 시민들이여! 그가 장관으로 여긴 것은 영원히 과시될 여러분들의 부나 예술이 아니다. … 그것은 바로 로마를 지휘하고 나아가 세계를 다스릴 만한, 덕을 갖춘 이백 명의 인물로 이루어진 원로원이다(II. 14~15; Gourevitch: 10면).

---

45) 〔옮긴이주〕 파브리키우스(Gaius Fabricius Luscinus)는 기원전 3세기에 활동했던 로마의 지휘관, 그는 무척 청렴결백했으므로 로마인이 갖추어야 할 미덕의 전형을 보인 인물로 여겨졌다.
46) 〔옮긴이주〕 키네아스는 기원전 3세기에 활동했던 그리스인으로 그리스 에페이로스 왕국의 왕 피로스(Pyrrhos)의 최고 자문관으로 일했다. 그는 기원전 281~279년 사이에 벌어진 그리스와 로마 사이의 전쟁 이후 평화 협상을 통해 여러 차례 로마를 방문했다.

루소가 옹호하는 공화정은 해링턴이 옹호했던 것과 거리가 멀다. 루소는 국가가 일반 의지에 의해서 통치되기만 하면 자신은 정부의 "행정적" 형태에 관해서는 그리 관심이 없다고 공언한다(III. 379~380; 《사회계약론》 II. vi). 그는 법과 권리라는 용어를 결코 포기하지 않으며, 자신의 공화정을 구성하면서 거의 신과 같은 입법자의 도움에 호소하기는 하지만 그것이 탄생하는 가장 중요한 순간을 당연히 계약에서 찾는다. 하지만 그는 이상적인 공화정이 오직 부유한 사람만이 누릴 수 있는 우아함과 사치를 엄격히 제한해야 한다고 생각한다는 점에서 샤프츠버리보다는 해링턴에 가깝다. 어쩌면 루소는 이런 공화정에서 의무의 길이 모든 사람에게 명확히 드러난다고 생각한 듯하다. 따라서 우리가 어떻게 스스로 따라야 할 규칙을 알 수 있는가 하는 사제의 질문에 대해서는 어떤 대답도 하지 않는다.

루소는 도덕적 이상향을 상상했지만 실제로 이를 실현할 수 있다는 자신감을 결코 드러내지 않는다. 그는 《사회계약론》에서 "지식으로부터 무지에 이르는 것은 단지 한 걸음일 뿐이다. 그리고 여러 나라들이 자주 전자에서 후자로 나아갔다. 하지만 한 나라의 국민들은 한번 타락하기만 하면 결코 덕으로 돌아가지 못하는 듯하다"고 말한다. 루소는 최소한 혁명, "이를 통해 치유할 수 있는 악만큼이나 그 자체도 두려움의 대상이 되는 거대한 혁명"이 아니면 이런 복귀가 불가능한 듯하다고 생각한다(III. 56; Gourevitch: 51면). 그리고 루소 자신도 혁명을 적극적으로 전파하려 하지 않았다. 그는 자신이 예술과 학문을 공격하면서도 다양한 저술을 펴내는 것을 보고 사람들이 다소 놀라리라는 점을 잘 알고 있다. 하지만 그는 "때로 사람들을 타락하게 만드는 것과 동일한 원인이 사람들이 더욱 크게 타락하는 일을 막기도 한다"고 주장한다(II. 971~972; Gourevitch: 108면).
따라서 그는 자신이 《에밀》에서 제기한 교육 개혁을 통해 사람들이
자녀를 더욱 잘 양육하는 데 도움을 얻으리라고 생각했으며 또한 자
신의 저술이 사람들이 칭찬하는 바를 바꿈으로써 몇몇 덕의 요소들
을 보존하기에 충분히 작은, 몇 안 되는 사회를 유지하는 데 도움이
되기를 희망했다. 볼테르, 라메트리, 디드로 등과는 달리 루소는 자
신을 둘러싼 타락한 사회를 비난하는 데 그치지 않았다. 그는 이런
사회를 대신할 건강한 사회의 모습을 제시했으며, 사회 비판이 과격
한 행동에 호소하는 경우보다 더욱 강력하거나 또는 더욱 실천적이
기 위해 요구되는 원리들을 명확하게 제시했다.

7. 방해 받지 않는 섭리

유신론자인 볼테르는 악을 이해할 수 없는 것으로 보았으며 신 또한
그렇다고 결론지었다. 무신론자인 디드로는 악의 문제를 논의하는
것 자체를 거부했다. 그는 악의 문제를 다루는 사람들은 "하늘에 대
고 심한 욕을 하는"(montre le ciel du doigt) 이들이라고 말하면서 그들
이 그저 시시한 말싸움이나 하도록 내버려 두라는 반응을 보였다
(《전집》, ed. Versini: 1178면). 볼테르는 지상의 문제를 해결하면
서 천상의 도움을 기대해서는 안 된다고 생각했다. 그는 대중들을
인도하기 위해 사후의 처벌과 보상에 관한 이야기가 필요하기는 하
지만 섭리에 관해서도 그 정도 이상의 언급을 할 수는 없다고 보았
다. 볼테르는 사실상 우리가 스스로 전개되는 세계에 산다고 생각했

으며 라메트리나 디드로 또한 그렇게 생각했다.

　루소가 다른 동료들과 결별하게 된 데는 그의 독실한 종교가 적잖은 영향을 미쳤다. 루소는 디드로가 《맹인에 관한 편지》(*Letter on the Blind*)에서 명확하게 드러냄으로써 결국 그를 감옥에 가게 만들었던 무신론뿐만 아니라 스스로 위안을 주지 못하는 주의주의적 유신론으로 여겼던 볼테르의 견해까지도 거부했다. 루소는 자신이 "기독교인이며, 그것도 《성서》의 가르침에 따르는 독실한 기독교인"이라고 주장했다(《전집》IV. 960). 하지만 그의 종교적 견해는 정통설과 거리가 멀었다. 《에밀》에 포함된 "사부아 출신 사제의 고백"이라는 글을 통해 종교적 견해를 드러내자마자 《에밀》은 금서 처분을 받았고 그는 투옥되지 않기 위해 프랑스에서 도망쳐야만 했다.47) 이 글에서 사제는 그리스도를 지금까지 세계에 등장했던 어떤 도덕보다도 더욱 순수한 도덕을 드러내는 모범이라고 생각한다. 그리고 도덕은 신을 숭배할 것을 요구하므로 종교의 핵심 부분에 해당한다. 신교를 구교 또는 이슬람교나 유대교와 구별해 주는 요소를 포함한 다른 모든 것들은 그리 중요하지 않다. 비록 《성서》가 최고의 실천적 교훈을 가르치기는 하지만 《성서》에는 무익미한 내용도 많이 등장한다. 세계에 존재하는 수많은 종교들 간의 차이는 사소한 것에 지나지 않는다. 신을 제대로 숭배하면서 우리 모두가 본능적으로 느끼는 도덕을 가르치기만 한다면 어떤 종교라도 받아들일 만하다(IV. 620~635; 《에밀》: 302~312면). 이에 비추어 보면 당시 프랑스 가톨릭교회가 《에밀》을 불태운 것은 전혀 놀랄 만한 일이 아니다.

---

47) Cranston 1991: 358~360면 참조.

리스본에서 일어난 지진을 다룬 볼테르의 시 때문에 루소는 "전체는 선하며, 모든 것은 전체의 관점에서 보면 선하다"는 주장을 강력히 옹호하는 편지를 쓰게 된다. 하지만 그는 이런 '낙관주의적' 믿음이 전체 안에 속한 모든 개별적인 것이 선하다는 의미로 해석되지 않도록 하기 위해 세심한 주의를 기울인다. 그는 섭리가 "오직 전체에 적용된다"는 말브랑슈적인 견해에 동의한다. 신은 "각 개인이 이 짧은 삶을 잠시 지나가는 방식에 신경 쓰지 않는다"(《전집》 IV. 1069). 루소는 우리가 실제 경험을 통해 전체적인 낙관주의를 증명할 수 없기 때문에 신의 현존으로부터 이를 이끌어 내어야 하며 신의 필연적인 완전성으로부터 낙관주의가 등장한다고 보아야 한다는 점을 인정한다(IV. 1068). 《에밀》에서 루소는 신의 선함은 신의 지성과 의지, 권능의 필연적인 결과라고 말한다. 신은 선하기 때문에 또한 정의롭다. 어떤 증명도 더하지 않은 채 루소는 신의 이 두 속성을 신이 질서를 사랑한다는 사실과 연결한다. 신은 창조 과정에서 이 질서를 만들어 내고 유지한다(IV. 581, 588~589; 《에밀》: 277, 282면).

또한 루소는 볼테르에 반대해 영혼의 불멸성을 열렬히 옹호한다. 설령 불멸성에 대한 증명이 다소 허약하다 할지라도 불멸성을 거부하는 것은 더욱 나쁜 결과를 낳는다.

나는 현세에서 그보다 더한 것을 상상할 수 없을 정도로 큰 고통을 겪었다. 하지만 어떤 복잡한 형이상학을 가지고 설득한다 해도 나는 영혼의 불멸성과 자비로운 섭리를 단 한순간도 의심하지 않는다. 나는 그것을 느끼고, 믿고, 원하고, 희망하며, 숨이 붙어 있는 한 옹호할 것이다(《전집》 IV. 1075).

《에밀》에 등장하는 사제는 신의 정의를 확신하기 위해 영혼의 불멸성이 필요하다는 점을 분명히 밝힌다. 현세에서 선이 완전히 드러나지 못하는 상황이 종종 발생하기 때문이다(IV. 589~590;《에밀》: 282~283면). 하지만 이것이 악의 문제를 주의주의적인 관점에서 아예 무시하려는 볼테르에 대항해 루소가 옹호하려는 핵심 논점은 아니다. 루소가 주로 초점을 맞추는 바는 내세가 아니라 현세이다. 그는 《에밀》의 첫머리에서 신의 손을 떠날 때는 모든 것이 선하지만 인간의 손 안에서 모든 것이 타락한다고 말한다. 또한 사제는 자연의 세계에서는 질서가 발견되지만 도덕의 세계에서는 어떤 질서도 찾을 수 없다고 불평한다(IV. 583;《에밀》: 37, 278면). 48) 신의 섭리가 전체에 적용된다는 주장은 말브랑슈가 설명했듯이 개인들이 개별적인 악을 막으려고 노력할 수 있는 공간을 허용한다. 49) 이는 또한 인간이 겪는 고통의 책임이 거의 전적으로 인간 자신에게 있음을 보임으로써 신을 옹호할 수 있는 개념적 공간을 루소에게 제공한다. 인간의 자유는 형식상 인간이 행한 바에 대한 책임을 신에게서 면제해 준다(IV. 587;《에밀》: 281면). 하지만 인간이 그런 자유를 가지고 지금까지 무엇을 해왔는지 설명하려는 루소의 역사 이론에서는 변신론이 큰 비중을 차지한다. 그의 역사 이론은 우리 자신이 어떻게 현재 우리에게 고통을 주는 악의 원인이 되는지 정확하게 설명해

---

48) 질서와 무질서의 관념을 자연 세계 및 도덕 세계와 연결하려는 태도의 역사에 관해서는 Macklem(1958) 참조.

49) 루소 자신도 《인간불평등기원론》에 대한 비판에 답하면서 쓴 "필로폴리스에게 보낸 편지"(여기서 필로폴리스는 보네(Charles Bonnet)인데)에서 이 점을 특히 강조한다.《전집》III. 235~236; Gourevitch: 234~235면 참조.

준다. 심지어 섭리의 근원이 되는 신조차도 선한 세계를 창조한 직후 우리의 운명을 우리 손에 맡기고 떠나 버렸다. 루소가 자신의 신앙으로부터 얻는 바는 다름 아닌 위안인 듯하다. 50)

《인간불평등기원론》 중 한 주석에서 루소는 자신을 "모든 인간을 계몽과 천상의 존재들이 누리는 행복으로 인도하는 신의 목소리를 확신하는" 인물로 묘사하면서 우리가 이런 수준에 이르려면 무엇보다도 "덕에 관해 배운 것을 실제로 수행하기 위해 자기 자신에게 덕을 의무로 부과하고 또한 이를 실천해야 한다"고 말한다. 이렇게 행하는 사람은 영원한 보상을 받을 자격을 얻게 되는데, 이러한 생각은 현세의 어려움을 극복하는 데에 큰 자극과 격려가 된다(III. 207; Gourevitch: 213~214면). 이런 지적은 인간의 타락과 회복에 관한 루소의 이야기에서 점점 더 큰 중요성을 차지한다. 루소는 자신의 영혼에 "정의로우면 행복할 것이다"라고 쓰여 있음을 발견한다. 우리 인간의 다난한 역사는 신이 부여한 양심이 — 즉 우리가 신과 공유하는 질서에 대한 사랑이 — 제대로 작용해 신이 원하는 자유로운 도덕적 행위자가 되려는 동기를 부여하는 상황을 우리가 스스로 만들 수 있도록 신이 우리를 인도하는 방식이다. 루소는 큰 목소리로 다음과 같이 외친다. "오! 우선 우리가 선해야 한다. 그러면 우리는 행복할지니. 승리에 앞서 보상을, 일에 앞서 대가를 요구해서는 결코 안 된다."(IV. 589; 《에밀》: 282~283면) 말브랑슈와 마찬가지로 루소에게 도덕은 행복에 이르는 방법이 아니라 행복을 누릴 자격을

---

50) 이는 크랜스턴의 표현이다. Cranston (1991): 193면. 《전집》 IV. 590; 《에밀》: 283면.

알려 주는 것이다. 따라서 모든 반주의주의자와 마찬가지로 루소에게 신의 현존은 위안 이상의 것을 제공한다. 그것은 개인적, 사회적 대립이 조화로운 결과를 낳을 수 있는 세계에 우리가 살고 있다는 사실을 이론적으로 보장해 준다. 고전적인 공화정은 우리가 지상에서 신의 나라에 가장 가까이 다가갈 수 있는 체제이다. 이에 더해 덕에 이르기 위해 분투하는 사람은 신이 내리는 보상을 바랄 수 있다.

자율의 발명

칸트(Immanuel Kant, 1724~1804)가 제시한 도덕철학의 핵심주장
은 도덕의 초점이 인간 스스로 자신에게 부과한 도덕법칙에 맞추어
져 있으며 따라서 이런 법칙에 따를 동기 또한 필연적으로 부여된다
는 것이다. 칸트는 이런 방식으로 도덕적인 측면에서 자기규율적인
행위자는 곧 자율적이라고 말한다. 그는 자율이라는 용어를 17, 18
세기 정치사상에서 사용되었던 의미로 받아들였는데 당시 자율은
국가가 자기규율적인 실체라는 생각을 반영하는 논의에서 주로 사
용되었다.[1] 나는 앞서 도덕적인 자기규율의 개념이 최소한 〈로마
인에게 보낸 편지〉 2장 14절에서 바울로가 편 주장, 즉 이방인들에
게는 "그들 자신이 율법의 구실을 한다"는 주장에까지 거슬러 올라갈

---

[1] 자율이라는 용어가 독일에서 사용된 과정에 관해서는 앞의 제1장 1절 각주
2 참조. 《옥스퍼드 영어 사전》의 항목에 따르면 자율이라는 용어는 칸트가
사용하기 이전에는 오직 정치적인 의미만을 지니는 것으로 사용되었다.

수 있다는 점을 암시했다. 칸트는 자기규율을 이와는 근본적으로 다른 방식으로 이해했다. 도덕을 자율로 파악한 그의 관점은 사상사에 새롭게 등장한 것이다.

여기서는 칸트의 완숙기 도덕철학을 요약해 제시하거나 이를 해석하고 평가하는 일을 하지는 않으려 한다.[2] 독자들이 이미 칸트의 견해를 이미 어느 정도 알고 있으리라고 가정하고 나는 지금까지의 문헌에서 칸트 도덕 이론의 구조나 타당성에 비해 훨씬 덜 주목받은 두 가지 주제를 다루려 한다. 이 장에서는 칸트가 어떻게 자율로서의 도덕이라는 자신의 견해를 향한 최초의 큰 발걸음을 내디뎠는지 설명하려 한다. 그리고 다음 장에서는 칸트의 원숙기 도덕철학이 그보다 앞서 등장한 17, 18세기 철학자들의 견해와는 어떻게 관련되는지 논의하려 한다. 지금까지 칸트 도덕철학의 발전 과정을 다룬 훌륭한 연구들이 무척 많았는데 나는 이들로부터 큰 도움을 받았다.[3] 이런 연구들에서 드러나듯이 칸트 도덕철학의 발전 과정은 매

---

2) 나는 이런 작업을 Schneewind(1992a)에서 시도했다.

3) Henrich[1957, 1960(sec. III)과 1963], 특히 Schmucker(1961)의 내용을 참조. Henrich(1992)는 1장에서 다른 여러 학자들과 마찬가지로 칸트가 평생 동안 주요 논점에 대한 견해를 계속 바꾸었다는 자신의 주장을 되풀이해 강조한다. Busch(1979)도 큰 도움이 되지만 이 책은 주로 칸트 정치사상의 발전 과정에 초점을 맞춘다. Schilpp(1938)와 이보다 앞서 등장한 독일어 저술 Menzer(1897, 1898)와 Küenberg(1925)는 현재 활용할 수 있는 모든 자료를 보지 못한 상태에서 쓴 저술들이다. Rossvaer(1979), 21~37면에는 칸트의 초기 윤리학에 관한 유용한 논의가 등장한다. Ward(1972)는 오직 영어 자료만을 바탕으로 쓴 듯하다. Velkely(1989)는 칸트의 윤리학보다는 그의 이론 전반에서 이성이 맡는 역할을 더 많이 다룬다. De Vleeschauwer (1962)는 주로 칸트의 인식론과 형이상학에 관심을 보이는데, 칸트의 전기인 Gulyga(1981)과 Ritzel(1985)도 이런 관점을 공유한다.

우 복잡하고 어려운 주제이다. 하지만 나는 칸트의 초기 저술에 대한 전면적 설명을 시도하지는 않으려 하며 그가 초기 저술에서 몰두했던 문제들을 고찰함으로써 도덕에 관한 그의 독창적인 견해의 근원이 무엇인지 바로 밝히려 한다.

1. 도덕법칙을 향해

우리는 자신이 살아가는 세계에 자발적으로 합법칙성을 부여함으로써 세계의 기본 질서를 만들어 내는 이성적 존재라는 생각은 당연히 칸트 철학 전체의 핵심에 해당한다. 칸트는 최초로 출판한 저술에서부터 이런 생각이 실천적 측면에서도 적용될 수 있음에 주목하고 이를 강력하게 지지했다. 칸트는 어떻게 이런 혁명적인 견해를 발명했으며, 어떻게 이를 통해 도덕을 설명할 수 있다고 생각했는가? 그 내력 전체를 파악하기는 어렵다. 칸트의 전기 작가 폴랜더(Voländer)는 칸트 사상의 발전 과정에 관한 거의 모든 부분에서 "자주 우리는 분명한 사실을 알기보다는 단지 추측에 의지할 수밖에 없다"고 불평한다. 4) 하지만 몇 가지 분명한 사실이 알려져 있으므로 이를 통해 최소한 칸트의 출발점과 그가 완숙기 도덕철학에 이르는 여러 단계를 어렴풋하게나마 파악할 수 있다.

칸트 도덕철학의 발전 과정에 대한 전통적인 견해는 그의 저술을 비판기 이전과 비판기로 양분할 수 있는데 1770년 발표한 "교수취임

---

4) Voländer(1977), I. 80. Ritzel(1985) : 3면에도 이런 견해가 등장한다.

논문"(Inaugural Dissertation)이 명확한 분기점을 형성한다는 것이었다. 이런 견해에 따르면 비판기 이전의 저술은 그가 받은 경건주의 교육과 샤프츠버리, 허치슨, 흄, 루소의 영향을 반영하는 것으로 간주되었다. 그리고 칸트는 이런 철학자들로부터 영향을 받아 도덕을 정서에 기초한 것으로 생각하였다고 이해되었다. 그리고 비판기 이후 윤리학은 이전의 윤리학과는 전혀 다르기 때문에 칸트가 흄의 총체적인 회의주의에 대응하기 위해 전개한 인식론에 따라 윤리적 관점도 완전히 바꾸었다는 견해가 제기되었다.

칸트는 1770년 이전 저술에서 윤리학을 거의 다루지 않았다. 그러므로 그가 실제로 윤리학에 관해 언급한 내용이 위와 같은 견해를 형성하는 데 큰 영향을 미쳤다는 것은 충분히 납득이 가는 일이다. [5] 1764년 출판한 《자연신학 원리와 도덕 원리의 구별에 관한 탐구》 (*Inquiry concerning the Distinctness of the Principles of Natural Theology and Morality*)에서 칸트는 "참을 표상하는 능력은 **인식**인 반면 선을 경험하는 능력은 **감정**"이라고 말한다 (2. 299; *TP*: 273면). 또한 1763년에 쓴 《아름다움과 숭고의 감정에 관한 고찰》(*Observations on the Feeling of the Beautiful and the Sublime*)에서는 진정한 덕은 단지 사변적 규칙뿐만 아니라 "감정의 의식 … 즉 아름다움과 인간 본성의 존엄성에 대한 감정"의 기본 원리에 의해서 지지되어야 한다고 말한다 (2. 217; 《고찰》: 60면). 여기서 감정에 대한 호소는 루소가 에밀에게 말한 정서주의적 언급과 유사하게 들린다. 또한 칸트는 "1765~

---

5) 22, 23, 24장에서 칸트의 저술에 대한 인용은 본문 중에 표시했다. 나는 프로이센 학술원과 그 후계자들이 편집한 《칸트 전집》의 권수와 면수를 먼저 표시하고 뒤이어 내가 사용한 번역본의 면수를 표시했다.

1766년 강의 공지"에서 영국의 도덕감 철학자들이 "도덕의 기본 원리를 탐구하는 데" 깊은 통찰력을 보여 주었다고 칭찬한다(2.311; TP: 298면). 하지만 1770년의 《교수취임 논문》에서는 칸트가 위의 인용문이 암시하는 도덕적 관점을 더 이상 받아들이지 않는다는 것이 명백히 드러난다. 여기서 칸트는 도덕적 개념 중에 "경험을 통해서가 아니라 순수한 지성 자체를 통해서 인식되는 것들을" 포함시킨다(2.395; TP: 387면). 또한 칸트는 같은 해에 람베르트(Lambert)에게 쓴 편지에서 확고한 태도를 드러낸다. "나는 … 이번 겨울에 순수한 도덕철학에 관한 탐구를 정리해 완성했습니다. 이를 통해 나는 어떤 경험적 원리를 발견하는 대신에 '도덕의 형이상학'을 구성했습니다. 이는 많은 측면에서 형이상학의 재구성을 위한 가장 중요한 관점으로 나아가는 길을 열 것입니다."(10.97; 《편지》: 59면)

그렇다면 최소한 표면적으로는 비판기 이전의 윤리학으로부터 비판기 윤리학에로의 근본적인 전환이 명확히 이루어진 듯이 보인다. 하지만 현재 많은 학자들은 이 전환이 사실상 훨씬 더 복잡하다는 점에 일반적으로 동의한다. 칸트는 1770년 이전에도 윤리학 연구에 대단한 관심을 보였다. 그는 1765년에 이미 실천적 자기모순을 피하기 위한 형식적 원리가 도덕의 핵심에 놓여야 한다고 생각하게 되었다. 또한 그는 이런 견해를 정교화하고 옹호하는 데 포함된 복잡한 문제들을 인식하기 시작했다. 이런 관점에 도달하는 과정에서 앞선 독일 철학자들, 특히 볼프와 크루지우스에 대한 칸트의 반응은 전통적 설명에서보다 훨씬 더 중요한 요소였다. 따라서 영국 도덕주의자들과 루소로부터 그가 받은 영향의 본질과 중요성은 재평가될 필요가 있다. 1765년 이후에도 칸트에게는 해결해야 할 문제가 많이 남아 있었다. 특히 도덕적 동기부여 및 이것과 이성적인 도덕의 제일원리 사이의 연결점이 중요한 문제로 부각되었다. 칸트는 도덕에 대한 자신의 새로운 이해가 물리적 세계 전반에 대한 뉴턴적 관점과 조화를 이루어야 한다고 생각했다. 6) 이 문제를 해결하는 일은 칸트가 자신의 비판적 관점을 발전시키는 과정에서 흄의 회의주의와 근대 과학의 인식론적 문제를 해결하는 일만큼이나 중요한 것이었다.

위와 같은 내용이 현재 얻을 수 있는 증거를 바탕으로 이루어진 최선의 개략적 설명인 듯하다. 가장 중요한 핵심은 물론 칸트가 1765년에 이미 도덕에 대한 자신의 독특한 견해의 핵심적 내용에 도달했다는 점이다. 이에 대한 가장 명확한 증거는 칸트가 이미 출판된 《아름다움과 숭고의 감정에 관한 고찰》 중 한 권의 여백에 직접 쓴 또는 덧붙인 방대한 분량의 주석이다. 이 주석은 최소한 1765년 이전에 쓴 것으로 보이며, 일부는 1842년에 출판되어 많은 학자들이 이를 폭넓게 활용했다. 주석 전체는 한 세기가 지난 후에야 출판되었는데 이는 칸트에 대한 해석을 근본적으로 바꾸어 놓았다. 7)

---

6) 칸트는 자신에게 가장 큰 영향을 미친 철학 교사 크누첸(Martin Knutzen)으로부터 볼프주의뿐만 아니라 뉴턴주의도 배웠다. 여전히 크누첸에 관한 가장 충실한 연구서인 Erdmann(1876) 참조.

7) 이 주석은 1942년 G. Lehmann의 편집으로 《칸트 전집》 20권에 수록, 출판되었다. 편집상의 문제에 관한 편집자의 언급은 20. 471~475 참조. Rischmüller는 이 주석을 새롭게 비판적으로 편집해 출판했는데 이는 거의 원문의 복사본에 가까울 정도로 정확하며, 유용한 서문과 설명 및 해석에 큰 도움을 주는 방대한 각주를 포함하고 있다. 이 주석의 인용을 표시하면서 나는 면수와 행수를 각각 표시했는데 우선 Lehmann의 편집본을, 그 다음에 Rischmüller의 편집본을 표시했다. 특히 Rischmüller의 경우에는 책 자체의 면수가 아니라 괄호를 사용해 본문 중에 넣은 원문의 면수를 표시했다. 칸트의 주석이 얼마나 정리되지 않는 상태인지 독자들에게 보이기 위해

주석의 다양한 부분에서 칸트가 이후에 더욱 완전하게 발전시킨 여러 관점들을 탐색했다는 사실이 밝혀진다. 우선 그는 행위에서 드러나는 두 종류의 객관적 필연성을 구별하는데 그중 하나는 조건적이며 다른 하나는 정언적이다. "전자는 가언적인데 만일 어떤 행위에 대한 조건으로 여겨지는 개인의 욕구가 … 현실적이라면 이것은 타산적 필연성이 된다. … 어떤 행위의 정언적 필연성은 이런 것을 포함하지 않는다."[8] 도덕은 객관적 필연성과 동일시되는데, 이는 결코 어떤 행위가 산출하는 이익에 의존할 수 없다(155. 18; 125. 3). 또한 이는 신의 의지에 의존할 수도 없다. 칸트는 우리가 오직 도덕의 창조자인 신의 의지를 인식함으로써만 도덕적 구별을 할 수 있는지 질문을 던지면서 이미 이에 대한 부정적인 대답을 준비한다. 그는 "경건함이 덕의 한 종류일 뿐"이라고 말하면서 도덕을 종교 아래 놓는 것은 위선과 우상숭배를 일으킬 뿐이므로 도덕이 종교를 조절해 사람들이 "친절하고, 선의를 지니고, 공정하도록" 만들어야 한다고 주장한다(23. 12, 18. 18; 137. 3, 109. 9, 122. 11). 도덕이 선한 결과를 추구하는 것도 신성한 의지에 복종하는 것도 아니라면 과연 도덕은 무엇인가?

도덕은 한 대목에서 칸트가 "자유의 법칙들"이라고 부르는 바에 복종하는 것이다(136. 16; 109. 5). 자유가 결정적인 역할을 한다는

나는 최소한의 구두점과 대문자 표시 등을 더한 것 외에는 원문 그대로 인용했다.

8) "자유로운 행위의 선함은 … 조건적이거나 또는 정언적이다. 전자는 어떤 행위가 수단으로서 지니는 선함이며, 후자는 목적으로서 지니는 선함이다. … 후자는 문제가 되는 실천적 필연성을 포함한다."(149. 22; 120. 2)

점을 명백히 인식하지만 그는 최소한 이 한 가지 질문에 대해서는 답하려 하지 않는다. 그것은 "어떻게 제대로 이해된 자유가 (즉 형이상학적이 아닌 도덕적 자유가) 모든 덕과 모든 행복의 최고 원리일 수 있는가" 하는 것이다(31. 10; 25. 14). 칸트는 자유의 법칙들을 정식화하려고 몇 차례 시도하는데 때로는 자기모순을 피해야 한다는 관념을 사용하기도 한다. "어떤 의지라도 선하기 위해서는 보편적으로 그리고 서로 자신을 부정해서는 안 되는 것으로 여겨져야 한다." (67. 5; 53. 1) 그는 또한 사적인 의지와 공적인 의지 또는 일반 의지 사이의 관계가 문제시된다는 견해도 드러내는데 이를 라틴어로 쓴 난해한 대목에서 다음과 같이 표현한다. "개인의 의지에서 등장한 행위의 의도는 도덕적 유아론(唯我論, *solipsism*)이다. 일반 의지 (*voluntate communi*)에서 등장한 행위의 의도는 도덕적 정의(正義)이다."(145. 4; 116. 1) 도덕은 외적인 행위의 문제가 아니라 내적인 완전성의 문제인데 이 완전성은 "자유의지 아래 있는 능력과 감성의 총체에 따르는 것으로부터" 등장함에 틀림없다. 따라서 어떤 의지를 선하다고 인식하는 것은 그것이 일으키는 선한 결과를 인식하는 것과는 전혀 다른 문제이다. 칸트는 계속해서 다음과 같이 말한다. "이 의지는 단순한 사적 의지와 일반 의지를 모두 포함한다. 그렇지 않았다면 인간은 자신이 일반 의지에 즉각적으로 동의함을 목격하였을 것이다."(145. 16; 116. 19)

도덕적 의지작용의 구조를 정교하게 제시하려는 칸트의 노력은 라틴어로 쓴 다음의 난해한 대목에서 가장 잘 드러난다.

만일 인간에게 공통되는 의지의 관점에서 볼 때 어떤 행위가 자기모순을 일으킨다면 그 행위는 외적으로도 도덕적으로도 불가능하다(즉 그 행위를 원할 수 없다). 예를 들어 내가 다른 사람이 거둔 곡식을 빼앗으려 한다고 가정해 보자. 자신이 얻은 바를 얼마든지 빼앗길 수 있다면 어느 누구도 아무것도 얻으려 하지 않으리라는 사실을 내가 인정한다면 나는 사적으로는 곡식을 빼앗으려 하지만 공적으로는 그 행위에 반대하는 셈이 된다. 어떤 행위가 누군가의 의지에 전적으로 의존하는 한 그 행위가 자신과 객관적으로 모순을 일으켜서는 안 된다. 신의 의지는 자신의 의지와 상반되는 바를 원하는 인간이 존재하기 원할 경우 자기모순에 빠지게 된다. 인간의 의지는 자신이 지닌 일반 의지가 원하는 바를 혐오하게 될 경우 자기모순에 빠진다. 일반 의지와의 상충은 사적 의지의 상충보다 더 큰 비중을 지닌다(160. 26; 129. 11).

이 당시 칸트가 아직 정언 명령을 정교하게 정식화하지 않았다 할지라도 위의 주석들은 그가 도덕에 대한 새로운 이해의 — 이후 평생에 걸쳐 그가 대답하려 한 질문들을 부과한 이해의 — 첫 단계에 이르렀음을 보여 주기에 충분하다.

2. 루소의 영향에 관해

칸트의 주석은 루소에 대한 그의 반응을 충분히 명확하게 드러낸다.9) 칸트는 루소를 무조건 찬양하지는 않았지만 주석을 통해 처음

9) Rischmüller는 칸트의 주석이 루소의 《에밀》과 《사회계약론》에 대한 단지 최초의 반응만을 보여 준다는 견해를 충분히 설득력 있게 반박한다. 그녀는

논의한 수많은 루소의 견해들을 끊임없이 지지하였다. 10) 칸트가 스스로 루소로부터 영향을 받았다고 여기는 가장 핵심적이고 유일한 논점은 일반인들의 도덕적 지위를 존중하는 것이 중요하다는 새로운, 그리고 그 후 계속 이어진 태도로 전환했다는 점이다. 칸트는 "우리는 젊은이들에게 논리적 근거에서뿐만 아니라 도덕적 근거에서도 일반인들의 지성을 존중하는 법을 가르쳐야 한다"고 말한다 (44.6; 35.19). 또한 그는 더욱 친밀한 태도로 다음과 같이 언급한다. "불평등에 대한 믿음이 사람을 불평등하게 만든다. 오직 루소 씨의 가르침만이 자신의 지식을 자랑하는, 가장 학식이 높다는 철학

칸트의 프랑스어 능력이 이들을 손쉽게 읽을 정도로 좋지는 않았지만(271면) 루소의 저술들이 출판된 직후에 곧바로 독일어 번역이 등장했다는 점을 지적한다. 그리고 하만(Hamann)과 헤르더(Herder)가 칸트에게 루소의 저술에 대한 최신 정보를 계속 전해 주었다고 덧붙인다. 따라서 그녀는 칸트의 주석은 《사회계약론》과 《인간불평등기원론》뿐만 아니라 그 이후 루소가 출판한 이론적인 저술들까지도 읽은 후에 등장한 상당히 정리된 반응으로 보아야 한다고 주장한다. 그녀는 또한 칸트가 《에밀》을 읽다가 너무나 감명을 받아 매일 했던 산책을, 동네 사람들이 이를 보고 시계를 맞출 정도로 정확했던 산책을 빼먹었다는 유명한 이야기를 그저 떠도는 소문으로 무시한다. Rischmüller, 150.

10) 하지만 일부 주석에서는 루소에 대해 명백히 비판적인 태도를 보이기도 한다. 예를 들면 29.4, 24.1과 29.10, 24.9 참조. 여기서 칸트는 오직 한 어린아이를 가르치는 것은 시간 낭비이며 루소의 견해가 다수를 위한 학교 교육에 적합하도록 변형되어야 한다고 말한다. 또한 14.5, 8.37에서는 다소 은연중에 비판적인 태도가 드러난다. "루소는 자연적인 인간에서 출발해 종합적으로 나아가지만 나는 문명화한 인간에서 출발해 분석적으로 나아간다." (주석에 앞서 저술한) 《자연신학 원리와 도덕 원리의 구별에 관한 탐구》에 등장하는, 분석적 방법과 종합적 방법에 관한 논의 방향을 보면 칸트가 루소의 방법이 근본적으로 잘못되었다고 생각한다는 점이 명백하게 드러난다. 2.276~277, 290; TP 248~249, 263 참조.

자조차도 종교의 도움이 없이는 일반인보다 더 나은 주장을 펴지 못한다는 사실을 드러낸다."(176. 1; 141. 1) 칸트가 루소의 저술 중 일부를 직접 보았다는 증거는 이뿐만이 아니다. 칸트의 주석에는 다른 어떤 저술에서도 찾아볼 수 없는 정서적 교감이 수없이 등장한다.

어떤 수공업자의 작업장에 들어서면서 나는 그가 나의 사상적 저술들을 읽을 수 없으리라고 생각했다. 하지만 나는 이런 비교를 하지 않으려 한다. 그는 나 자신과 그 사이의 관계에서 커다란 불평등을 느낄 것이다. 나는 그의 노력이 없이는 단 하루도 살 수 없으리라는 사실을 깨닫고 그의 자녀들은 더 나은 삶을 살아야 한다고 생각했다(102. 7; 81. 8). 11)

사실 칸트도 보잘것없는 가문 출신이라는 점을 고려한다면 여기서 자신의 진심을 고백한다는 인상을 갖지 않을 수 없는데, 이런 인상은 주석 중 가장 자주 인용되는 한 대목에서 다시 발견된다.

나 자신은 학자의 성향을 타고났다. 나는 지식과 진기한 것에 대한 강한 목마름을 느껴 쉬지 않고 더 멀리 나아가려 했으며 또한 내가 얻은 모든 것에 만족했다. 한때 오직 이렇게 함으로써만 인간성을 존중할 수 있다고 믿었던 시절이 있었으며 나는 무지한 하층의 사람들을 경멸했다. 그

---

11) 이를 《에밀》에 등장하는, 학생들이 사람들의 상호의존성을 배우게 하기 위해 작업장을 방문해 자신이 실제로 보는 일을 배우도록 하는 것이 중요하다는 것을 지적한 대목과 비교해 보라. 루소는 다음과 같은 언급을 덧붙인다. "실제로 한 시간 일하게 함으로써 하루 종일 설명하는 것보다 더 많은 내용을 가르칠 수 있을 것이다."(《전집》 IV. 455~456; 《에밀》: 185~186면)

런데 루소가 나에게 올바른 길을 깨우쳐 주었다. 이런 겉치레의 우월감은 사라지고 인간을 존중하는 법을 배웠으며, 이런 내용을 다른 모든 사람에게 알려 인간의 권리를 회복하는 일의 가치를 믿지 않는다면 나 자신이 평범한 노동자보다도 더 쓸모없다는 사실을 깨달았다(44. 8; 35. 21).

이 루소의 대리인이 그토록 강력하게 밝혔듯이 일반인이 지닌 도덕적 능력을 존중하는 일은 칸트 자신이 출발점으로 삼았던 라이프니츠와 볼프의 주지주의 도덕을 물리치는 것을 함축한다. 이는 또한 철학자가 일반인들을 교육해 도덕으로 인도해야 한다는 볼프의 주장을 포기하는 것을 의미한다. 만일 모든 사람이 동등하게 도덕이 요구하는 바를 인식할 수 있다면 인간의 권리를 깨닫도록 돕는 일에서 도덕철학의 유용한 역할이 거의 없는 듯이 보인다. 따라서 주석에서 드러나듯이 칸트가 철학과 학문 일반의 가치에 대한 회의 때문에 어려움을 겪었다는 점은 충분히 수긍이 간다.

주석 중 한 대목은 이에 대한 해결책을 암시한다. "자연의 단순성이 존재한다고 가정하는 한 모든 계층을 통틀어 학자보다 더 쓸모없는 계층은 없으며, 미신과 폭력에 의한 억압이라는 상황을 고려하면 학자보다 더 필요한 계층은 없다."(10. 18; 5. 10; 또한 105. 13; 83. 20 참조) 칸트는 자신이 사는 시대를 묘사하면서 루소가 제시한 가설적인 역사를 자주 사용한다. 어쩌면 칸트는 그 역사가 자신이 따르려 하는 삶의 과정을 정당화한다고 생각한 듯도 하다. 하지만 칸트는 여전히 루소에 반대하는 태도를 드러내기도 한다.

사람들은 항상 덕에 관해 많은 이야기를 한다. 하지만 우리는 덕을 갖추기에 앞서 불의를 깨끗이 제거해야 한다. 우리는 안락함이나 사치 그리고 다른 사람들을 억압하는 모든 것에서 탈피해야 한다. 이렇게 함으로써 나는 더욱 상승하며 인간을 억압하는 것 중 하나에서 벗어나게 된다. 이런 결론이 없이는 어떤 덕도 불가능하다(151. 7; 121. 1).

칸트는 일반인들의 도덕적 이해를 존중하는 법을 종교적 교육으로부터 또는 크루지우스로부터 배웠는지도 모르는데 크루지우스는 신이 모든 사람을 심판하기 원하기 때문에 틀림없이 모든 사람에게 도덕의 요구하는 바를 인식할 능력을 부여했다고 주장했다. 12) 하지만 칸트 자신의 감정을 직접 변화시킨 것은 루소의 강력한 저술인 듯

---

12) 어쩌면 칸트는 이를 또한 스위스 출신의 박식가이며 시인이기도 한 할러(Haller)로부터 배웠을 수도 있는데 할러는 1720년대와 1730년대에 걸쳐 "스위스 시가"(Swiss Poems)라는 연작시를 썼는데 칸트도 비판기 전후 저술에서 모두 이를 직접 인용했다. 할러가 1729년에 쓴 시는 특히 "알프스"(Die Alpen)라고 불린다. 이 시에서 할러는 덕이라는 단어가 올바르게 사용된다면 고산 지대에서 검소하게 살아가는 평범한 사람들의 덕이 알프스의 산들만큼이나 높으리라고 노래한다. 도시에 사는 부유한 사람들과 달리 이들은 제대로 교육받지 못한 채 농부로 살아가지만 선조로부터 물려받은 정직함을 엄격하게 지켜 나간다. 이들은 사치품의 유혹에 빠지지 않고 청렴한 좁은 길을 걸어간다. 검소함이 타락하지 않고 유지되는 한 이들은 오직 이성과 자연이 인도하는 조화로운 삶을 살아간다. 1731년에 쓴, "타락한 도덕"(Die Verdorbene Sitten)이라는 또 다른 시에서 할러는 이런 주제를 더욱 깊이 있게 다루면서 이제 스위스에서조차 자신이 이전에 찬미했던 순수하고 검소한 마음을 지닌 사람들이 남아 있는지 비관적으로 회의한다. 〔이들 시는 Haller, 《시집》(Gedichte)에 수록되어 있다.〕 칸트는 주석에서 사람들의 성향이 한번 문명화되어 버리고 나면 이와는 다른 상황에서 선과 악을 생각하기란 어렵다고 말한다. 만일 지금 내가 끊임없이 새로운 만족을 얻지 못하고 지루해 미칠 지경이라면 나는 "소들을 초원에 방목하는 스위스인들과" 같은 것을 상상하게 될 것이다(26. 5; 21. 5).

이 보인다. 13) 어떻든 간에 루소는 칸트가 이후 계속해서 일반인들의 도덕적 능력을 옹호하도록 만들었다. 14)

또한 주석에는 칸트의 또 다른 개인적 특성이 매우 명확하게 드러난다. 즉, 칸트는 노예 제도와 낮은 계층의 사람들이 노예가 되도록 요구하는 계층 간의 위계질서를 몹시 증오한다. 그는 사실상 노동자와 억압받는 하층민을 기반으로 삶을 영위하면서도 항상 이들을 "상놈"이라고 경멸하는 귀족들에게 강한 분노를 드러낸다(10. 12, 5. 5; 17. 12, 11. 32 참조). 일련의 주석들에서 칸트는 하인의 지위를 개탄하며 이렇게 다른 사람에게 예속되는 노예 상태를 비판한다. 흥미롭게도 칸트는 인간의 행위 능력과 관련해 노예 제도에 반대한다. 다른 사람이 시키는 대로 따르는 것은 자신을 스스로 이끌어 나가는 능력을 부정하거나 포기하는 것이다. 따라서 노예 제도는 "곧바로 정의롭지 못함이 드러나며 명백한 모순을 포함하는 혐오스러운 것이

---

13) 30. 4, 24. 25, 특히 43. 13, 35. 1 참조. 또한 Bemerkungen: 188면에 등장하는 Rischmüller의 주석도 참조.

14) 루소와 칸트에 관한 글을 쓰는 사람은 누구나 칸트의 초기 전기 작가들의 언급, 즉 칸트의 집 벽에 걸린 유일한 그림이 루소의 초상화였다는 언급을 지적한다. 하지만 "사실 〔그 동판화가〕 어떤 친구 또는 지인의 선물이었는데 그의 성의를 고려해 칸트가 이를 보존할 의무를 느꼈을 뿐"이라는 한 전기 작가의 언급은〔Hoffman(1902): 256면〕거의 지적하지 않는다. 따라서 칸트가 루소의 그림을 걸어 두었다는 사실에 그리 큰 의미를 부여해서는 안 된다. 물론 단순히 선물한 친구에 대한 예의 이상의 무언가가 포함되었을지도 모른다. 어쩌면 이를 초기에 칸트가 일반인들에 대해 지녔던 태도, 즉 일반인을 경멸하는 감정이 칸트의 개인적인 사악함이 아니라 그가 살았던 사회가 타락했기 때문에 생겼음을 깨닫고 이에 대해 루소에게 감사하는 표시였다고 볼 수도 있지 않을까? 칸트의 저술들을 편집한 Lehmann은 칸트가 루소의 저술들을 읽었을 무렵 일종의 개인적 위기를 겪었다고 생각한다. Lehmann(1969): 417~418 참조.

다."(91. 9~94. 15; 72. 2~73. 19) 그리고 주석의 한 대목에서 칸트는 자신이 새로 얻은 루소적인 감정을 더욱 적극적인 방향으로 강력하게 전환하려는 시도를 보인다.

우리가 처한 상황을 볼 때 불의가 보편적으로 확고하게 자리 잡으면 낮은 계층 사람들의 자연권은 사라지고 만다. 따라서 이들은 오직 채무자일 뿐이다. 그런데 높은 계층 사람들은 이들에게 아무런 채무도 없다. 따라서 높은 계층 사람들은 관대한 주인으로 불리게 된다. 낮은 계층 사람들에게 오직 정의만을 요구하며 그들의 채무를 정당하게 처리하는 사람은 그들에게 복종을 요구해서는 안 된다(140. 12; 112. 8). 15)

이런 강력한 감정을 염두에 두고 가장 자주 인용되는 칸트의 지적, 즉 그가 명확히 인식한 문제의식을 잘 드러내는 지적을 살펴보기로 하자.

뉴턴은 특히 질서와 규칙성을 위대한 단순성과 더불어 파악했다. 그가 등장하기 전에는 무질서와 전혀 정리되지 않는 다수성이 난무했다면 그가 등상한 후에는 행성들이 기하학적인 궤도를 놓게 되었다.

---

15) 아마도 주석과 거의 같은 시기에 쓴 것으로 보이는 Reflexionen no. 6736도 참조. "많은 사람들은 선한 행위를 하는 데서 즐거움을 얻지만 다른 사람에 대한 의무 아래 놓이는 것을 달가워하지 않는다. 만일 누군가가 다른 사람에 대한 의무를 지게 되면 그 다른 사람은 모든 것을 하려 들 것이다. 사람들은 자신을 올바른 행위를 할 의무 아래 놓으려 하지 않으며 그저 그런 행위를 선의의 대상으로 보려고만 한다. 내가 정당하게 얻을 자격이 있는 바만을 나에게 주는 것으로는 충분하지 않다. 사람들은 정당하게 나에게 속한 바를 내가 요구할 경우에만 주려고 해서는 안 된다."(19. 145)

루소는 특히 인간 안에 깊이 파묻힌 본성과 숨겨진 법칙이 지닌 다양한 형태를 발견했고 이런 관찰을 통해 섭리를 정당화했다. 이전에 알폰소 (Alphonsus)와 마니(Manes)가 비난했던 바는 타당했다. 뉴턴과 루소 이후로 신은 정당화되었으며 이제 포프(Pope)의 정리가 참이라는 점이 밝혀졌다(58.12; 44.24).[16]

뉴턴이 지금까지 숨어 있던 법칙을 밝혀 자연 세계에 적용되는 신의 질서를 발견했다면 루소는 도덕 세계에서 이와 유사한 일을 했다. 루소는 《에밀》에 등장하는 사제가 그토록 강력하게 불평했듯이 현재 도덕 세계에 무질서가 존재한다는 점을 설명하고, 이것이 신의 잘못이 아니라 우리의 잘못 때문임을 충분히 보였다. 하지만 질서의 창조를 위해 그가 제시하는 유일한 충고는 사회계약을 맺어야 한다는 것인 듯 보인다. 그런데 이는 결국 사제의 주장, 즉 도덕이 책을 통해서 배운 것과는 무관하게 우리 자신의 내부를 바라봄으로써 우리 각자가 개별적으로 인식하게 되는 무언가라는 주장과 모순을 일으키게 된다. 루소는 "인간들에게 법을 부여하기 위해" 입법자에게는 신과 같은 능력이 필요하다고 생각한다. 입법자는 법에 따르도록 대중을 설득하기 위해 신과 같은 권위를 지니는 듯이 보여야 한다

---

16) 알폰소는 카스티야(Castile)의 왕인 동시에 천문학자였다. 그는 자신이 천체를 더욱 질서 있게 만들기 위해 신에게 훌륭한 조언을 할 수 있다고 주장했다. 라이프니츠는 특히 알폰소가 신을 비판한 내용을 재비판하기 위해 이를 언급한다. 《변신론》193; 241~245 참조. 마니는 신이 둘이라고 주장하는 마니교의 창시자이다. Rischmüller는 자신의 저술 200~211면에서 이 부분에 관해 상세히 논의한다. 뒤의 3절에서 드러나듯이 칸트는 포프의 정리를 존재하는 것은 무엇이든 선하다는 식으로 해석한다. 이 정리는 포프의 《인간론》(Essay on Man)에 등장한다.

(《전집》 III. 362~364; 《사회계약론》 II. vii). 루소는 도덕적 인도가 필요하다는 사제의 요구에 답하지 않는 것과 마찬가지로 자신의 주장들을 서로 조화롭게 중재하려는 시도를 하지 않는다.

칸트는 이런 결점을 보완할 수 있는 도덕법칙을 찾으려 한다. 루소와 마찬가지로 칸트도 도덕적 세계에 관여한다. 칸트는 다음과 같이 말한다. "다른 사람들의 의지와 관련해 인간에게 자연스럽게 요구되는 필수적인 선은 평등(자유)이며, 전체와 관련해 요구되는 선은 화합이다. 유비 추리 〔:〕 물체는 척력을 통해 자신이 차지하는 공간을 확보하며 각각의 물체가 모두 이렇게 한다. 모든 부분은 인력을 통해 서로 끌어당겨 하나의 전체가 된다."(165. 20; 134. 8)[17] 칸트는 어떻게 도덕법칙이 실제로 도덕적 세계에 질서를 부여할 수 있느냐는 질문에 대한 대답을 제시하지 않는다. 하지만 그는 오직 이성으로부터 도덕을 배워 그에 따라 움직이는 양심이 존재한다는 루소의 신념에 만족하지 않는다. 칸트는 다음과 같이 말한다. 어쩌면

---

17) 헤르더(Herder)의 보고에 따르면 1764년 칸트는 학생들에게 "비이기적인 감정은 인력과 같으며, 이기적인 감정은 척력과 같다. 이들 둘 모두가 서로 대립하면서 세계를 구성한다"고 말했다(27. 4; *LE*: 3~4면). 또한 《순수이성비판》, A808=B836 참조. 《도덕 형이상학》에서도 칸트는 이와 유사한 언급을 한다. "(자연법칙이 아니라) 의무의 법칙에 관해 말하면서 … 우리는 자신을 도덕적(지성적) 세계에 속한 존재로 여긴다. 반면에 물리적 세계와의 유비를 통해 **인력**과 **척력**이 우리를 (지상의) 이성적 존재로 한데 묶는다고 여긴다." 사랑은 사람을 서로 더욱 가깝게 당기는 반면 존중은 사람 사이에 일정한 거리를 두게 만든다. "도덕적 존재들의 왕국이" 계속 유지되기 위해서는 이 두 가지 "도덕적인 힘"이 모두 필요하다(6. 449; 《도덕 형이상학》, 243~244). 칸트가 초기에 도덕을 물리적 힘에 비유해 표현한 경우에 관해서는 Macklem(1958), app. II, 칸트가 사용한 수많은 역사적, 문학적 대비에 관해서는 Probst(1994) 참조.

우리는 올바르지 않게 행위하도록 유혹하는 욕구나 불의의 감정이
그리 강하지 않을 경우 "내부의 도덕적 근거"를 통해 올바르게 행위
할 수 있을지도 모른다. 하지만 도덕을 더욱 효과적으로 만드는 초
자연적인 보상을 고려해 우리가 그렇게 행위한다는 생각이 드는데
이렇게 하면 우리는 도덕에서 벗어나고 만다(28.3; 22.8). 칸트가
이 문제에 대한 대답을 발견하는 데는 무척 오랜 시간이 걸렸다.[18]
칸트는 루소가 일반인들의 도덕적 지위를 제대로 평가한 사실을 수
용한 것만큼이나 반면 루소가 다루지 않았거나 부적절하게 다룬 바
는 불만스럽게 생각했기 때문에 이를 종합해 자신의 사상을 형성한
듯이 보인다.

3. 변신론과 도덕

칸트의 성숙기 도덕 이론을 이해함으로써 얻게 된 통찰과 더불어 이
제 우리는 일반인들의 지성을 존중하려는 도덕적 결정을 통해 어떻
게 칸트가 행위를 인도하는 도덕 원리, 즉 볼프의 윤리학에서 요구
되었던 결과의 계산을 필요로 하지 않는 도덕 원리가 필요하다는 사
실을 깨닫게 되었는지를 파악할 수 있다. 아무것도 어떻게 칸트가

---

18) Gueroult는 《순수이성비판》에 포함된 도덕 이론 및 이로부터 《실천이성비
판》에서 드러나는 관점에로의 이행을 다룬 몇 편의 논문을 통해 칸트의 견해
가 변화하는 과정을 논의한다. Gueroult(1977): 15~36, 37~48면 참조.
나는 Henrich(1992): 21면의 견해, 즉 칸트가 《도덕 형이상학 기초》를 쓰
면서 자신의 최종적인 동기 이론에 도달했다는 견해에 동의한다.

이런 새로운 원리를 발명한 창조적 도약에 이르렀는지 설명해 주지는 못한다. 하지만 칸트의 초기 저술을 보면 그가 이미 루소 때문에 고려하게 된 문제들을 다룰 준비를 상당히 갖추고 있었음을 알 수 있다. 칸트가 초기에 출판한 저술들은 주로 과학과 형이상학의 문제에 관한 것이지만 악의 문제에 대한 관심도 드러났으며, 이는 결국 그가 윤리학의 방향으로 나아가리라는 점을 암시했다. [19]

1753년 베를린 학술원은 "존재하는 것은 무엇이든 선하다는 주장으로 요약되는 포프(Pope) 씨의 체계"를 다룬 최고의 논문을 선정해 1755년 시상하겠다는 현상 공고를 발표했다. 그러면서 응모자들이 특히 포프의 견해를 "낙관주의의 체계 또는 최선의 것이 선택된다"는 라이프니츠의 견해와 비교해야 한다고 덧붙였다(17.229n; *TP*: lv 면). 나는 철학 저술들에서 악의 문제가 얼마나 자주 등장했는지 이미 지적했다. 이는 당시 문화에서 일반적인 관심의 대상이 되었던 문제인데 포프의 《인간론》이 대중적 인기를 얻으면서 다시 주목받게 되었다. 하지만 1755년 11월 리스본에서 대규모 지진이 발생하자 포프의 저술은 전례 없이 혹독한 비판을 받았다. 칸트가 남긴 최초의 원고들을 보면 그가 이 현상 공고에 응모하려 했음이 드러난다. [20] 그는 실제로 논문을 응모하지는 않았지만 몇몇 단편은 그가 1754년부터 완전성 및 가능성의 본질에 관해 생각하기 시작했음을 보여 준다. 그는 그 후 10년 이상 이 주제에 몰두했다. 라이프니츠

---

19) 이 절의 내용은 Henrich(1963): 408~414면에서 큰 도움을 받았다.
20) 칸트가 읽었을 것으로 추측되는 라이프니츠의 저술에 관해서는 앞의 제12장 1절 각주 5 참조.

와 포프에 대해서 학술원이 제기한 악의 문제라는 주제는 칸트가 새로운 방향으로 나아가는 계기를 제공했다.

라이프니츠는 신의 영광을 드러내기 위해 창조된 이 세계에는 우리가 상상할 수 있는 가장 폭넓은 목적이 있다고 주장한다. 왜냐하면 신의 영광은 무한하기 때문이다. 그는 또한 더 많고, 더 복잡한 실재들을 체계적으로 조직하는 데에 보다 단순한 방법은 상상해 낼 수 없다고 생각한다. 완전성이란 이런 목적을 위해 통합된 실재들의 객관적인 특성인데 이는 다소간 실재들의 수와 목적의 범위 그리고 이들이 기여하는 목적의 범위에 의존한다. 따라서 이 세계는 가능한 한 가장 완전한 세계이다. 하지만 이 세계에는 악이 존재한다. 칸트가 라이프니츠적인 관점에서 언급하듯이 신은 "선한 성향을 지닌 사람들을 당황하게 만드는 불규칙성이나 불완전성이" 없는 세계를 원한다. 하지만 신은 자신이 원하는 세계를 가질 수 없다(17. 233; *TP*: 79면). 신은 오직 자신 앞에 펼쳐진 다양한 가능성을 검토한 후 여러 세계가 포함하는 선과 악의 총량을 비교해 그중 한 세계를 선택할 수 있을 뿐이다. 칸트는 신이 화물 일부를 바다로 던져 배를 구하거나 아니면 화물을 지키다가 배 전체를 잃는 선원과 유사한 입장에 있다고 말한다(17. 236; *TP*: 81면). 어떤 실재들이 어떤 방식으로 통합되는지 결정하는 가능성을 변경할 수 없는 상황에서 신은 자신이 실현할 세계를 선택하는데, 창조에 앞서 신은 자신이 원하는 바를 모두 실현할 수 없음을 이미 알고 있다.

칸트도 파악했듯이 라이프니츠의 견해의 문제점은 신이 악을 원하지 않음을 보이는 데에 실패한 것이 아니다. 그 문제점은 이러한 견해가 신에 관한 중요한 주장, 즉 신은 무한하며 자신의 외부에 있는 모든 것으로부터 독립적이라는 주장과 양립 불가능하다는 것이다. 칸트는 오직 실재들의 완전성만이 신의 시인을 얻는 유일한 것임에도 불구하고 실재들이 하나의 체계적인 전체로 통합될 수 없는 일이 어떻게 일어날 수 있는지 묻는다. 라이프니츠의 견해에 따르면 신을 지배하는 일종의 운명이 존재하는 듯이 보인다(17. 236~237; TP: 81~82면). 신학적인 태도를 취하는 많은 주의주의자와 마찬가지로 칸트는 이런 견해가 받아들일 수 없는 것임이 분명하다고 생각한다. 하지만 그는 상투적인 주의주의의 견해를 옹호하려 하지는 않는다. 대신에 그는 라이프니츠에 반대하는 포프의 견해를 옹호하려 한다.

포프는 널리 알려진 다음의 대구를 통해 자신의 핵심적인 주장을 표현한다.

> 교만에도 불구하고, 그리고 잘못을 저지르는 이성에도 불구하고,
> 하나의 진리만은 분명하다, "존재하는 것은 **무엇이든 옳다.**"

당시 베를린 학술원과 칸트는 브로케스(Brockes)가 독일어로 번역한 포프의 《인간론》을 사용했는데 그는 위의 대목을 존재하는 것은 무엇이든 **선하다**고 번역했다. 따라서 포프는 라이프니츠가 허용한 생각, 즉 악이 존재할 수도 있다는 생각을 명확히 거부한 셈이 된다.[21] 그리고 칸트는 포프가 이 주장이 참임을 보일 방법을 마련했

---

21) 《인간론》 I. 293~294. 위의 인용문에 대한 브로케스의 독일어 번역(1740)은 다음과 같다.

Trotz unserm Geist, der öfters irrt, trotz unserm Stolz und

다고 생각한다. 《인간론》에 관한, 보기보다는 다소 전문적인 글을 쓰면서 칸트는 포프 체계의 완전함이 다음과 같은 사실 때문이라고 말한다. 즉, 포프는 "모든 가능성을 자기충족적인 근원적 존재의 영역 안에 포함시킨다. 이 존재 아래에서 모든 것은 서로 조화를 이루어 그 존재의 완전성을 완벽하게 드러내는 것 이외에는 다른 어떤 속성도 지닐 수 없으며 심지어 본질상 필연적이라고 불릴 수도 없다"(17. 233~234; TP, 80면). 간단히 말하면 신은 현실 세계뿐만 아니라 가능성까지도 규정한다는 것이다.

이런 단편적인 언급들에서 칸트는 이런 놀랄 만한 전환이 — 라이프니츠가 명백히 거부했던 전환이(앞의 제 12장 1절 참조) — 어떻게 존재하는 모든 것은 선하다는 포프의 주장을 도출하는지 제대로 밝히지 않는다. 하지만 완전성 또는 형이상학적 선이 라이프니츠에서와는 달리 복잡한 전체의 객관적인 특성이 아니라는 생각은 분명히 등장한다. 완전성이란 오히려 의지와 그것이 만들어 낸 것 사이의 관계로 보아야 한다. 그리고 완전한 실재는 자신을 창조한 존재의 의지를 완벽하게 반영하는 실재임에 틀림없다. 라이프니츠의 구상이 실패한 까닭은 그가 신의 최초 의지는 완전한 선을 향한 것이라고 주장하면서도 이후에는 신과 무관한 가능성들을 내세움으로써 신의 의지를 배제하기 때문이다. 따라서 창조된 세계는 창조자의 의지를 저버리는 셈이 되고 만다. 칸트는 오직 신이 가능성들의 근거로 작용해 신이 창조한 어떤 것도 그의 의지에 반하지 않을 경우에만 완전

Übermuth, So ist die Wahrheit offenbar; das alles das, was ist, ist gut.

한 세계가 존재할 수 있다고 생각한다.

칸트는 신이 가능성의 근거로 작용한다는 주장을 1755년에 출판한 저술 《형이상학적 인식의 제일원리에 대한 새로운 해명》(*New Elucidation of the First Principles of Metaphysical Cognition*, 1.395~396; *TP*, 15~17면)에서도 사용한다. 그리고 이 주장을 1763년에 출판한 《신 존재 증명을 지지하는 가능한 유일한 논증》(*The Only Possible Argument in Support of a Demonstration of the Existence of God*)에서[22] 상당히 길고 더욱 정교하게 제시한다. 여기서 칸트는 초기의 단편들에서 등장했던 주장, 즉 완전성의 본성이 일종의 관계라는 주장을 더욱 명백히 드러낸다. 그는 자신이 완전성의 관념을 전통적인 방식과는 다르게 사용했지만 결코 경솔하게 그렇게 하지는 않았음을 지적한다. 칸트는 완전성의 개념을 "주의 깊게 검토하는 데" 몰두했으며, 마침내 이를 적절하게 이해한다면 "정신과 우리 자신의 감정 그리고 심지어 실천철학의 기본 개념까지도 충분히 해명할 수 있으리라는 점을" 확신하게 되었다. "완전성"이라는 용어가 다양한 방식으로 사용된다는 점을 인정하면서 칸트는 설령 이 용어가 엉뚱한 방식으로 사용된다 하더라도 이것의 핵심적인 의미는 "타고나 인식 능력 및 욕구를 지닌 존재와의 관계를 항상 전제한다는 점을" 분

---

22) 칸트는 사실상 이 논문을 1762년에 써서 출판했다. *TP*: lix면 참조. 칸트는 《철학적 신학 강의》(*Lectures on Philosophical Theology*): 65~69면에서 이 논문에 관해 논의하면서 이 논증을 자신의 비판철학적 구조 안에 편입하려 한다. 또한 만년의 윤리학 강의(*Metaphysik der Sitten Vigilantius*, 27. 718, *LE*: 441면)에서도 이를 언급하면서 젊은 시절의 주장이 사실 타당한 논증이 아니었음을 밝힌다.

이런 논점들과 관련해 나는 가이어(Paul Guyer)에게 큰 도움을 받았다.

명히 납득하게 되었다(2. 90~94; *TP*: 134면).

　가능성과 완전성에 관한 칸트의 초기 주장들을 보면 앞에서 지적했던 이전 철학자들의 견해들이 떠오른다. 데카르트는 신이 영원한 진리뿐만 아니라 본질까지도 창조했다는 강력한 주의주의적 주장을 내세웠다. 크루지우스는 "선"을 일종의 관계로 설명하면서 이를 신이 원하는 선택의 측면에서 정의했지만 완전성은 객관적 성질로 보면서 이를 인과적 능력과 동일시했다. 그는 또한 이 세계가 가능한 최선의 것이라는 점을 부정하면서 주의주의의 한 형태를 옹호했다. 하지만 《새로운 해명》에서 칸트는 자신이 신에 관한 데카르트의 견해를 거부한다는 점을 분명히 한다(I. 396; *TP*: 17면). 그리고 1759년에 쓴 한 짧은 글에서 칸트는 주의주의도, 낙관주의에 대한 크루지우스의 공격도 거부한다. 칸트는 유일하게 가능한 최선의 세계가 존재한다는 반크루지우스적인 주장을 지지하는 논증을 전개한다. 또한 주의주의는 더 이상 논쟁을 벌여 시간을 낭비할 가치가 없는 것으로서 아예 무시한다.[23] 그는 《유일한 논증》에서도 주의주의와 정면으로 대결하지는 않는다. 하지만 완전성을 관계적 개념으로 새롭게 파악함으로써 이런 방향으로 한 걸음 더 나아간다.

　칸트는 신의 의지가 여러 가능성들을 규정하는 신의 본성이 지닌 유일한 측면일 수는 없다고 말한다. 왜냐하면 "의지는 항상 자신이 원하는 물자체의 내적인 가능성을 전제하기" 때문이다. 따라서 가능성들을 규정하는 것은 — 신의 의지 또는 욕구뿐만 아니라 그의 지성

---

23) "낙관주의에 대한 몇몇 고찰의 시도"(An Attempt at some Reflections on Optimism), 2. 30, 33~34; *TP*, 71, 75면 참조. 칸트는 《철학적 신학 강의》: 137면에서도 이 글에 대해 호의적으로 언급한다.

까지도 포함하는—신의 무한한 본성 전체임에 틀림없다. 신이 지닌 이런 두 측면이 협력해 가능성들을 규정하는데 칸트는 다음과 같은 다소 모호한 언급을 통해 그 까닭을 설명한다. "동일한 무한한 본성이 사물들의 규정 근거로서 사물의 모든 본질과 관련한다. 동시에 그것은 또한 이를 통해서 주어지는 최대한의 결과를 산출하려는 최고의 욕구와도 관련된다. 후자는〔욕구는〕오직 전자가〔본질이〕전제될 경우에만 목표한 성과를 이룰 수 있다." 자신의 본성 전체를 표현하려는 신의 욕구는 가능성들이 구성되는 방식에서 이미 예견된다. 칸트는 "물자체의 가능성들은 신의 본성을 통해서 주어지는데 신의 위대한 욕구와 조화를 이룬다"고 말함으로써 이를 명확히 드러낸다. 그리고 그는 "선과 완전성이 이런 조화를 구성한다"고 강조해서 덧붙인다(2.91; *TP*: 135면).

푸펜도르프는 존재와 선을 동일시하는 견해를 거부했다. 칸트는 실재와 완전성이 서로 동일하다는 주장을 부정하며 많은 것이 하나로 조화를 이루는 것이 곧 완전성이라는 라이프니츠의 견해를 명백히 거부한다(2.90; *TP*: 134면). 세계를 완전하게 만드는 것은 바로 세계가 신의 욕구를 실현한다는 사실이다. 따라서 칸트는 라이프니츠적인 완전성의 개념을 크루지우스가 이해한 선을 기초로 형성된 개념으로 대체한다(앞의 제20장 5절). 이제 칸트는 완전성을 어떤 사건의 상태를 존재하도록 만들려는 의식적인 욕구와 이런 욕구가 완전히 실현되어 그런 상태가 현존하는 것 사이의 관계로 여긴다.

《유일한 논증》에서 칸트는 이런 생각이 변신론과 관련해 어떻게 작용하는지 보여 준다. 그는 자신이 주로 자연적 사건의 진행을 고려한다고 말한다. 이런 영역에서 라이프니츠가 아니라 포프의 주장이 참이라는 사실은 명백하다. 왜냐하면 존재하는 모든 것은 신의 의지작용의 결과로서 존재하며 따라서 정의상 완전하기 때문이다. 그렇다면 "세계에서 일어나는 모든 변화, 그리고 특성상 기계론적이고 따라서 필연적인 모든 변화는 … 항상 선해야만 한다. 그 모든 변화는 본성상 필연적이기 때문이다"(2. 110; *TP*: 152면). 이를 통해 자연적인 악의 문제는 해결된다. 그런 악은 아예 존재하지 않는다. 칸트는 도덕적인 악의 문제를 매우 간략하게 다룬다. 그는 세계를 조화롭게 작동하도록 계속 수선하여 유지하는 신의 존재를 인간의 자유가 필요로 하는지 그렇지 않은지 문제를 제기한 후 수많은 자유로운 행위가 그런 필요가 없음을 보여 준다는 통계적 규칙성에 호소해 신이 필요하지 않다고 확신한다. 비록 그는 자신이 자유로운 행위에서 드러나는 자유도 우연성도 충분히 이해하지 못했다고 생각하지만 "자유의 법칙"이 세계의 질서와 조화에 비결정성을 부여하지는 않는다는 점만은 확신한다(2. 110~111; *TP*: 152~153면).

비록 《유일한 논증》에 등장하는 도덕적 악에 대한 설명이 매우 간략하기는 하지만 이를 통해 칸트는 앞에서 살펴보았던, 1765년에 주장한 견해로 점차 나아간다. 그는 자신 외부에 있는 어떤 것에 의해서도, 심지어 가능성들에 의해서도 결정되지 않는, 라이프니츠의 작용인과는 전혀 다른 일종의 의식적 작용인을 생각하기에 이르렀다. 신은 외부의 어떤 것에 의해서도 제한되거나 결정되지 않지만 매우 확실하게 정해진 선택의 방향으로 나아간다. 이렇게 나아가는 과정에서 신은 자신보다 먼저 존재하는 선에 의해서 인도될 수 없다. 이제 칸트는 오직 누군가가 어떤 사건의 상태를 원하고 바랄 경우에만 그런 사건의 상태가 선할 수 있다고 주장한다. 그리고 이런 의지와 욕구는 그 대상이 실현될 수 있다는 가능성을 전제한다. 따라서 신의 본성은 가능성들의 근거가 되면서 자신과는 독립적으로 선한 무언가를 기준 삼을 수 없다.

뒤이어 칸트는 명확하고 결정적인 문제에 직면하게 된다. 어떻게 신은 결과에 호소하지 않고서 어떤 본질을 창조할지 결정하는가? 전통적인 주의주의자는 아마도 데카르트처럼 이런 측면에서 신은 우리가 파악할 수 없는 존재임에 틀림없다고 말할 것이다.[24] 하지만 "낙관주의에 대한 몇몇 고찰의 시도"에서 분명하게 드러나듯이(2. 29~35; *TP*: 71~76면) 칸트는 주의주의를 거부한다.[25] 그는 신의 본성 안에도 어떤 작용 원리가 반드시 필요하며 이 원리는 오직 하나일 뿐이라고 생각하지만 그것이 무엇인지는 제대로 밝히지 않는다 (2. 125~126; *TP*: 166면). 하지만 그 원리가 무엇이든 간에 신은 이를 통해서 자신의 가장 깊은 본성을 드러내는 결과를 창조해야 한다. 이 원리는 신이 어떻게 작용하는지 설명해야 하는데 — 신은 자율적으로 작용한다.

---

24) 예를 들면 《버만과의 대화》, *Writings* III. 348에 등장하는, 다음과 같은 지적을 참조. "우리는 신의 본성과 작용을 우리의 추론 아래 종속시키려는 건 방진 행위를 결코 시도해서는 안 된다."

25) 시기적으로 이보다 약간 후에 헤르더(Herder)가 기록한 윤리학 강의에서 칸트는 오직 신이 그것을 원하기 때문에 신에게 복종해야 한다는 주장은 신을 전제군주와 같은 존재로 만든다고 말한다(27. 9; *LE*: 5면).

4. 변신론과 자유

1763년, 칸트는 자신이 지금까지 자유를 제대로 이해하지 못했다고 언급하는데 이는 그의 사고에 변화가 일어났음을 암시한다. 그 이전에 칸트는 자유를 명백히 볼프적인 관점에서 이해했다. 하지만 초기에 쓴 주요 저술 중 하나에서 칸트는 자유에 대한 이런 견해가 지닌 문제점을 지적했으며, 그 후 변신론에 관해 계속 숙고함으로써 자유의 개념을 수정하게 된 듯하다. 이 문제점은 칸트가 라이프니츠와 포프에 관해 고찰했던 시기인 1755년에 쓴 저술 《보편적 자연사와 천체 이론》(*General Natural History and Theory of the Heaven*, 이하 《자연사》로 약칭)에 등장한다.

과학적인 측면에서 볼 때 《자연사》는 천체들의 전체 체계 형성에 대해 기계론적인 설명이 가능함을 증명하려는 시도이다. 여기서 등장하는 칸트의 유명한 가설은 물체의 입자들이 스스로 더욱 크고 복잡한 단위의 실재를 형성한 후 다시 스스로 분리되도록 그렇게 구성된다는 것이다. 이는 기회원인론에 반대하는 견해이다. [26] 신은 능동적으로 개별적인 원자들을 창조한다. 하지만 신은 원자들이 무한한 시간에 걸쳐 스스로 수없이 많은 은하와 태양계를 형성했다가 또 스스로 소멸하도록 만듦으로써 질서 잡힌 변화라는 영원하고 숭고한 장관을 창조했다. 뉴턴의 법칙은 원자들이 운동하면서 따르는 규

---

26) 여기서 칸트는 말브랑슈뿐만 아니라 데카르트에 대해서도 반대한다. 데카르트는 물체의 입자에게 서로 끌어당기는 속성을 부여해 먼 거리에서 일어나는 일에도 영향을 미칠 수 있다고 여기는 것은 어리석은 생각이라고 본다. *Writings* III. 285, 메르센(Mersenne)에게 보낸 1646년 4월 20일자 편지.

칙을 제시한다. 이 법칙은 원자들의 내적인 본질에 관한 지식에 호소하지 않고도 내부적으로 결정된 원자들의 운동이 어떻게 자연계의 위대한 아름다움과 유용성 그리고 조화를 낳는지 설명하기 때문에 존재에 대한 신의 설계로부터의 논증을 지지하는 사람들이 무척 강조하는 것이기도 하다. [27) 칸트는 이런 조화가 사실상 신의 존재에 대한 증명을 제시하는데, 특히 이전까지 사람들이 주목하지 않았던 기계론으로부터 증명을 이끌어 낸다고 말한다. 이 증명은 다음과 같은 사실을 명확히 제시한다.

〔자연의〕 본질적인 특성은 어떤 독립적인 필연성을 소유하는 것이 아니라 어떤 유일한 지적 존재로부터 유래했음에 틀림없다. … 그렇다면 존재들을 지배하는 무언가가 존재한다. … 자연의 결정론적인 본질의 가능성을 포함해 자연 자체가 이로부터 유래한다(1. 333~334).

따라서 《자연사》는 과학 이론에 관한 저술일 뿐만 아니라 부분적으로 변신론에 관한 저술이며, 변신론의 단편들을 과학 이론과 접목하려는 의도가 있다.

기계론적 법칙에서 등장했지만 신이 구성한 가능성들을 여실히 드러내는, 이렇게 조화롭고 유용한 세계에서 인간은 과연 어떤 존재인가? 자연계에는 성장과 통합뿐만 아니라 쇠퇴와 파괴도 있다. [28)

---

27) 《자연신학 원리와 도덕 원리의 구별에 관한 탐구》 2. 286; *TP*: 259면 참조.
28) 《유일한 논증》에서 칸트는 새로운 완전성의 원리를 제시하겠다고 선언하면서 바로 이를 명확한 계기로 채택한다. "뉴턴의 주장대로 설령 태양계와 같은 체계가 결국에는 운동을 멈추어 완전한 정지 상태에 이른다 할지라도 …

하지만 인간은 이와 다르다. 우리는 무엇보다도 불멸하는 영혼을 지니며, "우리의 존재가 변형된" 이후에도 "유한한 것들에 의존하는 상태에서 벗어나 무한한 존재와 더불어 〔우리의〕 진정한 행복을 누릴 수 있음을" 발견한다(1. 321~322; 《자연사》: 142~143면). 두 번째로 우리는 덕을 지닐 수 있다. 《자연사》의 마지막 두 절에서 칸트는 인간 및 인간과 유사한 존재가 세계에서 나름대로의 지위를 차지하게 되는 방식에 관해 고찰한다. 칸트는 다른 천체에 우리와 같은 생명체가 존재하지 않는다는 가정은 교만한 것이며, 이는 어떤 거지의 머리에 기생하는 이가 그곳이 생명체가 사는 유일한 곳이라고 생각하는 것과 같다고 말한다. 그렇다면 다른 이성적 존재들은 어떤 모습인가? 칸트는 이들이 인간과는 큰 차이가 있으리라고 추측한다 (1. 355~356). 우리보다 태양 가까이에 사는 존재들은 몸이 우리보다 더욱 무겁고 단단할 것이며, 우리보다 태양에서 더 멀리 떨어진 곳에 사는 존재들은 더 가벼울 것이다. 29) 가벼운 존재는 무거운 존

신이 반드시 기적적으로 개입해 이를 다시 회복시키리라는 뉴턴의 생각에는 동의하기 어렵다. 왜냐하면 그런 정지 상태는 자연이 자신의 본질적인 법칙에 따른 결과로서 필연적으로 그렇게 되도록 운명 지어진 것이기 때문이다. 그리고 나는 이로부터 그런 상태 또한 선하다고 가정한다."(2. 110 각주, *TP*: 152면 각주) 여기서 칸트는 라이프니츠와 클라크의 편지에서 등장했던 논증 중 하나를 제시하면서 라이프니츠와 뉴턴 사이를 중재하려 한다. 《자연사》에서 이미 칸트는 이보다 더 큰 규모의 중재를 시도했다. 칸트가 초기에 쓴, 종교를 다룬 몇 편의 《단편들》(*Reflexionen*)을 보면 그가 신이 특별히 개입하는 것과 이런 개입이 없는 상태에서 섭리의 의미를 밝히는 것에 계속 주의를 기울였음을 알 수 있다. 19. 617~623, no. 8081과 8082 참조.
29) 칸트가 다른 행성에 사는 존재의 신체적 특징을 추측한 최초의 학자는 아니다. 볼프는 《수학적 우주의 구성 요소들》(*Elementa Mathesos Universae*)이라는 저술에서 눈부신 태양 광선을 적절하게 막는 데 필요한 눈의 크기를

재에 비해 더욱 지적이고, 도덕적이며 따라서 더 오래 살 것이다. 지구에 사는 우리는 목성에 사는 매우 가벼운 존재와 금성에 사는 더 무거운 존재의 중간 정도에 해당한다. 따라서 우리는 중간의 위치를 차지하며, 육체의 유혹을 받는 동시에 우리의 지성을 발휘해 그런 유혹에 저항할 수도 있다.

칸트는 우리가 육체의 유혹과 그로부터 생기는 악덕을 완전히 제거할 수 있는지 고찰하지 않는다. 하지만 그는 불멸하는 영혼이 무한한 우주의 지극히 작은 한 모퉁이에 지나지 않는 지구를 벗어날 수 없다고 생각하지는 않는다는 점을 지적하면서 논의를 마무리한다. 어쩌면 우리는 사후에 거대한 우주를 생각함으로써 우리 안의 호기심을 일깨우고 이를 만족시키기 위해 우주 여행자가 될지도 모른다.[30] 사후에 우리는 최소한 지상에 살아 있을 때보다는 더욱 완전해져서 유한한 것들에 대한 모든 관심을 넘어설 수 있지 않을까? 그리고 오직 최고의 존재를 기쁘게 하는 데서 만족을 발견하지 않을까? 칸트는 이에 관한 어떤 지식도 부정하지만 이어서 다음과 같이 말한다.

사실 우리의 정신이 이런 생각과 내가 방금 말한 것들로 가득 찰 경우, 기분 좋은 밤에 보는 별이 빛나는 하늘의 모습은 오직 고상한 영혼만이 느

계산하고 이런 눈에 어울리는 신체 크기를 이끌어 내어 목성에 사는 존재의 키를 추측하려고 했다. 이 점에 관해서는 Barber(1955) : 153면 각주에서 큰 도움을 받았다.

30) 무한한 우주를 향한 이런 태도와 우주에 대해 공포와 두려움을 느끼는 파스칼의 태도가 서로 대조된다는 점은 지적할 만하다.

낄 수 있는 일종의 쾌락을 준다. 자연 전체의 고요함을 보고 감각의 평화를 느낄 때 지금까지 묻혀 있었던 인식 능력이 불멸하는 영혼에 관해 형언할 수 없는 언어로 말하기 시작한다. 그리고 아직까지 알려지지 않은 개념을 일으키는데 이는 그 자체로 느껴지기는 하지만 기술될 수는 없다 (1. 367). [31]

다소 기묘하게도 보이는 이런 사변적 고찰을 통해 칸트는 뉴턴이 생각한 무한한 우주에서 이성적 존재가 차지하는 도덕적 지위에 대한 관심을 명백히 드러낸다. 이는 또한 칸트의 변신론이 지닌 문제를 암시하기도 한다. 물리적 세계와 마찬가지로, 그것을 구성하는 기본 단위와 무관한 작용의 결과로 형성된 도덕적 세계가 존재할 수 있는가? 칸트가 《자연사》에서 주장하듯이 만일 가치 체계에서 영혼이 물리적 대상보다 훨씬 더 높은 위치를 차지한다면 질서와 조화가 영혼이 아닌 물리적 대상들의 상호 작용에서 비롯되는 일은 결코 일어날 수 없다. 칸트는 《에밀》에 등장하는, 이 문제에 관한 사부아 출신 사제의 우울한 견해를 읽은 후 몇 년 동안 계속 이 문제에 관해 생각했다.

전통적으로 변신론이 필요로 하는 질서는 덕이 있는 사람이 행복을 누림으로써 보상받고, 덕이 없는 사람은 처벌받는 질서이다. 1755년 칸트는 여전히 볼프가 제시한 틀에 따라 사고를 진행하다가 볼프 사상의 기본 구조가 자신이 《자연사》에서 제시한, 세계에 이런 질서가 등장하는 과정에 대한 설명과 일치하지 않음을 발견했다.

---

31) 이 대목을 이와 대비를 이루는 《실천이성비판》의 마지막 부분과 연결해 상세히 검토한 논의로는 Probst(1994) 참조.

칸트는 자신이 《새로운 해명》에서 채택했던, 도덕적 자유에 관한 볼프의 견해 때문에 스스로 곤경에 빠진다는 사실을 깨달았다. 이에 칸트는 자유가 단지 선택 가능한 대안들에 대한 무관심성을 의미한다는 견해를 거부한다. 이런 견해는 그저 임의적이고 우연적인 행위를 초래할 뿐이며 책임을 제대로 설명하지 못한다. 그 대신 칸트는 자발성으로서의 자유라는 개념을 도입하는데 이를 통해 자유는 선에 관한 자기 자신의 인식으로부터 행위하는 것이라는 생각을 형성한다. 《새로운 해명》에 등장하는 대화에서 칸트의 견해를 대변하는 인물은 "자발성"에 관해 다음과 같이 말한다.

> 자발성은 **내적인 원리로부터** 등장한 작용이다. 이 자발성이 최선의 것에 대한 표상과 일치하게 결정될 때 그것은 자유라고 불린다. 어떤 개인에 대해 그가 법칙에 따른다고 더욱 확실히 말할 수 있을수록, 즉 그의 행위가 의지작용 내부에 위치한 모든 동기에 의해서 결정될수록 그 개인의 자유는 더욱 커진다(1. 402; *TP*: 25~26면).

이런 견해에 따르면 덕이 있는 사람은 항상 행복하다고 말할 수 있다. 볼프는 분명히 그렇게 생각했다. 하지만 칸트가 《자연사》에서 제시한 세계에는 여전히 문제점이 남는데 그것은 덕이 있는 사람이 될 기회가 평등하지 않다는 점이다. 더욱 지적인 행위자, 앞서 칸트의 표현에 따르면 덜 농후한 물체로 이루어져 덜 무거운 행위자는 선을 올바르게 인식해 덕에 도달하고 또 보상을 받을 기회가 덜 지적인 또는 더 무거운 행위자보다 훨씬 더 많다. 어느 누구도 더 또는 덜 지적으로 창조되었는지에 따라서 아니면 이 세계에 더 농후하고 무겁게 또는 덜 농후하고 가볍게 태어났는지에 따라서 보상을 받아서는 안 된다. 칸트는 한편으로 볼프의 자유가 덕을 행운의 문제로 만들어 버린다는 크루지우스의 날카로운 지적을 알고 있었으며 다른한편으로 신이 덕을 보상한다는 믿음이 변신론에서 중요한 역할을차지한다는 루소의 주장도 간과할 수 없었다. 1755년, 아직 칸트가볼프의 견해를 따랐을 때에는 인간을 대하는 신의 방식을 정당화하기 불가능하도록 만드는 그 행위의 임의성이 칸트의 관점에도 남아있었을 것이다. 자유의 법칙에 따른 행위들이 통계적 규칙성을 보이기 때문에 우리가 다른 측면에서 도덕적 세계는 질서 있고 조화롭다고 주장할 수는 있다 할지라도, 신의 임의성은 제거되지 않는다.

따라서 칸트는 자유에 대한 새로운 설명을 발견하지 않을 수 없었던 듯하며, "자신이 스스로 규정한 법칙에 복종하는 것은 곧 자유"라는(《전집》 III. 365; 《사회계약론》 I. viii) 루소의 선언이 암시하는 바를 파악한 듯도 하다. 신은 스스로 법칙을 규정한다. 그리고 칸트는신이 가능성들을 어떻게 구성할지 결정하는 방법을 새롭게 이해함으로써 변신론의 문제를 도덕적 측면에서 다룰 수 있는 실마리를 발견하게 된다. 도덕적 악의 근거를 인간의 자유의지 탓으로 돌리려는견해는 물론 아우구스티누스에서 유래한다. 하지만 칸트는 의지와선의 관계를 새롭게 이해하려는 방향으로 나아간다. 그는 더 이상의지가 오직 선으로 드러나는 바만을 추구한다고 생각하지 않는다.그런데 이런 견해는 안셀무스가 악마의 타락을 고려하면서 직면했던 문제를 (앞의 제2장 3절 참조) 불러일으킨다. 이를 피하기 위해칸트는 결국 안셀무스의 해결책과 유사한 방식을 채택한다. 우리는실제로 자신이 선하다고 생각하는 것을 원할 수 있다. 하지만 우리는 또한 도덕법칙과 일치하는 것도 원할 수 있다. 따라서 도덕적 악은 무엇이 선이고 악인지 미리 알지 못하는 데서 유래할 수 없다. 신의 결정으로부터 등장하는 바는 필연적으로 완전하다. 이와 유사하게 인간의 자율적인 결정으로부터 등장하는 모든 것은 반드시 도덕적으로 선할 것이다. 그리고 만일 신의 의지와 마찬가지로 인간의 의지가 필연적으로 외부적 요소들에 의해서 결정되지 않는다면 우리가 자신의 의지를 어떤 식으로 드러내는지는 결국 우리 자신의 책임이다. 설령 우리가 항상 선하지는 않다 할지라도 우리는 본성상 책임을 면제받을 수는 없다. [32]

5. 이성과 정서

칸트는 초기의 볼프주의적 성향뿐만 아니라 가능성과 완전성에 관한 그의 고찰을 통해서도 또한 그가 도덕에 관한 고찰을 시작하면서 정서주의적인 기초를 가지게 되리라는 것을 암시하지 않는다. 그런데 이 장 첫 번째 절에서 인용한, 칸트가 1760년대 초반에 쓴 논문에 등장한 여러 대목에서는 강력한 정서주의적 성향이 드러난다. 이를 어떻게 보아야 하는가?

허치슨이 초기에 쓴 두 권의 윤리학 저술은 1762년 독일어로 번역

---

[32] 칸트는 이 시기보다 훨씬 후에 쓴 저술 《이성의 한계 안에서의 종교》(*Religion within the Limits of Reason Alone*)에 이르러서야 우리가 마땅히 자유로운 선택을 해야만 함에도 불구하고 왜 그렇게 하지 못하는가 하는 문제를 다룬다. 6. 39~40, 44~47, 83; 《이성의 한계 안에서의 종교》: 34~35, 40~44, 78면 참조.

되었으며 칸트도 이를 가지고 있었다. 33) 완전성과 선이 의지 또는 욕구와의 관계를 필요로 한다는 이전의 설명에 비추어 보면 칸트는 허치슨을 자신과 유사한 생각을 전개하는 인물로 여긴 듯도 하다. 나는 앞서 16장 3절에서 허치슨이 인간 세계에서 이루어지는 도덕적 구별을 우리가 동기에 관련된 몇몇 사실에 반응해 드러내는 정서에 근거해 설명한다고 주장했다. 허치슨은 우리가 이렇게 반응하면서 동기의 어떤 도덕적 속성을 혼동되고 애매하게라도 지각한다고는 생각하지 않는다. 우리가 자비심을 느낌으로써 갖게 되는 도덕적 감정은 다른 방법으로는 발생할 수 없는 도덕적 차이를 이 세상에 부여할 뿐이다. 칸트는 허치슨과 달리 신이 가능성과 현실성들을 결정하는 방법을 고찰함으로써 논의를 시작했지만 이 점만 제외하면 허치슨의 주장이 자신의 견해를 더욱 발전시키는 매력적인 방식임을 깨달았는데 이는 당연한 일이기도 하다. 신은 가능성들에 대한 자신의 최초 결정을 감정적 반응으로부터 내리지 않았을 수도 있다. 왜냐하면 신에게 감정적인 반응을 불러일으켜 어떤 결정을 내리도록 하는 것이 전혀 없을지도 모르기 때문이다. 따라서 허치슨이 칸트로 하여금 도덕 판단이 이성보다는 감정의 결과라고 생각하도록 인도했을 가능성은 거의 없는 듯하다.

《도덕감 예증》(Illustrations on the Moral Sense)에서 허치슨은 마찬가지로 중요한 또 다른 논점을 정교하게 제시하는데 ─ 이는 어떻게 우리가 오직 이성만을 통해서 행위할 수 있는지 설명하기가 무척 어

---

33) Warda (1922) : 50면. 허치슨의 후기 저술인 《도덕철학의 체계》 또한 레싱 (Lessing)에 의해서 독일어로 번역되었지만 칸트는 이를 갖고 있지 않았다.

렵다는 점이다(앞의 제16장 4절). 칸트는 허치슨이 클라크를 비롯한 다른 주지주의자들의 저술에 대해 지적한 이 문제가 심각한 것이라고 명백히 느꼈으며, 칸트를 정서주의에 상당히 가깝게 다가가도록 만든 것은 바로 이 문제였다.[34] 초기 저술인 《아름다움과 숭고함에 관한 고찰》(Observations on the Beautiful and Sublime, 이하 《고찰》로 약칭)을 보면 허치슨에 동조하는 칸트의 주장은 "동기의 근거들"을 논의하는 부분에서 가장 선명하게 드러난다(2. 221; 《고찰》: 66면). 칸트는 "악덕과 도덕적 범죄들이 이성에 의해서 검증될 수 있다"고 주장한다(2. 212; 53면). 하지만 동시에 그는 도덕이 오직 아름다움과 숭고함이라는 특성에만 영향을 미친다는 듯이 논의한다. 그는 진정한 덕이 "유일하게 숭고한 것이지만" 무척 드물다고 생각한다(2. 215, 227; 57, 74면). 그리고 문제가 되는 것은 바로 동기이다. 도덕 원리들이 사변적인 규칙이 아니라 인간 본성의 존엄성에 대한 감정과 의식이라고 말한 후 칸트는 계속해서 이런 감정이 부족한 사람에게 적용될 수 있는 다른 동기들을 다룬다. 우리 중 대다수를 차지하는 이런 사람들은 다른 사람에 대해 공감을 느껴 그들을 기쁘게 하려는 욕구로부터 아니면 명예심, 즉 다른 사람들이 자신을 어떻게 생각하는지에 대한 관심으로부터 도덕에 들어맞는 행위를 하기도 한다. 이들도 여러 측면에서 칭찬받을 수 있지만 이들은 덕을 갖추지 못했기 때문에 숭고하지는 않다(2. 217~220; 60~63면).

여기서 칸트는 칸트가 후기에 쓴, 정통적인 윤리적 저술로 여겨지는 것들만을 읽은 사람들이 일반적으로 생각하는 것보다 인간 감정

---

34) 여기서 나는 Henrich(1957)의 견해에 따랐다.

의 풍부함을 훨씬 더 잘 이해하고 있었음을 드러낸다. 칸트는 비이기적인, 심지어 고결하기까지 한 동기들이 다양하게 존재함을 인정하면서도 이들이 일관적이지 않다는 것과 이들 중 대부분이 쉽게 그릇된 행위를 초래하기도 한다는 것을 우려한다. 오직 보편적인 애정이라는 강력한 감정만이 더욱 구체적이고 관대한 감정을 통제할 수 있으며 따라서 우리를 올바르게 행위하도록 만든다. 그리고 "이 감정은 적절한 보편성을 지니게 되자마자 숭고해지면서 더욱 냉철하게 된다"(2. 216; 《고찰》: 58면). 그렇다면 여기서 칸트가 칭찬하는 "원리들은" 냉철하고 불변적일 뿐만 아니라 보편적으로 적용되는 것이기도 하다. 사실 《고찰》에서 칸트는 동기부여에 관한 한 정서주의자의 관점을 택하지만 그가 의지하는 정서는 지극히 이성적인 것이다.

칸트는 《고찰》에서 우리가 옳고 그름을 판단하면서 기준으로 삼는 원리를 논의할 기회를 만들지 않는다. 그리고 그가 당시에 쓴 다른 중요한 저술을 보면 이런 원리가 무엇인지 명확한 관념을 아직 형성하지 못했음을 알 수 있다. 1762년 그는 베를린 학술원의 현상 응모에 "자연신학과 윤리학 원리의 구별"(The Distinctness of the Principles of Natural Theology and Ethics, TP: lxii~lxiii면, 이하 "구별"로 약칭)이라는 논문을 제출했다. 그가 도덕에 대해 다룬 내용은 채 네 단락에 못 미치지만 그는 여기서 출판된 저술을 통틀어 최초로 도덕판단의 원리들을 분명히 다루려는 노력을 드러낸다(2. 298~300; TP: 272~274면). 칸트는 비록 우리가 허치슨 덕분에 몇몇 "아름다운 관찰들에" 주목하기 시작했다고 말하면서 감사를 표하지만 완전히 허치슨에 반대되는 방식으로 자신이 "의무의 근본 원리"라고 부른 바를 집중적으로 다루는데 이는 매우 중요하다. 압축적이지만 다소 명쾌하지 않은 듯도 한 그의 논의는 의무 개념에 대한 볼프와 크루지우스 사이의 견해 차이로부터 비롯되었다. 이들의 견해는 몇몇 대중적인 학자들에 의해서 널리 알려졌다. 이런 학자들 중에는 볼프주의적인 저술인 《전체 철학의 제일근거들》(*Erste Gründe der gesammten Weltweisheit*)을 1730년대에서 1780년대까지 무려 8판이나 출판했던 고트셰드(Johann Christoph Gottsched), 대학에서 인기를 끌었던 교수로 크루지우스의 도덕에 관한 세련된 강의를 1770년 유고의 형태로 출판한 겔러트(Christian Fürchtegott Gellert) 등을 예로 들 수 있다. 칸트 자신 또한 바움가르텐이 쓴 볼프주의 중심의 교재로 강의하기도 했고, 18세기 중반의 대표적인 두 독일 철학자의 상반되는 견해를 그대로 옮기거나 아니면 뮐러(August Friedrich Müller)의 저술처럼 서로 다른 수준으로 혼합한 다른 많은 교과서를 사용하기도 했다. 하지만 칸트는 이 두 철학자를 넘어서려 했다.

칸트는 "구별"에서 자신이 무척 멀리까지 나아갔다고 주장하지 않는다. 이와는 정반대로 그는 자신의 목표가 자유로운 행위나 정의가 신 안에서 또는 "심지어 우리 자신 안에서도" 일어나지만 왜 이런 개념을 제대로 파악하지 못하는지, 그 이유를 설명하는 것이라고 말하고 논의를 시작한다(2. 297; *TP*: 271면). 이 논문의 주제는 기본 원리들과 관련해 확실성에 이를 수 있느냐는 것이다. 칸트는 어떤 경우든 충분한 논증을 위해서는 형식적 원리와 실질적 원리가 모두 필요하다고 주장한다(2. 294~295; *TP*: 268~269면). 그렇다면 도덕의 영역에서 어떤 원리가 우리에게 확실성을 제공하는가?

칸트는 한 종류의 기본 원리를 즉각 거부한다. 즉, 수단의 필연성

을 주장하는 원리는 결코 도덕의 제일원리가 될 수 없다. 수단의 필
연성은 사실상 "어떤 의무도 나타내지 않기 때문이다". 오직 법적 필
연성(necessitas legalis)의 원리만이 도덕적 의무의 원리일 수 있다.
법적 필연성이라는 용어는 크루지우스에게서 빌려 온 것이다. 35) 하
지만 칸트는 크루지우스보다 한 걸음 더 나아간다. 칸트는 여전히
수단 및 목적의 틀 안에서 사고를 전개하면서 의무는 오직 "그 자체
로 필연적인 목적에 속하는" 행위를 위해서만 존재한다고 말한다.
앞서 크루지우스도 주장했듯이 이는 의무가 행위자 자신의 욕구와
는 무관한 목적에 의존한다는 점을 암시한다. 하지만 칸트는 이를
명백하게 언급하지는 않는다. 칸트는 무엇이 도덕적 지식의 기초로
작용할 수 있는지 예시하면서 볼프와 크루지우스의 원리 모두를 구
체적인 예로 사용한다. "최대한 완전하라"와 "신의 의지를 따르라"
모두가 수단이 아닌 행위 자체를 명령하는 한 기본 원리가 될 수 있
다. 그리고 칸트는 이런 종류의 규칙이 논증될 수 없는 까닭은 오직
수단의 필연성에 관련되는 실천 명제만이 ― 물론 그런 수단이 추구
하는 목적을 받아들인다는 가정에 기초해서만 ― 참인 것으로 증명
될 수 있기 때문이라고 덧붙인다. 36)

이 지점에 이르러 칸트는 크루지우스의 견해를 포기하고 볼프의
원리가 행위에 관한 제일의 형식적 원리라고 선언한다. 그렇다면 이
런 형식적 원리에 어떻게 내용을, 즉 완전성을 구성하는 상세한 요

---

35) 앞의 제 20장 6절에서 논의한, 크루지우스, 《충고》: 162, 301면 참조.

36) 여기서 칸트는 어떤 목적에 대한 수단을 사용하는 것에 대한 원리는 분석적
이기 때문에 증명 가능한 반면 도덕 원리에서는 주어와 술어를 동일시할 수
없다고 생각하는 듯이 보인다.

소들을 부여할 수 있는가? 칸트는 이를 위해서는 감정에 호소해야 하는데 그 까닭은 우리가 선을 경험하는 방식이 바로 감정이기 때문이라고 말한다. 그는 또한 신의 의지에 맞서는 것은 바로 추함을 드러낸다는 사실이 또 다른 실질적 원리를 제공하지만 이 원리는 완전성의 형식적 원리 아래에 놓여야만 한다고 말한다. 바로 이런 맥락에서 "허치슨을 비롯한 다른 인물들이" 우리에게 출발점으로 제시한 바, 즉 그들이 도덕적 감정이라고 부른 바가 실질적인 제일원리가 된다(2. 298~300; *TP*: 272~274면).

따라서 칸트가 감정을 《고찰》에서 암시되듯이 일종의 동기로서뿐만 아니라 도덕 판단의 근거를 형성하는 근원 중 일부로 여겼다는 점이 "구별"을 통해서 명백히 드러난다. 또한 감정이 우리를 인도하는 데 기여하도록 도입되는 방식도 큰 중요성을 지닌다. 이제 칸트는 자연스러운 욕구를 불러일으키는 선에 대한 감정도 도덕적 의무에 포함된 필연성을 제공하는 형식적 원리 아래에 놓여야 하지만 그런 감정이 그 자체만으로 우리를 구체적으로 인도할 수는 없다고 말한다. 앞서 루소의 《에밀》에 등장했던 사제는 선에 대한 감정이 우리를 인도할 수 있다고 생각한 듯하지만 칸트는 이 감정이 그 자체만으로 그렇게 할 수 있다는 생각을 허용하지 않는다. 이런 감정에 형식적 제약을 부과함으로써 칸트는 루소로부터 직접 물려받은 문제, 즉 도덕에서 감정의 역할에 관한 문제에 대해 답한다.

이 문제는 1764년 헤르더가 수강했던 윤리학 강의에서 칸트가 분명히 언급했던 것이기도 하다. 헤르더의 기록에 따르면 칸트는 "타고난 양심과 획득된 양심을 구별하기는 몹시 어렵다. 획득된 양심 대부분이 타고난 것으로 여겨지기도 한다"(27. 42; *LE*: 18면)고 말했다. 루소의 사제는 양심이 인도하는 바에는 결코 오류가 없다고 말하면서도 뒤이어 "획득된 관념을 우리가 타고난 정서와 구별해야만 한다"고 주장한다(《전집》 IV. 599; 《에밀》: 289면). 루소는 인간의 본성이 역사의 전개와 더불어 크게 변질되고 타락해 "우리 중 어느 누구도 인간의 최초 본성이 어땠는지 알지 못한다"고 생각한다(IV. 407~408; 151면). 사제는 양심이 무언가 말할 때 양심을 "인식하는 방법을 알아야만 하는데" 양심은 "현재 우리가 완전히 잊어버린" 자연의 언어로 말하므로 이를 알아들을 수 있는 사람이 거의 없다고 주장한다(IV. 601; 290~1면). 루소가 말하듯이 "우리의 마음은 오직 자기 자신으로부터 법칙을 받아들이는지도" 모른다(IV. 521; 234면). 하지만 마음이 타락하면 가장 단순한 농부조차도 어떻게 마음의 반응에 의지해 행위를 인도할 수 있겠는가?

칸트는 상당 기간 동안 허치슨이나 루소와 마찬가지로 전통적으로 받아들여졌던 것처럼 이성으로 여겨지는 바만을 통해서는 우리가 행위에 이르지 못한다고 믿었다.[37] 하지만 감정 또한 그 자체만으로는 어떻게 각각의 행위자가 적절한 역할을 수행해 도덕적 세계를 구성하는지 설명하기에 충분하지 않은 듯 보인다. 칸트는 특히 우리의 타락한 감정은 개인에 따라서 그리고 때에 따라서 너무나 큰 차이를 드러내기 때문에 도덕적 질서의 근원이 될 수 없다고 생각한

---

[37] 이 점은 앞서 지적한 대로 칸트의 초기 주석에서 분명히 드러난다. 《순수이성비판》에서 칸트는 만일 내세에서 덕을 보상받지 못한다면 우리는 도덕법칙을 결코 "목적이나 행위의 근원이" 될 수 없는, "우리의 두뇌가 만들어 낸 공허한 허구"로 여기게 될 것임이 분명하다고 언급한다. 《순수이성비판》 A811~13=B839=41.

다. 오직 이성만이 세계에 통용되는 법칙이 요구하는 필연성을 산출할 수 있다. 하지만 모든 사람들이 동등하게 이런 종류의 이성에 접근할 수 있어야 한다. 또한 이런 이성은 감정 이상의 무엇임과 동시에 감정만큼 직접적인 것이어야 한다. 여기서 언급되는 이성의 능력은 우리를 움직일 뿐만 아니라 우리가 따라야만 하는 길을 제시해야 한다. 따라서 이는 감정이나 욕구와 같은 정도로 우리 자신의 일부여야 하는데 이것은 이성이 교정되고 조절될 수 있음을 의미한다. 하지만 이성은 우리가 지닌 더욱 깊이 있는 어떤 부분, 즉 칸트가 1765년 강의 공지에서 표현한 대로 "인간의 불변적인 본성" 중 한 부분이어야만 한다(2. 311; *TP*: 298면). 자유와 마찬가지로 이성은 시간과 변화의 틀 안에 묶일 수 없다. 이런 이성이 존재해야 하는 까닭은 이성이 없다면 도덕을 구성하는 특유한 의무를 설명할 수 없기 때문이다. 하지만 이성을 어떻게 설명할 수 있는가?

6. 도덕과 두 세계

칸트는 설령 이 질문에 확실하게 답하지는 못하더라도 최소한 추측이라도 해야만 했다. 칸트는 이런 내용을 1766년에 처음으로 출판했는데 — 거의 농담에 가까운 수준이었다. 이는 《영혼을 본다는 자의 꿈》(*Dreams of a Spirit-Seer*)에서 스베덴보리(Swedenborg)를 냉소적으로 검토하면서 등장한다. 여기서 칸트는 솔직히 영혼에 관해서는 아무것도 알 수 없다고 주장하면서 사실 우리는 영혼(*Geist*)이라는 단어의 정확한 의미조차도 파악할 수 없다고 덧붙인다(2. 320;

TP: 307면). 또한 그는 일부 사람들이 영혼의 존재를 반박하는 것이 아니라 영혼에 관한 어떤 주장이라도 제시하려 한다면 그들을 정신 나간 사람들로 여기는 편이 당연하리라고 매우 확고하게 말한다(2. 348; *TP*: 335면). 이렇게 말하면서도 칸트는 마치 이런 영역에서 그럴듯한 공상에 빠지는 일이 그리 어렵지 않다는 사실을 보이려는 듯이 영혼의 세계와 우리가 지각하면서 살아가는 현실 세계 사이의 관계를 다루는 견해 하나를 요약해 제시한다.

이런 견해가 그럴듯하게 ─ 칸트 자신도 속아 넘어갈 정도로 무척이나 그럴듯하게 ─ 보이는 까닭은 우리가 사는 세계에 **생명**이 존재하는데 영혼이 생명의 원리임에 틀림없는 듯하기 때문이다. 이 생명은 "선택 능력에 따라서(*nach Willkür*) 스스로 자신을 규정하는 내적 능력으로" 이루어진다(2. 327n; *TP*: 315면). 따라서 우리는 영혼을 자발적으로 작용하는 것으로 생각하며, 또한 영혼은 공간을 차지하지 않기 때문에 비물질적인 세계를 형성해 서로 직접 교통함에 틀림없다고 생각한다. 어떤 지성을 지닌 영혼이 올바른 물체와 접촉하게 되면 인간이 형성되는 반면 지성이 없는 영혼이 물체와 연결될 경우 동물 또는 심지어 식물이 형성된다(2. 330~332; *TP*: 317 ~319면). 그리고 여기에 이르러 칸트는 다소 농담조로 대담한 질문을 던진다. 왜 나는 내가 말한 바를 증명하는 데 열중해야 하는가? 왜 내가 말한 바는 증명된 것만큼이나 유용하다든지 아니면 언젠가는 증명되리라고 가장 학문적인 태도로 주장해서는 안 되는가? 이렇게 하면 어려운 사고에서 벗어날 수 있을 텐데(2. 333~334; *TP*: 320면)! 그런 다음 칸트는 곧바로 자신의 견해를 제시한다.

그는 영혼이 규칙적으로 물체의 세계와 접촉한다고 주장한다. 이를 통해서 "인간의 마음을 움직이는 여러 힘 중 가장 강력한 몇몇 힘은 마음 밖에 놓여 있는 듯이 보인다"는 사실을 설명할 수 있다. 우리는 우리 외부의 의지와 같은 무언가가 우리 안에서 작용하며, 우리가 자신의 욕구에 따라 행위하기에 앞서 이런 욕구가 우리를 자극해 무언가를 행하도록 만든다는 사실을 받아들여 "우리 자신이 어떤 감각에 의해서 구속되고 제한된다"고 생각할 경우에만 우리의 이기적인 욕구를 이해할 수 있다. 칸트는 "이런 감각이 도덕적 충동을 일으키는 근원 중 하나인데 이는 자주 우리를 자기이익이 명령하는 바와 반대되게 행위하도록 이끈다"고 말한다. 칸트는 이런 도덕적 충동의 예로 "강력한 의무의 법칙 그리고 다소 약한 자비심의 법칙을" 드는데 이는 그가 푸펜도르프의 전통에서 완전한 의무와 불완전한 의무로 불리는 것을 자신의 방식으로 표현한 것이다.[38] 이를 통해 "우리의 가장 은밀한 동기가 일반 의지의 규칙에 의존한다는 점을" 알 수 있는데 이런 의지는 사고하는 존재들의 영역에서 순전히 정신적인 법칙에 따라 도덕적 통일과 체계적 구성을 낳는다. 뉴턴은 입자들이 서로 끌어당기는 힘을 "중력"이라고 부름으로써 이런 힘의 본성에 관한 형이상학적 논의를 도입하지 않고도 그것의 진정한 원인을 지적했다. 만일 우리가 이기적 행위에 대해 느끼는 낯선 거부감을 "도덕적 감정"이라고 부를 수 있다면 우리는 내부에서 경험하는 바를 설명하지 않고도 뉴턴과 같은 방식으로 이런 명칭을 사용할 수 있을 듯하다(2. 334~335; *TP*: 321~322면).

---

38) 이 주제에 관한 칸트 견해의 발전과정에 대한 간략한 논의로는 뒤의 제23장 6절 및 각주 26 참조.

칸트는 이런 생각이 매력적이라고 생각하는데 그 까닭은 특히 이런 생각이 도덕적 세계에 존재하는 듯한 외견상의 무질서를 제거하는 데 도움이 될 뿐만 아니라 도덕적 세계와 물리적 세계 사이의 차이를 해소하는 데도 유용하기 때문이다. 물리적 세계는 물질의 법칙에 따라 스스로 질서를 드러낸다. 만일 위와 같은 생각이 옳다면 어떻게 도덕적 세계가 이와 유사한 질서를 지니는지도 알 수 있게 된다. 행위의 도덕성은 순전히 정신적인 요소이기 때문에 행위가 낳는 진정한 결과는 오직 정신의 세계에서만 지각될 수 있을 것이다. 그렇다면 심지어 현세에서도 인간이 어떤 도덕적 성향을 보이는지에 따라 그가 세계에서 차지할 적절한 위치가 직접 결정된다. 물론 현세를 살아가는 동안 이런 일이 확연히 드러나지 않을지도 모른다. 하지만 사후에 선한 사람들이 받게 되는 보상은 현세의 삶이 이어진 결과라고 볼 수 있으며, 이런 방식으로 접근하면 특별한 신의 개입이 없이도 세계의 운행을 설명할 수 있을 듯하다. 칸트는 이것이 위와 같은 견해가 지닌 가장 바람직한 특징이라고 생각한다(2. 335~337; TP: 322~325면).

어쨌든 이는 그리 진지하게 제시된 내용은 아닌 듯하다. 이것이 농담이든 그렇지 않든 간에 현재 우리는 이를 우리가 아는 칸트의 성숙기 이후 견해에 비추어 해석하려는 경향이 있다. 그렇더라도 칸트의 초기 견해에 영향을 미친 이전 사상들은 매우 놀라울 정도로 범위가 넓다. 라이프니츠가 제시한 자연과 은총의 왕국으로 거슬러 올라가 보면 이는 도덕과 그것이 전제하는 것을 변신론의 일부로 파악하려 했던 칸트의 오랜 노력을 더욱 정교하게 만들었다. 이런 노력에서 다소 간략한 형태로 제시된 형이상학적 견해는 루소의 《에밀》에 등장하는 사제가 언급한, 도덕적 세계에 포함된 무질서라는 문제에 대한 반응이라 할 수 있다. 칸트는 허치슨이 제시한 형태와는 다소 다른 방식으로 도덕적 감정을 이해하려는 시도를 계속하는데 이는 앞서 언급한 칸트의 초기 주석 중 한 대목에서 암시된다. "도덕적 감정은 의지의 완전성에 대한 감정이다."(136. 16; 109. 5) [39] 이 대목은 초기 저술에서보다 훨씬 더 명확하게 비록 칸트가 도덕적 세계를 허치슨과 같은 측면에서 생각했지만 도덕적 세계에 대한 허치슨식의 결정론적 자연주의를 (앞의 제16장 3절 참조) 거부했음을 보여 준다. 허치슨이 자기애와 자비심을 뉴턴의 인력 및 척력과 같은 것으로 보고 이들이 인간 세계의 질서를 유지한다고 생각했던 반면 칸트는 이제 이들을 자유로운 정신적 세계에서 작용하는 도덕적 힘으로 자리매김하도록 하면서 이들이 자연 세계에서 통용되는, 자기이익을 추구하려는 힘을 규제한다고 주장한다.

초기 견해를 통해 칸트는 루소의 열정적인 주장에 대해 냉철하게 생각할 준비를 충분히 마쳤다. 오직 자유와 자기규율에 관한 루소의 주장만이 칸트를 자율로서의 도덕이라는 견해에 이르도록 이끌지는 않았다. 칸트를 이런 방향으로 이끄는 데 훨씬 더 큰 영향을 미친 것은 루소의 매력적인 글을 통해서 그의 안에서 일어난, 일반인의 도덕적 통찰을 존중해야 한다는 도덕적 전환이었다. 칸트는 도덕감을

---

39) 또한 147. 10, 118. 1의 다음 대목도 참조. "내적인 감각은 도덕법칙을 판단하는 논리적 원리로 인증될 경우 신비한 특성을 드러낸다. 이는 마치 근거를 알 수 없는 영혼의 능력이 현상을 판단하는 원리로 인증되는 것과 같다." 주석의 이 두 대목은 칸트가 처음부터 도덕 판단에 대한 "도덕감" 이론을 바로 지지했다고 보기 어렵다는 점을 암시한다.

강조한 학자들의 주장을 통해 어떻게 이성이 도덕적 동기를 부여할 수 있는지와 관련한 중대한 문제가 제기된다는 점을 명백히 깨달았다. 하지만 처음에는 볼프의 사상을, 그 다음에는 인간의 감정이 타락해 변하기 쉽다는 루소의 강조점을 받아들임으로써 칸트는 도덕적 정서가 우리를 질서 있는 도덕적 세계로 인도할 수 있다는 생각을 전적으로 수용하지는 않았다. 루소는 어떻게 도덕적 세계가 실현될 수 있는지 설명하기 위해 자아의 변형을 필요로 했다. 칸트는 일상인들이 설령 악하게 행위한다 할지라도 존중받아야 한다고 생각했으며, 이를 통해 왜 자신이 인간 본성의 불변적인 측면에 근거한 도덕을 제시하려 하는지 설명했다. 이 점을 명확히 드러내는 과정에서 칸트는 자기규율의 원리를 발명했으며 이를 통해 그는 어떻게 우리가 자기 자신을 도덕적으로 인도하는지 설명할 수 있다고 생각했다. 그는 주석의 한 대목에서 다음과 같이 말한다.

> 의지가 행위로 이어질 수 있는 한 그 행위는 선하다. 하지만 이런 선함은 오직 의지만의 선함으로 여겨지기도 한다. … 중요한 문제들과 관련해 의지가 원했다는 것만으로 충분하다. 그리고 이런 절대적 완전성은 이로부터 실제로 무언가가 발생하든 그렇지 않든 간에 도덕적이라고 불리며, 바로 이런 이유 때문에 도덕적으로 규정되지 않은 무언가라고 불릴 수 없다(148. 8; 110. 21).

제 23 장

도덕철학사에서 칸트의 위치

스토이틀린(Stäudlin)은 칸트가 오직 혼자 힘으로 도덕철학의 혁명을 일으켰다고 주장했다. 그는 다음과 같이 말한다.

칸트가 무대에 등장했을 때 독일에서는 도덕뿐만 아니라 종교와 기독교까지도 행복의 원리에서부터 이끌어 내려는 경향이 지배적이었다. 누구나 행복을 향한 자연스러운 충동으로부터 출발해 이것이 모든 의무와 덕들을 인도한다고 주장했다. … 칸트는 이런 주장이 만족스럽지 못하다는 점을 1763년에 깨달았다. … 〔《도덕 형이상학 기초》를 출판한〕 1785년 이후 그는 도덕철학사의 새로운 시대를 열었으며 … 도덕에 관한 철학적 탐구에서 혁명을 일으켰다. 1)

---

1) Stäudlin(1822): 960~961면. 스토이틀린이 언급한 1763년에 출판된 저술은 앞 장에서 언급한 《자연신학 원리와 도덕 원리의 구별에 관한 탐구》인데 사실 이 저술은 1764년에 이르러서야 출판되었다. *TP*: lxiv면 참조. 칸트에

칸트가 도덕철학을 진정으로 혁신했다는 스토이틀린의 믿음, 그리고 우리의 믿음에는 충분한 근거가 있다. 하지만 스토이틀린의 언급은 칸트가 정확히 어디서 어떻게 도덕철학을 변화시켰는지 보여주는 데는 별다른 도움이 되지 않는다. 수많은 철학자들이 사실상 행복이 우리를 모든 의무와 덕들로 인도한다고 주장해 왔다. 하지만 칸트가 혁명적인 까닭은 이런 견해를 거부했기 때문이 아니다. 우리도 앞서 살펴보았고 스토이틀린도 완벽하게 잘 알고 있듯이 이미 독일에서도 다른 많은 학자들이 이런 견해를 거부했다.[2] 스토이틀린은 칸트의 독창성을 인식하고 확인하려 했던 칸트주의자였다. 나는 칸트가 이전 철학자들과 동시대 철학자들이 도덕철학의 일부로 여겼던 문제와 방법들을 어떻게 다루었는지 다소 중립적인 태도로 살펴보려 한다.

내가 지금까지 논의의 대상으로 삼았던 모든 문헌 자료를 칸트가 읽었을 가능성은 전혀 없는 듯하다. 예를 들어 나는 칸트가 푸펜도르프의 저술을 읽었거나 말브랑슈의 《도덕론》을 알았다고 여길 어떤 증거도 발견하지 못했다. 칸트는 이전 철학에 관한 지식 대부분을 브룩커(Brucker)의 방대한 철학사에서 얻었는데 브룩커는 종교

대한 다른 평가로는 영국 철학사가인 블래키(Blakey)의 언급을 참조. 그는 유럽 대륙의 철학자들이 대체로 "터무니없는 이론을 채택해 무모하고 황당한 추측을 일삼는 성향을 보인다"고 말하면서 특히 칸트는 도저히 이해할 수 없다고 주장한다. "기독교 시대부터 15세기에 이르기까지 수많은 학파에서 사용된 난해한 표현을 모두 모은다 하더라도 칸트의 비판 철학이 보이는 모호함에는 훨씬 미치지 못할 것이다." Blakey(1833), II. 299, 313.

2) Stäudlin(1822)을 보면 스토이틀린 자신도 위에서 인용한 대목의 바로 앞 954면에서 겔러트(Gellert)가 크루지우스적 내용으로 강의함을 지적한다.

철학이나 형이상학, 지식 이론 등에 비해 윤리학을 덜 다루었으며, 더욱이 근대의 도덕철학자들에 관해서는 고대의 도덕철학자들에 비해 훨씬 덜 언급했다. 하지만 칸트는 몽테뉴로부터 자신이 살았던 시대까지 등장한 도덕적 주제들을 대부분 잘 알고 있었다. 그가 도덕에 관한 논의의 방향을 바꾸는 데 기여한 것은 결코 우연히 일어난 일이 아니었다.

1. 신과 동등함

칸트가 생각한 자율로서의 도덕이라는 개념은 그저 느닷없이 발명된 것이 아니다. 칸트는 최소한 우리들 중 일부라도 지식을 통해서 자기규율에 이를 수 있다는 볼프의 견해로부터 영향을 받았으며, 루소뿐만 아니라 영국 도덕철학자들의 저술 또한 기반으로 하여 더욱 풍부한 동시에 더욱 평등주의적인 자기규율의 개념에 이르게 되었다. 칸트 자신의 저술 또한 이전에 제시되었던 복종으로서의 도덕이라는 개념에 대한 몇 가지 대안을 고찰하는 과정에서 등장했다. 도덕의 본질이 복종이라는 생각은 17세기 말에 이르기까지 거의 도전받지 않았다. 이런 생각은 두 가지 본질적인 요소로 구성되는데 그중 하나는 인간이 신과 적절한 관계를 유지해야 한다는 것이다. 우리는 피조물로서 우리를 창조한 신의 명령에 복종함으로써 신에 대한 경의와 감사를 표시해야 하는데 이는 종교적 숭배뿐만 아니라 도덕까지도 포괄한다. 다른 한 요소는 인간의 도덕적 능력과 관련된다. 대부분의 사람에게는 자신을 도덕적으로 적절하게 인도하기에 충분한 능력이 없다. 사람 대부분은 의지가 박약할 뿐만 아니라 욕구와 정념에 지나칠 정도로 강력하게 이끌리기 때문에 죄에는 처벌이 뒤따른다는 위협을 받거나 선행에는 보상이 주어진다는 약속을 받지 못하면 올바르게 행위하지 못한다. 따라서 대다수의 사람은 신을 이해하고, 따르고, 신의 도덕적 질서를 배운 예외적인 소수의 결정을 존중하고 받아들여야 한다. 그리고 이런 소수조차도 다른 사람들과 마찬가지로 모두를 지배하는 신에게 겸손하게 순종하는 삶을 살아야 한다.

자기규율로서의 도덕이라는 개념을 확보하려 한 철학자들은 위의 두 가정에서 모두 벗어나기 위한 노력을 계속했다. 신학에 관한 논쟁과 도덕심리학에 관한 논쟁을 서로 분리하는 것은 다소 인위적이기는 하지만 사실상 유용하다. 나는 신학적 측면에 더 큰 비중을 두고 논의를 시작하려 하는데 그 까닭은 앞 장에서 주장했듯이 그것이 바로 칸트의 출발점이기도 하기 때문이다.

앞의 몇몇 장에서 나는 주의주의, 즉 신이 자신의 의지에 따라 명령을 내림으로써 도덕이 창조되었다는 이론이 근대 도덕철학의 전개 과정에서 핵심적인 역할을 했다고 주장해 왔다. 주의주의는 루터와 칼뱅의 신학, 데카르트, 홉스, 푸펜도르프, 로크의 철학 사상 등에서 매우 중요한 위치를 차지한 반면 주의주의가 불러일으킨 문제들을 피하려 한 학자는 신앙을 갖지 않은 몇 사람의 철학자, 예를 들면 흄과 급진적인 프랑스 사상가들, 벤담 정도에 그친다. 이들을 제외한 모든 학자들은 어떤 방식으로든 신이 도덕에 필수적이라고 주장했다. 도덕에서 신이 차지하는 역할에 대한 주의주의적 설명에 반대하는 학자들은 이 이론이 신과 인간 사이에 형성될 수 있는 일종의 공동체, 따라서 우리들 사이에 형성될 수 있는 공동체에 관해 암시하는 바를 **도덕적** 측면에서 거부했다. 이들은 주의주의라는 이론은 우리가 신을 사랑할 수 없도록 만든다고 주장했다. 따라서 이 이론은 기독교의 가장 중요한 도덕적 요구를 배제하고 만다. 그리고 신에 대한 사랑이 불가능하다면 이로부터 우리 인간들 사이의 관계에 대한 일반적인 도덕적 이해는 영향을 받지 않을 수 없다. 오직 신과 인간이 동일한 원리들을 받아들이고, 도덕적 공동체를 구성하는 모든 구성원들이 상호 이해를 바탕으로 이 공동체를 굳건히 형성할 경우에만 신이 전제군주처럼 군림하고 인간들은 노예처럼 복종하는 도덕에서 벗어날 수 있다.

따라서 주의주의에 반대하는 학자들은 도덕이 신과 우리에게 모두 타당한 원리들을 포함한다는 사실을 보여야만 했다. 신과 우리는 이런 원리들의 이성적 근거 또는 핵심뿐만 아니라 이 원리가 요구하는 행위까지도 공통적으로 이해할 수 있어야만 한다. 컴벌랜드, 라이프니츠, 클라크 그리고 프라이스의 저술에서 명백히 드러나듯이 이런 요구를 충족시킬 수 있는 듯이 보이는 유일한 원리는 매우 추상적이어서 결국 실천적 추론의 필수 조건을 명확히 제시하는 실천적 추론의 필수 조건도 추상적인 원리일 수밖에 없다. 반주의주의자들은 또한 우리와 신이 어떻게 요구된 행위에 대해 유사한 동기를 부여할 수 있는지도 설명해야만 했다. 그리고 이런 동기는 우리가 행해야 하는 것을 행하면서 마치 신처럼 자유롭게 행위한다는 사실을 보여 주는 것이어야 한다. 마지막으로 주의주의의 비판자들은 그들에 반대하는 학자들의 주장, 즉 신이 도덕에 필수적이라는 사실을 부정하는 것은 곧 무신론과 다름없다는 주장에 동의했기 때문에 신이 도덕의 창조자가 아니면서도 여전히 도덕을 유지하는 데 반드시 필요하다는 것을 설명해야만 했다.

《도덕 형이상학 기초》(이하 《기초》로 약칭)의 서문에 등장하는 지적을 보면 칸트가 반주의주의자들과 같은 진영에 서 있다는 점이 명확히 암시된다. 칸트는 의무와 도덕법칙에 대한 일반적인 관념에 비추어 볼 때 어떤 경험적인 것과도 무관한, 순수한 도덕철학이 존재함에 틀림없음이 "자명하다"(*leuchtet von selbst …ein*)고 말한다.[3] 그는 진정한 도덕법칙이 있다면 그것은 "단지 인간뿐만 아니라 더 이상 살펴볼 필요도 없이 다른 모든 이성적 존재에게도 적용된다"는 점에 모든 사람이 동의하리라고 말한다(4. 389; 《기초》: 5면).[4] 만일 칸트가 신과 인간에게 공통되는 어떤 법칙이 존재한다는 점을 명확히 부정한 푸펜도르프를 (앞의 제7장 7절) 몰랐더라면 그는 크루지우스와 라이프니츠의 《변신론》을 탐구함으로써 주의주의자들이 자신의 주장을 부정하리라는 사실을 배우게 되었을지도 모른다. 그리고 어쩌면 그들을 지지했을지도 모른다. 하지만 칸트가 자신의 주장을 자명하다고 생각할 수 있었다는 점은 매우 놀라운 일이다.[5] 그러나 도

---

3) 이보다 앞서 《순수이성비판》에서 칸트는 단지 세계를 다스리는 "통치자의 의지로부터 도출된 우연적인 것을" 도덕법칙으로 여겨서는 안 된다고 말함으로써 주의주의를 분명히 거부했다. 《순수이성비판》 A818-19=B846-47.

4) 또한 강의록에 등장하는, "덕은 천사들보다 우리에게 더 큰 짐이 되는데 그 까닭은 천사들에게는 그렇게 많은 방해물이 없기 때문"이라는 지적도(2. 27. 292; *LE*: 84면) 참조.

5) 내가 아는 한 이 점에 주목한 주석가는 없었다. 대부분의 주석가는 《기초》의 서문을 상세히 논의하지 않는다. 비트너(Rüdiger Bittner)만이 "도덕 형이상학 기초의 기획"(Das Unternehmen einer Grundlegung zur Metaphysik der Sitten, in Höffe 1989: 13~30면)에서 서문을 자세히 검토했

덕적 공동체에 신이 포함되어야 한다는 검토되지 않은 가정을 근거로 칸트는 단지 인간뿐만이 아니라 모든 이성적 존재에게 적용되는 도덕법칙이 존재함이 틀림없음을, 그리고 이를 설명하기 위한 순수하고 경험과 무관한 도덕철학 또한 성립한다는 점을 자명하게 보는 듯하다. 칸트가 이런 가정을 도입한다는 점은 명백하다.

칸트가 반주의주의적인 도덕적 관점을 취한다는 점을 암시하는 또 다른 요소는 노예 상태에 대한 그의 태도이다. 앞 장에서 지적했듯이 칸트의 초기 주석을 보면 이성적 존재가 다른 존재의 명령이나 욕구에 의존한다는 생각에 칸트가 얼마나 강력하게 반대했는지 잘 알 수 있다. 그는 이런 관점이 우리가 자유로운 행위자라는 본질적인 주장과 모순을 일으킨다고 생각했다. 성숙기에 접어든 후 칸트는 반주의주의자들이 항상 했던 정도로 노예 상태를 비난하는 데에 그치지 않는다. 그는 노예 상태가 왜 잘못인지 적극적으로 설명한다. 우리의 인격 안에 있는 인간성은 우리 자신을 존중할 것과 함께 의무이기도 한 목적을 추구할 것을 요구하는데, "비굴하게, **노예성**에서가 아니라 자신의 이성이 부과하는 의무를 지닌 인격체로서" 우리 자신의 존엄성을 항상 인식하면서 이를 추구할 것을 요구한다(6.434~

다. 그는 칸트가 도덕법칙의 모든 경험적 근거를 배제했다는 사실도 도덕법칙이 지닌 타당성의 범위를 모든 이성적 존재로 확장했다는 사실도 칸트가 도덕법칙에 부여한 필연성으로부터 도출되지 않는다고 주장한다. 하지만 그는 순수한 도덕철학이 존재함에 틀림없다는 점과 순수한 도덕이 모든 이성적 존재에게 구속력을 지닌다는 점에 주목하지는 않는다(25면). 지프(Ludwig Siep) 또한 "무엇을 위한 도덕 형이상학인가?"(Wozu Metaphysik der Sitten?, in Höffe(1989) : 31~44면)에서 서문에 관해 논의하지만 마찬가지로 위의 대목에 관심을 보이지 않는다.

437; 《도덕 형이상학》: 230~232면).

이런 지적들은 칸트가 반주의주의 편에 선다는 점을 보여 주는 사소한 증거일지 모른다. 하지만 자신이 생각하는 순수한 실천이성 원리로서의 기본적 도덕 원리에 대한 설명과 더불어 이런 원리가 이성적 행위자에게 이에 따라 행위할 동기를 부여한다는 주장을 보면, 그가 핵심적인 문제들에서도 반주의주의적 입장임이 명백하게 드러난다. 신이 도덕에 반드시 필요하다는 그의 설명 또한 주의주의의 반대자들 사이에 공통적인 주장이다. 후커로부터 라이프니츠와 볼프에 이르기까지 이들은 모두 우리가 도덕적으로 질서 잡힌 세계에 산다는 사실을 담보할 임무를 신에게 부여했다. 이런 세계에 대한 증거 중의 하나는 궁극적으로 덕이 있는 사람은 보상받고 덕이 없는 사람은 처벌받는다는 점이었다. 자유롭고 지적이지만 동시에 부족하고 의존적 피조물인 인간에게는 오직 이런 세계에서만 도덕이 의미를 지닐 수 있다. 칸트는 도덕적 행위자가 가져야 할 종교적 전망에 관해 논의하면서 신에게 이런 역할을 부여한다. 도덕적 행위자는 신의 왕국이 존재한다고 믿는데, "여기서는 자연과 도덕이 세계의 창조자를 통해서 조화를 이룬다. 이러한 조화는 행위자 각각에게는 낯설게 보일지도 모른다". 반주의주의자들은 자신들이 신의 질서가 존재한다는 믿음에 대한 이론적인 근거를 제시할 수 있다고 생각했다. 칸트는 신의 질서가 존재한다는 믿음이 자율 자체가 요구하는 바에 근거한다고 생각함으로써 전통적인 견해를 새로운 근거에 기초해 옹호한다(5. 128~129; 《실천이성비판》: 133~134면).6) 하지

---

6) 하지만 현세에서의 불의가 내세에서 교정되고 보상되어야 함을 근거로 영혼

만 이런 근본적인 전환도 그의 견해가 전통적인 입장과 상당히 유사하다는 것을 숨기지는 못한다.

칸트가 제시한 자율의 도덕이 주의주의와 결정적으로 반대되는 까닭은 우리뿐만 아니라 신까지도 인도하는 도덕법칙의 합리성이 신에게와 마찬가지로 우리에게도 명확하게 드러나기 때문이다. 하지만 도덕법칙이 신의 **의지**가 지닌 법칙이라는 칸트의 주장을 보면 또한 그가 주의주의자들로부터도 큰 영향을 받았음이 분명히 밝혀진다.

초기에 변신론을 제시하려고 시도하면서 칸트는 선한 것은 곧 신이 원하는 것이라는 주의주의적인 생각을 바탕으로 삼았다. 그는 신이 모든 가능성을 창조한다는 생각은 포기했지만 초기 단편들에서 처음 제시했던 선에 대한 설명은 결코 포기하지 않았다. 이 점은 성숙기 이후의 이론에서 칸트가 실천이성과 도덕법칙의 지배를 받는 자유의지를 동일시한다는 사실에서 잘 드러난다. 여기서는 가능성들의 창조에 관한 초기의 생각이 여전히 작용한다는 점도 발견된다. 그는 《실천이성비판》에서 다음과 같이 말한다. "선과 악의 개념은 도덕법칙에 앞서 정의되는 것이 아니라 … 오히려 법칙 이후에, 법칙을 통해서 정의되어야 한다."(5. 62~63; 《실천이성비판》: 65면) 또한 그는 계속 다음과 같이 주장한다. "선의 개념이 일종의 대상으로서 도덕법칙을 규정하고 가능하게 하는 것이 아니라 이와는 정반대로 도덕법칙이 ― 단적으로 이런 이름으로 불릴 만한 한에서 ― 선

불멸성을 주장했던 클라크나 다른 학자들과는 달리 칸트는 영혼 불멸성에 대한 믿음의 근거로 우리가 도덕적 완전성으로 나아가야 한다는 요구를 든다.

의 개념을 규정하고 가능하게 하는 것이다."(5.64; 66면)

따라서 선하다는 것은 도덕법칙의 지배를 받는 의지가 원한다는 것이다. 우리의 의지가 바로 그런 의지이며 신의 의지 또한 마찬가지이다. 칸트는 자신이 이전에 확립하려 했던 신과 선 사이의 관계, 즉 신이 선택한 결과가 선이라는 관계를 이제 인간의 실천이성과의 관계로 바꾸어 놓는다. 그의 주장 중에 놀라운 점은 우리 모두가 동등하게 우리 자신이 따르는 법칙을 형성할 경우에만 신과 우리가 하나의 도덕적 공동체에 속한 구성원이 된다는 사실이다. 성숙기에 접어든 칸트는 조금도 주저하지 않고 행위자로서의 인간과 신을 서로 대등한 존재로 여긴다. 우리가 모든 목적을 조화로운 전체로, 도덕법칙에 의해서 가능해지며 또한 도덕법칙의 지배를 받는 전체로 형성하려 할 때 우리는 자신을 "신과 유사한 존재로" 생각하기도 한다.7) 라이프니츠는 우리는 자신의 영역에서 작은 신과도 같다고 주장했지만 우리의 의지가 도덕의 근원이라는 칸트의 이론을 받아들이지는 못할 듯하다. 크루지우스는 우리가 신과 같은 존재라는 라이프니츠의 주장을 단호히 거부했는데, 우리의 의지가 우리에게 법칙을 부여하며 이 법칙이 신에게도 똑같이 적용되어야 한다는 칸트의 주장을 접한다면 그는 아마 크게 분개하리라고 생각된다. 클라크는 우리가 신과 같이 될 수 있다고 말하지는 않을 듯하다. 하지만 그는 우리가 도덕적 지식을 신과 공유하고 신과 마찬가지로 그런 지식에 따라 움직이기 때문에 자기규율적이라고 생각했다. 하지만 칸트는

---

7) "그것은 이론상 옳을지 몰라도 현실에 적용될 수는 없다는 오래된 격언에 관해"(Concerning the Old Saying: That May Be True in Theory, but It Won't Work in Practice), 8.280 각주; *Political Writings*: 65면 각주.

우리를 신과 같은 발걸음을 내디디며 도덕적 공동체에 이르도록 만드는 것은 독립적이고 영원한 도덕적 진리에 대한 인식이 아니라고 주장한다. 그것은 바로 도덕법칙을 형성하고 그에 따라 살 수 있는 우리의 능력이다. 자율의 발명을 통해 칸트는 자신이 생각했던 바를 얻었는데 그것은 오직 신과 공유하는 세계에서 인간이 차지하는 지위에 대한 도덕적으로 만족스러운 이론이었다.

2. 자기규율에서 자율로

몽테뉴는 자신이 알았던 복종으로서의 도덕이라는 개념을 철저히 모두 거부함으로써 근대 도덕철학이 나아갈 길을 열었다. 하지만 이러한 거부는 그가 자신을 규율한 방식만큼이나 개인적인 수준에 머물렀다. 복종으로서의 도덕이 지닌 심리학적 전제들은 일찍이 1625년 처버리의 허버트 경이 누구나 도덕이 요구하는 바를 인식할 수 있으리라고 주장하면서부터 정식으로 도전받게 되었다. 그 후 수많은 철학자들이 본질적으로 동일한 주장을 반복해 제시했다.[8] 17세기

---

8) Barbeyrac, *Historical Account* II. 3~4 참조. 또한 하이네키우스(J. G. Heineccius) 는 1737년 라틴어로 처음 출판되고 그 후 1743년 턴불(George Turnbull) 에 의해서 영어로 번역된 자연법에 관한 저술에서 이와 같은 견해를 주장한다. "학문의 모든 원리는 참이고, 명확하고, 적절해야만 한다. 무엇을 위한 학문의 원리이든 간에 자연법과 관련해서 … 명확한 것으로 드러나야만 하는데, 지식인들이 이해할 수 있다는 의미에서가 아니라 많이 배운 사람뿐만 아니라 그렇지 못한 사람도 보편적으로 자신을 자연법에 따라야 할 의무 아래에 놓을 수 있다는 의미에서 그러하다. … 지나치게 미묘한 자연법의 원리는 의심스러운데 그 까닭은 자연법이 … 예외 없이 모든 사람에

중반 케임브리지 플라톤주의자들은 우리의 욕구를 홉스나 칼뱅주의 청교도들보다 더욱 희망적으로 묘사하기 시작했다. 이후 사상가들은ㅡ특히 케임브리지 플라톤주의자들로부터 직접 영향을 받은 샤프츠버리와 같은 몇몇 사상가는ㅡ이 점을 더욱 깊이 파고들었다. 결국 인간의 도덕심리학에 관한 다양하고 새로운 이론이 자기규율로서의 도덕 개념을 지지하는 데 활용되었다.

허버트의 논증에서 신은 우리를 얼마나 도덕의 요구에 일치하게 잘 행위했는지에 따라 심판한다. 그런데 신은 공정한 심판자이므로 행해야만 할 바를 인식할 능력을 우리 모두에게 부여했음이 틀림없다는 것이다. 복종으로서의 도덕 개념 배후에 깔린, 동기와 관련된 가정에 반대해 철학자들은 우리가 본성상 이기적이 아니며 자비심을 베풀려는 욕구 또는 다른 사람의 복지에 공평하게 만족할 줄 아는 능력이 있다고 주장하면서 바로 이것이 우리가 더욱 발전하기 위해 도덕이 요구하는 바라고 생각했다. 클라크는 행위의 동기를 도덕법칙에 대한 직접적인 인식과 바로 연결함으로써 우연적인 욕구를 넘어서려 했다. 프라이스와 리드는 클라크를 따라 모든 사람이 동등하게 도덕이 요구하는 바를 인식할 수 있으며 따라서 심리적인 측면에서 적절하게 행위하는 방향으로 이끌리는 이성을 소유한다고 주장했다. 하지만 이들은 우리가 따라야 할 도덕법칙을 스스로 제시한다고 생각하지는 않는다. 설령 외부로부터의 가르침이나 동기부여를

게, 심지어 무식하고 세련된 철학을 전혀 모르는 사람이 자연법을 위반하는 경우에도 적용되어야 하기 때문이다." Heineccius I. LXVIII, I. 45~46. 크루지우스도 이와 동일한 논증을 사용한다. 그리고 루소가 이와 유사한 주장에 호소하는 예는 앞의 제21장 각주 41 참조.

필요로 하지 않는다 할지라도 우리의 도덕적 지식은 우리와 무관한 질서에 관한 지식이며, 우리의 심리적 상태를 통해 이런 지식에 따라 행위할 수 있을 뿐이다. 이 철학자들에 따르면 우리는 자기규율적이기는 하지만 자율적이지는 않다.

흄과 루소는 이런 견해를 넘어서서 자율로서의 도덕 개념에 훨씬 더 가까이 다가갔다. 흄은 자신의 이론에서 신을 완전히 배제하므로, 또한 도덕은 "우리가 판단하는 것이라기보다는 적절하게 느끼는 것"이라고 생각하므로(《논고》: 470면) 그의 이론에서는 우리 모두가 도덕적 진리를 인식할 능력을 동등하게 가진다는 주장이 설 자리가 없다. 하지만 그는 도덕적 시인과 부인의 정서를 모든 사람이 유사하게 소유한다고 전제한다. 더욱이 최소한 대부분의 경우에 모든 사람은 자신이 시인하는 동기에 따라 행위하도록 이끌리며, 그렇게 하지 못할 경우에는 "의무감"이 이를 대신함으로써 공백을 메우게 된다. 우리는 삶을 원활하게 살아나가기 위해 세심한 행위의 실천이 필요한 경우 얼마든지 그렇게 할 수 있다. 우리가 만들어 낸 이런 교묘한 기법들은 자연스럽게 그들에 따를 동기까지도 부여한다. 이들은 흔히 자연법으로 불리지만 흄은 사실상 이들이 우리가 발명한 법칙이라는 점을 상기시킨다(《논고》: 543면). 우리는 행위나 인물이 진정으로 어떤 도덕적 속성을 지니는 듯이 생각하고 말한다. 하지만 흄은 그렇게 생각되는 까닭이 우리가 본래는 중립적일지도 모르는 세계에 도덕적 감정을 투사하기 때문일 뿐이라고 주장한다(《도덕원리》: 294면). 따라서 도덕적이기 위해 우리는 어떤 외부적 질서에도 따를 필요가 없다. 루소는 우리를 자율적 존재로 묘사하는 방향으로 훨씬 더 멀리 나아갔다. 이전과 같이 전적으로 자연적인 방식에 따라 살 때에 맞이하는 위기에 맞서, 우리는 자신의 이성을 사용해 대응 방법을 발명할 수 있다. 사회계약을 통해 공동선에 대한 새로운 관념을 형성할 경우 이런 관념은 우리 각각이 지닌 타고난 사랑을 더욱 활발하게 만들어 개인적 욕구를 통제하고 도덕적 전체의 도덕적 구성원으로 행위할 수 있도록 해준다. 우리는 본성적 욕구에 얽매인 노예 상태에서 벗어나 스스로에게 부여한 법칙에 따라 살 수 있기 때문에 자유롭게 될 수 있다.

과연 이들을 자율로서의 도덕 개념이라고 할 수 있는가? 아마 칸트는 그렇게 생각하지 않을 듯하다. 흄의 견해에 따르면 우리는 현재 우리가 실제로 느끼고, 발명하고, 행위하는 대로 행하도록 완전히 결정되어 있다. 우리의 일상적 삶이 어떤 조화를 이루든 간에 이는 다행스럽게도 우리가 조화로운 본성을 지니기 때문이다. 도덕의 성립과 그 내용이 우리가 일부를 차지하는 세계 전체에 의해서 결정된다고 보는 한, 흄의 이론은 칸트의 입장에서는 완전히 자율적이 아니다. 루소의 이론은 신과 영혼 그리고 영혼의 불멸성을 믿는다는 점에서 자연주의적이 아니다. 하지만 그의 이론 또한 라이프니츠적인 방식을 택함으로써 흄의 이론과 마찬가지로 결정론적이다. 더욱이 루소는 오직 특별한 종류의 사회에 속한 구성원일 경우에만 우리가 자율적이 된다고 주장한다. 우리는 본성상 개인적으로는 자율적이 아니다. 홉스와 마찬가지로 루소는 우리가 계약에 동의할 도덕적 근거를 갖지는 않는다고 생각한다. 하지만 홉스가 현재 존속하는 모든 사회는 통치권의 인정에 이미 동의했다고 생각하는 반면 루소는 사회의 구성원들이 스스로 사회계약에 동의함으로써 도덕적이 되는 일이 아직 제대로 이루어지지 않은 사회도 — 특히 타락한 사회는 분명히 이에 속하는데 — 있을 수 있다고 생각하는 듯하다. 더욱이 루소의 사회계약이 이에 참여한 사람들에게 무엇을 제공하고 도덕적으로 그들을 정확하게 어떤 방향으로 인도하는지는 불분명하다. 루소가 에밀에 관해 언급한 바는 여기서 아무런 도움도 되지 않는다. 루소는 에밀이 어떻게 개인적인 자기규율을 갖추도록 성장하는지 보여 줄 뿐 그의 자유가 그에게 어떤 새로운 도덕적 인도라도 제공하는지에 대해서는 아무 말도 하지 않는다. 루소가 말하는 자기규율은 우연히 얻은 것일 뿐만 아니라 공허하기까지 하다.

칸트는 흄 또는 루소에서 등장하는 바를 모두 넘어서는 형이상학적 심리학을 근거로 자율의 개념을 형성한다. 칸트의 자율은 우리가 자유로운 행위자로서 선험적 자유를 통해 자연적 인과성의 영역을 벗어날 수 있다는 점을 전제한다. 모든 개인에게는 사회에서뿐만 아니라 자연 상태에서도 이런 자유가 있다. 9) 이를 통해 각각의 개인은 "공통적인 인간의 이성"이 의무와 일치하는 것과 그렇지 않은 것을 지시하도록 하는 나침반을 가지게 된다. 10) 우리의 도덕적 능력은 우리 각자에게 이성의 사실로, 즉 무조건적인 의무를 의식하는 것으

---

9) 《순수이성비판》 A810=B838. "설령 다른 사람들이 도덕법칙에 따라 행위하지 않는다 할지라도 … 이 법칙은 여전히 모든 사람에게 구속력을 지닌다."

10) 칸트는 모든 사람이 이런 능력을 가짐이 틀림없음을 보이기 위해 신의 정의에 관한 허버트의 논증에 호소하지 않는다. 칸트의 다음과 같은 언급은 허버트의 논증을 암시하는 듯도 하다. "우리는 모든 사람이 무엇을 행할 의무를 지는가에 대한 지식을 알며 따라서 그런 지식을 파악하는 것이 모든 사람이 할 수 있는 일이라고 미리 추측하는지도 모른다." (4. 404; 《기초》: 20면) 하지만 칸트는 이를 통해 만일 모든 사람이 이런 지식을 파악할 수 없다면 도덕 자체가 공정하지 못하리라는 점을 의미할 수도 있다.

로 인식되므로 우리는 욕구가 요구하는 바를 넘어서서 이런 능력을 존중하게 된다. 이런 능력은 우리의 선험적 자유에 견고하게 뿌리를 내리고 있으므로 우리는 아무리 타락하더라도 결코 이를 잃지 않는다. 칸트는 자신의 이론이 루소가 자신에게 전한 신념, 즉 도덕에 관한 일반인들의 이해를 존중하는 일이 무척 중요하다는 신념을 옹호하는 유일한 방법이라고 생각한다.

3. 의지와 욕구

칸트에 따르면 우리는 자율의 근거를 제공하는 의지를 경험적인 측면에서는 결코 이해할 수 없다. 의지는 본체계에 속하기 때문에 궁극적으로 설명이 불가능하다. 동시에 의지는 우리의 심리적 구성요소 중 일부이기도 하다. 어떻게 의지가 도덕법칙에 이르게 되는지 살펴보려면 우선 의지가 무엇인지 탐구해야 한다. 칸트는 이전의 많은 철학자들이 의지에 관해 언급한 요소들에 주목한다.[11]

라이프니츠와 볼프는 의지와 욕구가 서로 다른 종류의 능력이 아니라고 생각했다. 의지란 단지 가능한 최대한의 완전성에 이르는 욕구에 지나지 않는다. 의지의 유일한 임무는 서로 다른 욕구의 대상을 비교하는 일이다. 이런 비교가 이루어지고 나면 의지는 최대한의 완전성을 보장하는 대상을 향해 움직이도록 결정된다. 의지가 이런 기능만을 유일하게 가진다는 견해를 라이프니츠와 볼프가 받아들인

---

11) 이에 관한 더욱 풍부한 설명은 Schneewind(1997b) 참조.

까닭은 이들이 욕구와 쾌락을 단지 완전성에 대한 혼란스럽고 모호한 지각으로 보았기 때문이다. 따라서 욕구와 쾌락은 인식과 다른 종류의 것이 아니며, 실재의 여러 측면 중 우리가 순전히 이론적이라 여기는 것과는 다른 측면에 초점을 맞춘 인식에 지나지 않는다.

일찍이 1764년에 이미 칸트는 자신이 이런 견해에 동조하지 않음을 암시하는 언급을 했으며, 1770년에 이르면 그는 감각에 관한 라이프니츠-볼프의 견해 전반을 여러 측면에서 거부하는 태도를 분명히 드러낸다.[12] 칸트의 형이상학 강의를 들은 한 학생의 기록을 보면 칸트 자신의 의견이 놀랄 만큼 간명하게 표현된다.

볼프는 모든 것을 인식 능력에서 이끌어 내려 했는데 쾌락과 고통(*Lust und Unlust*)도 인식 능력의 작용으로 정의했다. 그는 또한 동기부여 능력을 표상의 작용으로 여김으로써 단지 인식 능력이 변형된 것에 지나지 않는다고 보았다. 이를 보고 누군가는 원리의 통일을 생각할지도 모른다. … 하지만 여기서 이런 일은 불가능하다(28. 674).

따라서 칸트는 쾌락과 욕구를 로크와 같은 방식으로 이해한다. 쾌락은 외부의 대상이 원인이 된 쾌적한 느낌이지만 그 대상에 대해서는 아무것도 알려 주지 않는다(5. 206; 《판단력비판》 I. 45). 욕구는 무언가를 의식함으로써 발생하는, 그것을 향한 충동이지만 쾌락과 마찬가지로 우리가 향하는 대상에 대해서는 아무것도 알려주지 않

---

12) "두뇌의 질병에 관해"(On Sicknesses of the Head) 2. 261; 그리고 "교수 취임 논문"(Inaugural Dissertation) 2. 394, *TP*: 387면; 2. 405, *TP*: 399면 참조.

는다. 쾌락도 욕구도 인식이 아니기 때문에 합리적이거나 비합리적일 수 없다. 때로 우리의 감정은 이렇게 급격하게 상승되어 우리가 누릴 수 있는 쾌락과 고통을 제대로 비교할 수 없게 만들고 아무 생각 없이 행위하도록 이끈다(7. 254;《인간학》: 122면). 이때 우리의 정념이 비합리적인 까닭은 라이프니츠의 생각처럼 정념이 세계를 잘못 반영하기 때문도 아니며 또한 흄의 주장처럼 정념이 거짓된 믿음으로부터 발생했기 때문도 아니다. 그 까닭은 이성이 정념을 올바르게 통제할 수 없도록 만들기 때문이다.

라이프니츠와 볼프는 의미 있고 조화로운 세계를 전제한 후 욕구와 정념도 암묵적인 질서를 지니며, 오직 우리의 사고가 더욱 명확해지면 이런 질서도 더욱 분명하게 드러나리라고 생각한다. 반면 칸트는 이런 견해를 주장하지 않는다. 칸트에 따르면 행복은 욕구의 만족으로부터 생기는데 우리는 욕구를 만들어 낼 수도 아니면 (결국 칸트도 동의하게 되듯이) 제거할 수도 없다. [13] 정념과 욕구는 설령 자연적 질서의 일부일지는 몰라도 본성상 인간에게 의미 있는 그 어떤 질서도 지니지 않는다. 칸트는 이론철학에서 감각이 무질서하다고 전제하는 것과 마찬가지로 윤리학에서 정념과 욕구가 본성상 무질서하다고 전제한다. 《판단력비판》에서 칸트는 이런 견해로부터 강력한 결론을 이끌어 낸다. 그는 우리가 실현 가능한 그 어떤 행복

---

13) 4. 428;《기초》: 46면의 언급을 6. 58, 28, 36;《종교》: 51, 23, 31면의 내용과 비교. 칸트는 데카르트만큼 정념을 중요하게 생각하거나 깊이 다루지 않는다. 데카르트는 다음과 같이 말한다. "정념들을 검토한 후 나는 거의 모든 정념이 선하며 현세의 삶에 매우 유용하기 때문에 만일 정념을 느끼지 못한다면 우리의 영혼이 단 한순간이라도 육체와 결합한 상태로 유지되기를 바랄 이유가 없다는 점을 깨달았다." (*Writings* III. 300)

의 개념이나 욕구의 완전한 만족이라는 개념을 형성할 수 없다고 말한다. 설령 자연이 우리의 모든 소원을 다 들어주고 무제한의 능력이 우리에게 있다고 할지라도 우리가 생각하는 행복의 개념은 변덕스럽게 너무나 자주 바뀌기 때문에 우리가 추구하는 행복에 이르기는 쉽지 않다. 그리고 설령 우리가 "인류가 지닌 본성에 완벽하고도 근본적으로 일치해 진정으로 본성이 필요로 하는 바"를 만족시키는 것만을 목표 삼는다 할지라도 우리가 행복으로 여기는 바는 여전히 도달할 수 없는 것으로 남게 된다. "왜냐하면 〔인간〕 자신의 본성은 그 무엇을 소유하고 누리더라도 그 정도에서 만족하도록 만들어지지 않았기 때문이다."(6. 430;《판단력비판》II. 92~93)

그렇다면 칸트가 생각하는 의지의 첫 번째 임무는 욕구 중 일부를 행복의 구성 요소로 받아들이고 다른 것들은 거부함으로써 우리의 욕구에 질서를 부여하는 것이다. 이런 로크식의 임무를 의지에 부여하면서 칸트는 어떤 확고한 규칙도 이에 적용될 수 없다고 생각한다.14) 따라서 엘베시우스와 라메트리가 제시한 도덕적 이기주의는 희망이 없는 기획에 지나지 않는다. 하지만 소극적인 규칙으로서의 도덕 규칙은 존재한다. 이는 이기주의자의 규칙처럼 도구적인 규칙이 아니라 욕구가 제시하는 목적을 조절하는 규칙이다. 따라서 의지의 두 번째 임무는 욕구가 항상 이 제한 규칙에 따르도록 만드는 것이다.

말브랑슈와 클라크, 프라이스는 도덕을 단지 행복 또는 선을 산출하도록 우리를 인도하는 것으로 이해해서는 안 된다고 주장했다. 이

---

14) 6. 215~216;《도덕 형이상학》: 43~44면 참조.

들은 실제로 우리가 욕구에 기초한 근거뿐만 아니라 도덕적 근거에 따라서도 행위한다고 믿으면서 이런 근거들 사이에서 어떤 선택을 할 수 있는 능력 또는 힘을 지님에 틀림없다고 결론지었다. 칸트는 이들의 윤리적 저술을 당연히 몰랐을 수도 있지만 크루지우스의 저술을 통해서 이와 같은 종류의 주장을 편 학자를 접했다. 그는 크루지우스의 주장에 동의해 도덕의 요구는 타산적인 요구와 공약 불가능하고, 우리는 이런 두 요구 모두에 의해서 행위할 수 있으며, 우리는 어떤 방식으로 행위할 것인가 결정할 수 있는 선택 능력을 가져야 한다는 점을 인정한다.15) 따라서 그는 중요한 한 가지 측면에서 의지에 대한 라이프니츠-볼프의 설명을 거부한다 — 하지만 그들의 설명 전체를 거부하지는 않았다. 라이프니츠는 가능한 최대한의 완전성을 향한 욕구로서의 의지가 그 자신만의 결정 규칙을 포함한다고 생각했다. 따라서 라이프니츠는 우리의 자유를 선택을 연기하는 능력, 즉 단지 선택 능력으로 본 말브랑슈나 로크와는 다른 견해를 드러낸다. 말브랑슈와 로크 중 어느 누구도 선택 능력이 그 자체의 내적인 명령을 포함한다고 생각하지 않았으며, 이런 점에서 이들의 견해는 의지를 단지 예 또는 아니오를 말하는 능력으로 여기는 클라크나 프라이스의 견해와 유사하다. 반면 크루지우스는 의지가 실천적

---

15) 칸트는 모페르튀의 책을 소유했으며〔Warda(1922) 참조〕따라서 행위의 모든 근거 사이에는 엄격한 공약 가능성이 성립한다는 그의 강력한 주장을 알고 있었을지도 모른다. 〔이하 옮긴이의 첨가〕모페르튀(Pierre-Louis Moreau de Maupertuis, 1698~1759)는 프랑스의 수학자 겸 철학자로서 모든 자연 현상에서 '작용'이라고 불리는 성질은 최소화하려는 성향을 지닌다는, 이른바 '최소 작용의 원리'(the principle of least action)의 원리를 제시한 것으로 유명하다.

행위를 통제하는 본유적인 명령 능력을 지닌다고 생각했다. 의지가 내리는 명령은 라이프니츠가 생각한 유일한 규칙과 근본적으로 다르며, 칸트가 실천적 합리성의 속성으로 여기는 일종의 복잡성을 예견한다는 점에서 상당히 놀랍다. 하지만 크루지우스와 칸트는 모두 의지가 어떤 동기를 수용하거나 거부하는 단순한 능력 이상의 무언가라는 라이프니츠의 견해에 동의한다.

처음에 칸트는 우리로 하여금 자기규율을 가능하게 하는 능력의 체계에 관한 크루지우스의 견해에 따랐다. 칸트는 의지를 행위의 일관성을 이성적으로 요구하는 능력으로 여겼다. 강력한 욕구에 직면해 의지는 그것을 만족시키는 일이 도덕적으로 받아들여질 수 있는 것인지 검토하고, 만일 그것이 거부된다면 이런 욕구에 저항해 다른 어떤 동기를 제공하는 역할을 한다. 후기 저술에서 칸트는 실천이성으로서의 의지(Wille)에 선택 능력(Willkür)을 더할 필요를 느끼게 되었다. 이런 선택 능력을 통해 우리는 욕구가 요구하는 것과 도덕이 요구하는 것 사이에서 결정을 내리게 된다. 칸트는 우리가 설령 현재와 같은 종류의 실천이성을 지니지 않는다 할지라도 이런 선택 능력은 지니리라고 생각한다. 선택 능력은 클라크가 생각한 의지와 같이 작용하므로 이를 통해 우리는 여러 대안이 서로 무관할 경우에도 어떤 선택을 내린다. 그렇지 않은 경우에는 욕구와 정념의 상대적인 강도에 따라 선택이 결정된다. 의지 자체는 자유롭지도 않으며 자유롭지 않지도 않다. 순수한 실천이성으로서 의지는 오직 스스로 법칙을 형성하는 의지의 활동이 우리에게 제시하는 근거에 따라서만 행위할 것을 지속적으로 요구한다. 우리로 하여금 도덕에 따를 것인가 아니면 거스를 것인가를 선택하게 하는 선택 능력은 자유로운 능력이다. 우리는 선택을 내릴 수 있으므로 결코 욕구에, 즉 분명히 우리 자신의 일부이기는 하지만 우리가 외부 세계에 접한 결과로 우리 안에 생겨난 욕구에 굴복할 필요가 없다. 칸트는 단지 자발성뿐만 아니라 자율을 허용하기 위해 크루지우스의 의지와 말브랑슈, 로크 클라크가 옹호한 일종의 무관심성의 자유를 서로 결합했다.

4. 자연법, 의무 그리고 도덕적 필연성

칸트는 인간에게 주어진 심리학적 사실에 관한 자신의 견해를 바탕으로 경험주의자들과 같은 진영에 서게 된다. 따라서 칸트가 핵심적인 문제로 여긴 바들이 경험주의적 자연법 학자들로부터 제공된 것이었다 할지라도 이는 전혀 놀라운 일이 아니다. 칸트는 그들의 해결책을 받아들이지는 않았지만 사회적 대립을 도덕이 해결해야 할 첫 번째 문제로 보았다는 점에서 그들의 견해가 옳다고 생각했다. 자연법 학자들은 구체적인 법과 의무의 개념을 형성할 수 있는 도덕만이 현실적으로 유용하다고 생각했다. 하지만 이들은 이런 개념을 제시하면서 계속 난점에 부딪혔다. 칸트는 자신의 이론이 난점들을 깨끗하게 해결할 수 있으리라 여겼다. 이 문제에 대해 칸트가 제시한 해결책은 너무나 급진적이어서 그가 출발점으로 삼았던 자연법 학자들이 이를 본다면 경악할 정도였다.

칸트가 사회적 대립에 대한 자연법 학자들의 문제의식을 받아들인 이유 중 하나는 그 자신이 도덕법칙의 개념을 가장 기본으로 삼고 이를 근거로 다른 도덕적 개념들을 정의하기 때문이다. 이런 견해를 채택함으로써 그는 허치슨뿐만 아니라 볼프와도 반대되는 입장을 취하게 된다. 하지만 그의 입장은 자연법 학자들 사이에서는 이미 표준적이라 받아들여지는 것이었다. 예를 들면 토마지우스는 푸펜도르프적인 성향을 명백히 드러내는 1688년 저술 《신성한 법의 체계》(*Institutiones Jurisprudentia Divinae*)에서16) 매우 서둘러 법을 어떤 상위적 존재의 명령이라는 측면에서 정의한 후(I. I. 28), 뒤이어 의무(I. I. 33), 개인의 권리(I. I. 82), 책무(I. I. 134), 정의로운 또는 올바른 행위(I. I. 143), 허용되는 행위와 명예로운 행위(I. I. 145) 그리고 마지막으로 정의로운 개인을(I. I. 153) 모두 법의 개념을 통해 정의한다. 이와는 대조적으로 라이프니츠는 윤리적 개념들을 다른 순서로 정의해 나간다. 라이프니츠는 사랑이 법이나 의무보다 앞선다고 생각한다. 그는 지식으로부터 비롯된 자비심 또는 사랑에서 출발하며 이 개념이 법과 의무에 관한 설명을 제공하므로 법의 구속력을 설명하기 위해 외부의 입법자를 도입할 필요가 없다고 생각한다 (앞의 제 12장 3절 참조).

인간 본성의 경험적 측면에 관한 칸트의 주장은 그가 자연법 학자들의 문제의식을 받아들였다는 그 이상의 증거도 제공한다. 17) 칸트는 《인간학》에서 우리는 원래 서로 싸우기 좋아하는 성향을 띠는데

16) 이 책의 권, 절, 문단 번호에 따라 인용 출처를 표시했다.
17) 칸트 견해의 이런 측면에 관한 더욱 폭넓은 논의는 Wood(1991) 참조. 나는 몇 가지 점에서 이 책에서 제시된 해석에 동의하지 않지만 칸트가 언급한 인간 본성에 관한 경험적 자료를 다룬 Wood의 논의는 탁월하다. Brender (1997) 또한 칸트가 도덕적 행위자라면 반드시 지녀야 한다고 생각한 세계관을 유지하는 과정에서 직면하는 사회적, 심리적 난점들에 관한 훌륭한 논의를 보여 준다.

오직 이성을 통해서만 평화를 향해 나아갈 수 있다고 말한다. 우리에게는 다른 사람으로부터 방해받기 싫어하는 성향과 성적 욕구가 있기 때문에 어쩌면 끝없는 대립은 피할 수 있을지 모른다. 하지만 우리는 **"명예와 권력 그리고 소유를 광적으로 추구하는 성향"**을 지니는데 이들은 사회 안에서만 충족될 수 있고 또 이들의 본성 자체가 우리를 서로 경쟁하게 만든다(7. 322, 268; 《인간학》: 183, 135면). 역사를 다룬 논문들에서 칸트는 인간을 서로 교제와 후원을 바라고 필요로 하는 동시에 사회적 통제에 저항하고 자신을 무제한 강화하고 확대하려는 성향을 띤 존재로 묘사한다. 자연은 사회 안에서 사람들 사이의 적개심을 불러일으킴으로써 인간의 능력이 더욱 발전하도록 만드는데 칸트는 이를 다음과 같이 설명한다.

'적개심'이라는 용어를 통해 나는 사람들의 비사교적 사교성을, 즉 사회에 편입하려고 하면서도 동시에 끊임없이 사회를 해체할 위험성이 있는 상호 반목에 얽매이는 성향을 지적하려 한다. 인간에게는 다른 인간과 연합하려는 성향이 있다. … 하지만 인간은 또한 다른 사람들로부터 자신을 분리하려는 강력한 성향도 지닌다. 왜냐하면 인간은 … 오직 자신이 바라는 대로 모든 것을 진행하려는 비사교적인 특성도 가지기 때문이다(8. 20~22; *History*: 15면). 18)

---

18) 칸트가 역사에 관해 고찰하면서 루소적인 경향을 명백히 드러내는 "추측해 본 인류사의 기원"(Conjectural Beginning of Human History), 8. 109~124; *History*: 53~68면 참조. 또한 6. 471; 《도덕 형이상학》: 263면에 등장하는 "인간은 사회를 지향하는 존재이다(비록 동시에 반사회적 존재이기도 하지만)"라는 언급도 참고.

그로티우스주의자들이 법과 의무를 도덕의 핵심 요소로 만든 까닭은 이들이 인간을 원래 싸우기 좋아하는 존재로 여기면서 오직 법으로부터 생겨난 의무만이 인간을 통제할 수 있는 제재의 근거를 제공한다고 여겼기 때문이다. 신의 명령은 어떤 행위들을 단지 타산적으로뿐만 아니라 **도덕적으로도** 필연적인 것으로 만든다. 이런 행위들은 단지 본성적으로 원하는 욕구에 따를 경우에 얻을 수 있는 선을 드러내는 것으로 여겨져서는 안 된다. 만일 그렇게 여긴다면 우리는 신의 명령을 단순한 충고 정도로 만들고 말 것이다. 그렇다면 신이 명령한 법칙에 따를 동기를 어떻게 이해해야 하는가? 모든 자연법학자들은 동기부여가 욕구와 연결되며 따라서 결국 선과 연결된다고 본다. 우리는 선과 악이 신의 명령과 연결됨을 안다. 신의 명령은 곧 법칙이다. 그리고 법칙은 본성상 제재에 의해 유지된다. 하지만 만일 오직 처벌을 피하기 위해 신의 법칙에 따른다면 우리는 자신이 도덕적으로 칭찬받을 만한 특성을 가짐을 거의 드러내지 못한다. 만일 그렇게 한다면 도덕은 순전히 보답받기 위한 것이 되고 만다. 어떤 사람들은 신의 명령에 따름으로써 신에게 감사하려는 욕구로부터 행위할지도 모른다. 하지만 분명히 모든 사람이 이런 욕구에 따라 행위하지는 않는다. 이런 욕구가 없는 사람은 자신이 신의 명령에 따를 능력이 없었기 때문에 명령을 위반한 죄도 면제받아야 한다고 말하지 않겠는가? 앞의 제7장 5절에서는 이런 문제들을 해결하기 위해 푸펜도르프가 기울인 노력을 추적하면서 그가 보답받기 위한 것이 아닌 동기에서 신에게 도덕적으로 복종하는 것을 설명하는 데 어려움을 겪는다는 점을 지적했다. 또한 푸펜도르프가 신의 명령에 대한 일종의 경외심에 호소하지만 이를 설명하기에 적절한 의지 이론을 제시하지 못했음을 지적했다. 그리고 그 까닭은 부분적으로 도덕적 실재에 관한 그의 이론이 그로 하여금 처음부터 도덕이 자연의 인과적 질서로부터 벗어난 동기를 요구한다고 주장하는 학자들이 제기한 문제를 극복하도록 강요했기 때문이라는 점을 암시했다.

앞서 언급했듯이 칸트는 푸펜도르프의 저술을 읽지 않은 듯이 보이지만 그와 같은 문제에 직면했다. 칸트는 법칙과 의무를 도덕적 필연성의 측면에서 설명할 필요가 있다고 보았는데 이런 필연성의 개념은 푸펜도르프에게 큰 어려움을 준 것이기도 하다. 칸트는 필연성에도 여러 종류가 있다는 라이프니츠의 주장에 동의한다. 하지만 칸트의 크루지우스적인 관점에서 볼 때 라이프니츠가 생각한 도덕적 필연성, 즉 나의 목적 중 하나를 성취하기 위해 그것에 대한 수단을 사용할 필연성은 도덕적 의무를 제대로 설명하지 못한다. 앞서 지적했듯이 칸트는 구체적인 선에 대한 우리의 모든 욕구는 단지 우연적일 뿐이라고 생각한다. 따라서 만일 어떤 선을 추구하는 데 필요한 부담이 지나치게 크다면 우리의 욕구 중 어떤 것이라도 얼마든지 포기할 수 있다. 그리고 이를 통해 우리 자신의 선한 쾌락을 의무로 삼는 그 어떤 특수한 수단-목적으로부터도 벗어날 수 있는 길이 마련된다.[19] 타산적인 측면에서 의무로 부여되는 것은 일종의 충고와 같은데 이런 충고와 관련되는 목적을 추구할지 추구하지 않을지는 전적으로 행위자에게 달려 있다.[20] 크루지우스의 견해에 동조해

---

[19] 우리는 행복을 추구해야만 한다. 하지만 우리는 우리 행복의 일부를 차지하는 구체적인 욕구의 충족을 항상 거부할 수도 있는데 이는 우리가 어떤 욕구를 행위의 근거로 받아들이는 일을 도덕에 근거해 거부할 수 있음과 마찬가지이다.

칸트는 이런 종류의 가언적인 의무를 가지고는 도덕의 본질을 제대로 파악할 수 없다고 주장했다. 하지만 크루지우스의 설명조차도 칸트를 만족시키지는 못했다. 크루지우스는 전형적인 도덕적 의무는 신이 신 자신의 목적을 이루기 위해 내린 명령으로부터 생겨난다고 보았다. 하지만 칸트는 도덕이 어느 누구의 목적과도 무관하게 구속력을 지니는 법칙들로 구성된다고 생각한다. 따라서 크루지우스가 가언명령과 정언명령 사이의 구별에 아무리 가까이 다가갔다 할지라도 이런 구별을 명백히 제시한 것은 칸트의 공로이다.

칸트는 라이프니츠가 생각한 분석적 필연성 또한 도덕에 포함된 종류의 필연성을 설명하기에는 부적절하다고 보았다. 칸트는 아프리오리(a priori)한 종합적 필연성의 개념을 형성한 이후에야 비로소 자신에게 필요한 것을 얻었다고 생각하게 되었다. 그리고 그 후에야 그는 도덕법칙은 우리 자신의 의지뿐만 아니라 신의 의지를 포함한 모든 이성적 의지에 적용되는 종합적 필연성을 구성한다고 말할 수 있게 된다. 유한한 행위자에게 이 필연성은 도덕적 당위로 나타난다. 도덕적 필연성은 인과적 필연성이 아니므로 우리는 도덕적으로 필연적인 바를 행하는 데 실패하기도 한다. 따라서 행위자 자신의 이성적 의지가 자연법 학자들과 크루지우스가 신의 의지에 부여한 임무를 수행하게 된다. 이성적 의지는 우리 자신의 우연적인 목적이 무엇인지에 상관없이 우리가 반드시 따라야만 한다고 정당화되는 법칙을 규정한다.

---

20) 앞서 12장 5절에서 언급했듯이 바르베이락은 라이프니츠의 견해에서 이런 어려움이 발견된다는 점을 거의 정확하게 지적하는 수준에 이르렀다.

만일 이성적 의지가 도덕적 필연성뿐만 아니라 도덕적인 정당화의 근거까지 설명할 수 있다 할지라도 칸트는 허치슨이 경고한 대로 이런 필연성을 의식하는 일이 동기부여 또는 자극의 능력을 지닌다는 점까지도 설명할 필요를 느꼈다. 그는 결국 존경심이라는 아프리오리한 동기를 도입함으로써 이 문제를 해결했다. 이렇게 함으로써 그는 완성주의자들의 동기부여 이론과 근본적으로 단절하고 푸펜도르프를 훨씬 넘어서게 된다. 존경심은 지금까지 등장한 다른 모든 동기들과 달리 어떤 선에 의해서 규정되지 않으며 어떤 선을 지향하지도 않는다. 존경심은 우리 자신이 도덕법칙을 형성한다는 사실로부터 필연적으로 등장한다. 만일 선을 의식함으로써 행위의 동기가 부여된다면 도덕법칙을 규정하는 일 또한 마찬가지일 것이다. 이는 칸트 윤리학의 핵심에 해당한다. 라이프니츠와 흄은 오직 욕구만이 우리를 행위하게 만든다고 생각했다. 따라서 욕구에 기초한 동기의 유용성이 도덕이 요구하는 바를 규정한다. 21) 이와는 달리 칸트는 "인간의 도덕적 능력은 법칙에 의해서 평가되어야 한다"고 주장한다 (6.404; 《도덕 형이상학》: 205면). 그가 이렇게 할 수 있는 까닭은 실천이성이 스스로 동기를 부여한다고 생각하기 때문이다.

자연법 학자들은 도덕을 우리의 비사교적 사교성이 제기한 문제를 해결하기 위한 수단으로 여겼다. 루소는 오직 수단-목적의 추론에 의해서 인도되는, 순전한 자연 상태에서 함께 살아감으로써 등장

---

21) "이익과 관련된 정서를 통제할 수 있는 … 그 어떤 정념도 존재하지 않는다. 오히려 정서 자체가 방향을 바꿈으로써 자신을 통제한다." 흄은 이렇게 정의(正義)의 배후에 놓여 있는 동기부여 능력을 설명한다. 하지만 여기서의 논점은 매우 일반적이다(《논고》: 492면).

하는 난점들 때문에 우리가 새로운 종류의 실천적 합리성을 만들어 내도록 강요당한다고 생각했다. 우리는 계약의 조항들을 받아들이는 모든 사람이 동의할 만한 방식으로만 행복을 추구할 것을 요구하는 계약을 통해서만 사교적인 존재로 변화할 수 있다. 칸트는 우리가 싸우기 좋아하는 본성을 띠면서도 함께 살 수 있는 까닭은 우리 자신이 본성상 단순히 수단-목적의 추론을 행하는 존재 이상의 무언가이기 때문이라고 생각한다. 오직 실천이성을 가지기 때문에 우리는 우리의 기획을 보편적으로 받아들일 것을 요구하는 법칙의 이름으로 자신의 욕구를 통제할 수 있다. 법칙이 행해야 한다고 규정하는 바를 행하는 것은 우리가 원하는 바를 산출하는 무언가를 행하는 것만큼이나 합리적이다. 어떤 목적에 기인하지 않은 동기는 인간 행위의 비목적론적인 법칙과 필연적으로 짝을 이룬다. 칸트는 이런 동기가 사랑에 앞서는 법칙을, 또한 말하자면 선에 앞서는 권리를 만들어 내리라고 생각한다.

만일 칸트가 아프리오리한 종합적 필연성, 그리고 도덕법칙이 부여하는 아프리오리한 동기에 호소함으로써 의지와 관련해 푸펜도르프가 직면했던 문제를 해결할 수 있다고 생각했다면, 칸트는 자연법 학자라면 별로 지고 싶어 하지 않을 부담을 받아들임으로써만 이렇게 할 수 있다. 칸트는 법칙에 따르지 않을 자유를 유지하면서도 의무와 도덕적 필연성을 도덕의 핵심 요소로 만들 방법을 보였는지도 모른다. 하지만 칸트의 자율은 도덕법칙이 한 이성적 존재가 다른 이성적 존재에게 내린 명령으로 구성되도록 허용하지 않는다. 칸트는 자연법 이론의 핵심 견해 중 일부를 수정함으로써 그 이론을 완전히 무너뜨리고 만다.

5. 윤리학의 방법

버틀러와 그를 따랐던 직관주의자들은 모든 사람이 거의 모든 경우에 행해야만 할 바를 바로 파악하거나 인식한다고 주장했다. 하지만이들은 도덕적 인식에 이르는 체계적인 방법을 제시하지는 않았다. 칸트는 모든 사람들이 특정한 경우에 행해야 할 바를 추론하고 왜 그것을 행해야 하는지 파악하는 데 정언 명령을 사용할 수 있다고 주장한다. 벤담 또한 자신의 최대 행복의 원리가 이런 일을 할 수 있다고주장했지만 모든 사람이 이 원리를 파악하고 사용할 수 있음을 칸트처럼 강조하지는 않았다. 칸트와 벤담은 내가 아는 한 이런 주장을편 최초의 철학자들이다. 22)

사람들 대부분이 스스로 도덕적 사고를 전개할 능력이 없다고 주장한 학자들은 당연히 그런 사고의 방법을 찾는 데 거의 관심을 보이지 않았다. 홉스는 "우리가 자연법에 거슬러 행위하는지 그렇지 않은지 바로 알려 주는" 정식 하나를 제시했다. 그것은 다소 진부한 격률, 즉 "당신이 자신에게 행하지 않을 행위를 다른 사람에게도 행하지 말라"는 것으로 요약되는데 홉스는 가장 무지한 사람조차도 이를사용할 수 있으리라고 생각했다(*De Cive* III. 26). 하지만 홉스는 왜다른 방법이 아닌 바로 이 방법이 행위를 옳게 만드는 데 성공하는지

---

22) 페일리(Paley)는 그로티우스의 자연법 이론에 반대하면서 그것이 윤리학 체계의 목적에 도움이 되지 않는다고 주장한다. 페일리에 따르면 그 목적은 "인간의 삶을 구성하는 행위 전반에서 개인적 양심의 방향을 정하는 것이다"(*Principles* ix). 그는 벤담과 유사한 원리를 제시했지만 개인이 그것을어떻게 사용할지에 관해서는 아무 말도 하지 않았다. 그 대신 그는 일반 규칙과 그것에 따르는 습관을 강조했다.

설명하려 하지 않는다. 따라서 그의 윤리학 방법을 통해 옳은 행위를 식별할 수 있다 할지라도 왜 그 행위가 옳은지는 알 수 없다. 결과적으로 그의 방법을 사용하는 사람들은 그저 그것이 신뢰할 만한 방법이라는 권위에 의지하지 않을 수 없다. 로크는 농부나 시골 아가씨들이 성직자로부터 도덕을 배우기 바랐으며, 볼프는 대학 교수로부터 배우기 바랐다. 이들을 비롯해 일반인들이 도덕적 진리를 깨달으려면 우화가 필요하다고 생각한 스피노자 또한, 어느 누구도 일반인들이 어떻게 권위에 호소하지 않고 일상의 삶에서 도덕적 결정을 내리는지 설명하려 하지 않았다. 우리 각자가 스스로 신이 우리에게 명령한 것을 파악할 수 있음에 틀림없다고 주장한 크루지우스조차도 우리가 무엇을 왜 행해야 하는지 모든 사람에게 보여 줄 수 있는 방법이 있다고는 생각하지 않았다. 양심은 우리에게 내리는 명령의 근거를 드러내지 않으면서 무언가 명령하고 동기를 부여하는 감정을 통해 작용할 뿐이다. 여러 학자들은 어쩌면 신과 인간의 본질적인 완전성에 관해 명확한 지식을 얻은 후 신은 우리가 이런 본질적인 완전성에 부합하는 바를 행하기 원한다는 원리를 사용해 완전성에 대한 지식으로부터 우리가 행해야 할 바를 추론해 내는지도 모른다(크루지우스, 《충고》: 214~215, 226~227면). 하지만 위의 두 방법이 항상 서로 같은 결과를 낳는다 할지라도 모든 사람은 오직 둘 중 하나만을 사용할 수 있다(앞의 제20장 6절 참조).

칸트의 윤리학 방법, 그리고 모든 사람이 도덕이 요구하는 바를 바로 파악할 수 있다는 직관주의자들의 주장은 도덕과 인식론 모두에 관심을 보인다. 도덕적인 측면에서 이런 관심은 신에 복종하는 것으로서의 도덕을 거부하고 이런 거부를 정당화하려는 노력의 일부이다. 인식론적인 측면에서 이는 도덕적 회의주의에 반대하려는 시도이다. 직관주의자들은 제일원리를 인식하는 것이 도덕 원리를 인식하는 유일한 방법이라는 직선적이고 전통적인 주장을 편다. 칸트의 방법은 이와는 전혀 다른 방식으로 회의주의에 반대하는데 이 방식을 보면 칸트는 직관주의자들보다는 영국 정서주의자들과 연결되는 듯하다. 샤프츠버리, 허치슨 그리고 흄은 모두 우리가 자신이나 다른 사람 안에서 발견하는 욕구 또는 동기에 대해 시인이라는 특별한 종류의 정서를 느낌으로써 도덕에 이르게 된다고 주장한다. 나는 이들의 견해가 몽테뉴가 제시한 특유한 삶의 방식과 유사한 피론적인 회의주의에 대한 일종의 대응이라고 주장했다. 앞서 4장 2절에서 언급했듯이 몽테뉴는 피론적인 "현상들을" 넘어설 필요를 느끼지 않는다. 그 대신 그는 자신 안에서 가장 오래 지속되는 바를 찾음으로써 이런 현상들에 대응한다. 그가 따르는 고유한 삶의 형태는 그자체로 사물들이 그에게 보이는 방식에 대한 ― 즉 그의 욕구와 독서 그리고 그의 안에서 일어나는 그 자신의 경험에 대한 ― 반응을 드러낸다. 그가 어느 정도의 일관성을 유지하든 간에 그가 따르는 고유한 삶의 유형이 초래한 결과는 다른 사람들에게는 적절하지 않을지몰라도 그가 자신의 삶을 살아나가기에는 충분할 정도로 그를 인도한다. 자신이 내부에서 느끼는 다양한 자극들에 대해 스스로 내리는 평가가 외부에서 주어진 원리와 가치에 대한 지식을 대신할 수 있음을 보임으로써 몽테뉴는 내가 지금까지 윤리학의 방법이라고 부른 바를 지시한다. 만일 현상들 안에서 살아야 한다면 우리는 외부의 것들이 진정으로 어떻게 존재하는지 신뢰할 만한 믿음에 이르지 못하더라도 현상과 더불어 삶을 살아나가는 나름대로의 방법을 발견해야 한다.

몽테뉴가 자신의 고유한 삶의 형태를 통해 얻은 바는 자신의 내부에서 느끼는 자극 중 일부에 동의하고 다른 일부에는 거부할 수 있는 능력이었다. 다른 모든 학자들과 마찬가지로 몽테뉴의 저술을 읽었던 말브랑슈는 우리가 무언가 원할 때 우리는 현존하는 욕구 또는 동기에 따라서 움직이기로 동의한다고 주장한다. 로크가 말한 의지작용의 보류 또한 이와 유사한 동의로 귀결된다. 라이프니츠와 볼프도 의지에 의해서 이런 선택이 내려진다고 생각한다. 크루지우스는 오직 의지의 힘과 욕구가 결합할 경우에만 우리가 행위하게 된다고 주장한다. 이런 몽테뉴의 견해를 이어받은 여러 학자가 보기에 동의는 오직 자신 외부의 어떤 고려에 의해서 규제될 경우에만 도덕적으로 건전하다. 말브랑슈가 생각한 의지는 신의 정신 안에 있는 관념들이 드러내는 질서에 의해서 인도되어야 하며, 로크의 의지는 자연법칙에 의해서, 라이프니츠의 의지는 객관적인 완전성의 정도에 의해서, 크루지우스의 의지는 신의 명령에 의해서 인도되어야 한다. 반면 샤프츠버리와 허치슨, 흄은 도덕적인 덕이 오직 행위를 자극하는 감정에 대한 시인의 감정만을 요구한다고 보았다. 이들은 어쩌면 회의주의적인 윤리학 방법으로 생각될 수도 있는 바를 제시했다(앞의 제14장 5절과 7절; 제17장 2절 참조). 이들의 견해에 포함된 회의주의는 데카르트적이 아니라 피론적인 회의주의이다 — 이런 형태의 회의주의는 또한 칸트와도 관련된다. 23)

---

23) Tonelli(1967): 100~102면에는 아마도 칸트가 회의주의자를 현상에 반대해 현상을 내세우는 사람으로 이해하리라는 언급이 등장한다.

허치슨과 흄에 따르면 도덕적 능력에 의한 시인은 어떤 동기들을 덕을 지닌 것으로 만든다. 그리고 칸트가 샤프츠버리의 저술을 읽었을 가능성은 매우 높지만 칸트는 그에 관해 어떤 언급도 하지 않는다. 이들의 견해에 따르면 도덕적 선은 도덕적 능력에 의해서 발견되는 것이 아니라 구성된다. 그렇다면 도덕감은 푸펜도르프가 생각한 신성한 의지, 즉 도덕적 실재를 창조하는 의지와 유사한 것이 된다. 도덕적 감정이 존재하지 않는 세계에서 다른 사람의 이익을 목표로 삼는 동기가 등장한다 할지라도 이는 어떤 도덕적 속성도 지니지 않는다. 세계는 도덕적인 측면에서 단지 중립적일 뿐인데 이에 대한 우리의 반응이 세계를 다르게 만든다. 만일 우리의 시인이 어떤 동기를 선하게, 다른 동기를 악하게 만든다면 우리는 신의 정신에 내재하는 객관적인 질서나 객관적인 완전성의 정도를 인식해야 하는 경우에서와는 달리 결코 잘못을 범하지 않는다.[24] 그리고 만일 우리 자신의 시인이 어떤 동기를 선하게 만든다면 일반인들이 자신의 동기를 법칙을 통해서 검토한다 하더라도 이들은 홉스의 주장과는 달리 어떤 권위에 의해서 주어진 이차적인 도덕적 기준을 사용하지 않는 셈이 된다. 우리 모두가 옳은 바를 규정할 수 있는 까닭은 바로 우리 자신의 감정이 그것을 옳게 만들기 때문이다.

칸트는 정서주의의 이런 주의주의적인 측면에 명백히 동의하지만 동시에 시인에 관한 정서주의의 설명은 거부한다. 하지만 칸트의 자율로서의 도덕에 포함된 지식은 우리 자신의 사고 방법에 관한 지식

---

24) 물론 우리는 자신의 동기를 잘못 파악할 수는 있다—칸트 또한 우리가 이런 경향을 지닌다고 생각한다.

이다. 클라크와 마찬가지로 칸트는 자기모순을 피하려는 의도에 기초해 그의 순수한 형식적 원리를 제시한다. 반면 클라크와는 달리 ─ 그리고 이전의 그 어떤 도덕철학자와도 달리 ─ 칸트는 이 형식적 원리를 유일한 도덕 원리로 삼는다. 이를 사용해 우리가 검토하는 것은 바로 우리 자신의 욕구이다. 우리가 존재하는 그대로의 세계를 인식하든 아니면 단지 현상들의 영역 안에서 살아가든 간에 세계 자체는 우리를 도덕적으로 인도하는 근원이 아니다. 칸트에 따르면 도덕적 세계는 적어도 이 세계의 구성원인 행위자들이 지닌 내적인 구조가 행위자들에게 제공하는 도덕적 인도로부터 생겨난다.

6. 덕, 사랑 그리고 완전성

버틀러나 그를 따르는 직관주의자들과 마찬가지로 칸트는 일반인들의 상식적인 도덕적 믿음이 본질상 건전하다는 생각에 동의한다. 하지만 리드와는 달리 칸트는 그런 믿음이 어떤 도덕 원리를 검토하는 기준으로 사용될 수 있음을 명확히 주장하지 않는다. 푸펜도르프나 스피노자 또는 벤담에 비해 칸트에게는 자신의 기본 원리가 가장 확고하게 유지되는 상식적인 도덕적 신념을 지지하는 것이 훨씬 더 중요하다. 이런 도전에 성공적으로 대응하지 못한 듯이 보일 수도 있지만, 그는 《도덕 형이상학》에서 그리고 윤리학 강의를 통해 분명히 대응을 시도한다. 자신의 견해를 몇 차례 수정한 후에 칸트는 덕과 사랑 그리고 완전성 추구를 기본적인 도덕법칙에 포함시킬 수 있는 방법을 발견했다.

흄과 마찬가지로 또한 완성주의자들과는 달리 칸트는 그로티우스 학파가 제시한 완전한 의무와 불완전한 의무 사이의 구별을 나름대로 변형해 여기에 중요한 역할을 부여한다. 그는 평생 이 구별에 관심을 보이고 이를 받아들였지만 후기 저술인 《도덕 형이상학》에 이르러서야 이를 상세하고 정교하게 제시한다. 25) 칸트는 이 구별을 사용해 덕을 그로티우스주의자들보다 훨씬 더 상세히 설명하는 동시에 사랑이 도덕에 개입하는 지점도 제시한다.

《도덕 형이상학 기초》에서 칸트는 완전한 의무와 불완전한 의무 사이의 구별에 관해 매우 간략히 논의하는 데에 그친다. 그는 한 각주에서 완전한 의무는 "성향의 이익을 위한 어떤 예외도 허용하지 않는 의무"라고 지적함으로써 (4.421n; 《기초》: 39면 각주) 불완전한 의무의 특성이 우리의 선호에 따라 우리가 행할 수도 있고 행하지 않을 수도 있다는 것임을 암시한다. 그 다음에 칸트는 두 종류의 의무 사이의 구별을 일관성 있게 보편 법칙으로 생각될 수 없는 준칙과 그렇게 생각될 수 있으나 법칙으로 형성되기 어려운 준칙 사이의 구별이라는 측면에서 고려한다 (4.424; 41~42면). 26) 하지만 이런 생각

---

25) 나는 아래 내용과 관련해 Kersting (1982) 로부터 큰 도움을 받았다. 이 구별에 대한 칸트의 지속적인 관심과 관련해서는 1763년에 쓴 논문 "부정적인 크기"(*Negative Magnitudes*), 2.182~184, *TP*: 221~223면 참조. 《영혼을 본다는 자의 꿈》에 등장하는 이 구별에 관해서는 앞의 제 22장 6절 참조. 또한 이 구별이 매우 초기에 언급된 경우로는 *Reflexionen*, 19.10 (no.6457), 17 (no. 6469), 30 (no.6498); 1760년대 후반에서 1770년대 초반에 언급된 경우로는 94 (no.6582), 102 (no.6597), 105 (no.6603), 125 (no.6653), 138 (no.6709), 152 (no.6760); 후기에 언급된 경우로는 261 (no.7165), 308 (no.7309).

26) 다른 사람을 도울 의무에 관해 논의하면서 칸트는 "인류"의 존속을 위해 반

을 전개하면서 그는 덕에 관해 논의하지 않으며, 사랑은 성향 또는 감정으로 또는 다정한 동정심 정도로 축소해 단 한 문장으로 언급한다. 사랑은 명령될 수 없다. 사랑은 실천적인 애정인 "의무로부터 생겨난 자비심으로" 대체되어야 한다(4.399; 15~16면). 칸트는 만일 《신약성서》에 등장하는 사랑의 명령을 감정을 요구하는 것으로 이해한다면 개념상의 모순에 빠질 것이라고 생각한다.

하지만 《도덕 형이상학》에서 칸트는 완전히 변화된 견해를 보여준다. 《기초》에서 하나의 기본적인 실천 원리를(다양한 정식으로 표현되는) 제시한 것과는 달리 《도덕 형이상학》에서는 두 가지 원리가 등장한다. 그중 하나는 법 또는 정의의 의무(Rechtspflichten)를 담당하며, 다른 하나는 덕 또는 도덕의 의무(Tugendpflichten)를 담당한다. 법적인 의무는 외부로 드러나는 행위를 수행할 것을 요구하며, 도덕적 의무는 어떤 준칙을 가질 것을 요구한다. 법적 의무의 원리는 오직 "각자가 지닌 의지의 자유가 보편 법칙에 따라 모든 사람의 자유와 공존하는 것"을 허용하는 방식이 외부적으로 드러나도록 행위하라는 것이다(6.230; 《도덕 형이상학》: 56면). 덕의 원리는 "모든 사람에게 보편 법칙이 될 수 있는 **목적**의 준칙에 따라 행위하라"는 것이다(6.395; 198면). 칸트는 이런 목적이 우리 자신의 완전성과 다른 사람의 행복이라고 말한다. 놀랍게도 《기초》에서는 강제 가능성의 관념이 전혀 등장하지 않았는데 이제 이 관념이 어떤 역할을 담당한다. 하지만 이 관념은 완전한 의무와 불완전한 의무 사이의 구

_____

드시 필요한 의무와 이를 넘어선 유용한 의무를 서로 대비한다 — 이는 의무의 구별에 관한 푸펜도르프의 설명을 다소 변형한 것이다(4.430; 《기초》: 48~49면).

별이 아니라 법적인 의무의 원리와 연결된다. 칸트는 누군가가 어떤 행위를 할 권리를 지니는 상황에서 강제에 의해 그 누군가가 그 행위를 할 권리를 적절하게 확보했다고 말하는 것은 분석명제를 주장하는 것이라고 생각한다(6. 231; 57면). 하지만 목적의 채택은 원리상 강제될 수 없다. 따라서 덕은 자유로운 선택의 결과여야 한다(6. 381; 186면).

자연법 학자들은 정의(定義)를 통해 법을 강제적인 것으로 만들고 법적인 것은 모든 인간에게 구속력을 지니는 법칙의 영역인 반면 도덕적인 것은 상황에 따라 달라지는 법칙의 영역이라고 여김으로써 법과 도덕을 구별했다. 하지만 이들은 어떻게 우리가 불완전한 의무의 수행에 필요한 동기를 지니도록 강제될 수 있는지 결코 설명할 수 없었다. 칸트는 강제는 오직 법적인 영역에서만 익숙하게 통용되며 윤리학은 마찬가지로 중요하지만 전적으로 다른 측면에서 행위를 다룬다고 말함으로써 이 문제를 해결하려 한다. 여기서 칸트는 토마지우스의 견해에 따르지만 그의 저술을 직접 인용하지는 않는다. 덕과 개인의 성격에 관한, 도덕 원리에 기초한 관심은 윤리학의 영역에 속한다.

칸트가 사회의 존속을 위해서는 완전한 의무가 불완전한 의무보다 더욱 중요하다는 푸펜도르프의 주장에 의지하지 않는다는 점은 상당히 중요하다. 완전한 의무가 불완전한 의무에 앞서는 까닭은 우리가 불완전한 의무를 수행하기 위해 어떤 조건 아래에서 행위해야 하는지 명확히 제시하기 때문이다. 하지만 불완전한 의무는 우리가 공적을 얻기 위해 반드시 행해야만 하는 것이다. 칸트에게 이것은 매우 중요한 문제이다. 공적을 얻지 못하면 우리는 행복할 자격이 없으며 행복에 이르렀다고 생각할 근거를 지닐 수 없다. 그런데 우리는 필연적으로 행복을 추구하며, 우리 자신의 욕구가 궁극적으로 충족되었다고 여기지 못한다면 올바르게 행위하기 위해 개인적인 희생을 감수하려고 하는 우리의 의지는 좌절되고 말 것이다.

완전한 의무와 불완전한 의무 사이의 구별은 칸트가 생각한 윤리학의 영역에서도 여전히 상당한 중요성을 지닌다. 윤리학의 영역에서 소극적인 덕의 의무는 엄밀하게 규정되는 반면 적극적인 덕의 의무는 그렇지 않다. 따라서 도덕법칙은 자살을 시도하거나 우리의 소유물을 자신의 복지를 위해 사용하기 거부하는 일을 금지한다. 이들은 엄밀하게 규정되므로 완전한 의무이다. 그러므로 우리는 다른 사람에 대해서뿐만 아니라 우리 자신에 대해서도, 비록 다른 사람의 권리와 관련이 될 때에만 수행이 강제될 수 있지만, 완전한 의무를 지닌다. 우리 자신에 대한 불완전한 의무는 다른 사람에 대한 불완전한 의무와 마찬가지로 어떤 목적을 추구할 것을 요구한다. 하지만 우리는 이런 목적을 성취하기 위해 무엇을 해야 하는지 아니면 어떤 행위가 이런 목적의 성취를 가장 잘 표현하는지 단지 아프리오리한 근거에서 결정할 수는 없다. 따라서 이런 경우에는 "무엇을 행해야 하는지 도덕성의 규칙에 따라 결정할 수 없다. … 오직 타산성의 규칙(실용적인 규칙)에 따른 판단만을 내릴 수 있다"(6. 433n;《도덕 형이상학》: 228~229면). 여기서 칸트는 덕이 법에 따르는 습관이라는 자연법 학자들의 견해를 버린다. 하지만 칸트는 그로티우스의 주장, 즉 아리스토텔레스의 중용 이론을 거부하고 아리스토텔레스가 생각한 현자의 지적 통찰을 타산적인 숙달로 대체하면서 이런 숙달 자체가 덕의 상징이나 결과는 아니라고 생각한 관점을 받아들인다

(6. 404; 《도덕 형이상학》: 205면).

허치슨과 흄에 반대해 칸트는 덕이 단순한 감정, 심지어 습관적인 감정에 따라서가 아니라 기본적인 도덕 원리를 의식해 행위할 것을 요구한다고 주장한다. 칸트가 학생들에게 말한 바대로 "우리는 덕이 없이도 친절한 마음을 지닐 수 있다. 왜냐하면 덕은 본능이 아니라 원리로부터 등장하는 선한 행위이기 때문이다"(27. 463; *LE*: 215면). 칸트가 생각하는 덕을 갖춘 행위자는 강건하고 단호하다. 그런 행위자는 데카르트적인 의미에서 자신의 행위 계획을 고수함으로써 의지의 능력을 드러내는 사람이 아니라 도덕에 반대되게 행위하도록 유혹하는 욕구에 맞서 강력하게 저항하는 사람이다(6. 407~409; 《도덕 형이상학》: 207~209면). 하지만 자신의 마지막 견해에서 칸트는 다른 사람의 선에 대한 직접적인 관심이 도덕적 동기를 부여하는 역할을 한다는 점을 인정한다. 우리는 덕의 의무를 수행하면서 의무를 행한다는 생각과 더불어 행위하지 않는다. 만일 덕의 의무를 수행했다면 우리는 (예를 들면) 한 친구의 복지를 우리 자신의 목적으로 삼게 된다. 따라서 이를 실현하는 행위를 할 경우 우리의 목적은 "자신의 의무를 다하라"는 것이 아니라 "친구의 복지를 실현하라"는 것이 된다. 우리는 사랑이 아니라 의무에서 우리의 목적을 채택한다. 의무에서 행위하는 것이 사랑에서 행위하는 것은 아니지만 얼마든지 사랑이 더해질 수 있다.

다른 사람들이 자신의 목적을 실현하도록 돕는 것은 우리의 의무이다. 만일 어떤 사람이 이런 의무를 자주 실천해 자신의 목적을 성공적으로 실현한다면 그는 결국 자신이 도움을 준 사람들에 대해 사랑을 느끼게 될 것이다. 따라서 다음과 같이 말할 수 있다. **당신의 이웃을 사랑해야만 한다** 는 말은 … 당신의 동료들에게 **선을 베풀라는 것을** 의미하며, 이는 결국 당신 안에 인간에 대한 사랑을 불러일으킬 것이다(6. 402;《도덕 형이상 학》: 203면). 27)

도덕을 법의 영역과 덕의 영역으로 나눔으로써 칸트는 근대 초 도 덕철학 전반에서 등장했던 법과 사랑 사이의 긴장 관계를 해소하려 했다. 자연법 학자들도 칸트의 기본 원리에 대해서와 마찬가지로 칸 트적인 자율의 도덕이 지닌 이런 요소에 대해 그리 불만을 표시하지 않으리라 생각된다. 흄은 칸트의 주장이 자신의 견해에 비추어 볼 때 그리 낯설지 않다고 여길 듯하며, 아담 스미스는 최소한《도덕 형이상학》이 법만이 정확하고 명확한 규칙을 제공할 수 있다는 자신 의 믿음과 조화를 이룬다고 보았을 듯하다. 하지만 라이프니츠적인 완성주의자들은 도덕을 다룬 칸트의 마지막 저술《도덕 형이상학》 을 매우 불만스럽게 생각할 듯하다. 이들은 도덕을 완전성의 증가라 는 목적을 위한 수단으로 여기기 때문에 정의의 법칙과 사랑의 법칙 또는 완전한 의무와 불완전한 의무를 뚜렷하게 구별할 필요가 없었 으며 또한 이를 위한 개념적 공간을 형성하지도 않았다. 칸트는 오 직 하나의 덕만이 존재한다는 고대 그리스 철학의 견해를 거부한다 (6. 405;《도덕 형이상학》: 206면). 반면 라이프니츠주의자들은 모든 덕들이 결국에는 완전성의 증가라는 하나의 덕으로 귀결된다고 생

27) 칸트는 이보다 훨씬 이전에도 윤리학 강의에서 이와 유사한 언급을 했다. 예를 들면 27. 417, 419; *LE*, 180, 181 참조.

각한다. 이들에 따르면 이 하나의 덕은 부정확한 것도 어떤 한계를 가진 것도 아니다. 그리고 라이프니츠는 형이상학이 도덕철학을 실천에 옮기도록 만드는 이론을 제공한다고 생각하기 때문에 우리 각자의 첫 번째 임무는 자기완성이라고 본다. 진정한 정의와 덕을 드러내려 한다면 우리는 우선 실체 이론에 대한 정확한 지식을 지녀야 한다.

칸트로 하여금 루소주의를 받아들여 도덕에 대한 라이프니츠-볼프식의 완성주의적 이해를 거부하도록 강력하게 이끈 계기는 마이몬(Salomon Maimon)의 일화를 전해 들은 것이었다. 마이몬은 가난한 유대교 율법학자였는데 1779년 폴란드를 떠나 베를린으로 온 후에 철학자가 된 인물이었다. 가난했던 마이몬은 유명한 학자가 된 후 어떤 부유한 상인의 집에 저녁 초대를 받았다. 저녁을 먹은 후 상인 아들의 방을 둘러보았는데 그때 일어난 일을 상인의 아들은 다음과 같이 기록했다.

마이몬은 나에게 자신이 오직 지식을 추구하기 위해 베를린으로 왔다고 말했기 때문에 나는 그에게 수학책 몇 권을 보여 주었다. 그러자 그가 몇 대목을 큰 소리로 읽어 달라고 부탁해서 나는 그렇게 했다. 곧 나는 그의 눈에 눈물이 흐르고 그가 큰 소리로 우는 것을 듣고 깜짝 놀랐다. 그는 울면서 나에게 말했다. 오, 아들아, 너는 이렇게 어린 나이에 너의 영혼을 완전하게 할 도구를 가졌고 또 그것을 사용할 줄 아니 얼마나 행복한가! 전 세계를 다스리는 주여! 완전성에 이르는 것이 인간의 소명이라면 왜 가난한 나는 지금까지 진정 내 소명에 충실한 삶에 이르기 위한 수단을 얻지 못했느냐고 묻더라도 부디 무거운 내 죄를 용서하소서. [28]

루소로부터 마음을 완전히 바꿀 정도로 큰 영향을 받은 후 칸트는 라이프니츠의 완성주의를 당연히 거부하게 되었다. 이후 완성주의는 그의 저술에는 거의 등장하지 않지만 학생들을 가르치면서는 반복해서 이를 검토했다. 그는 도덕철학을 주제로 한 강의를 30번 이상 개설했는데 대부분의 강의에서 볼프주의를 드러내는 바움가르텐의 저술 두 권을 교재로 사용했다.[29] 이들 중 한 권은 볼프 윤리 이론의 여러 요소들을 설명한 것이며, 다른 한 권은 신과 우리 자신 그리고 다른 사람에 대한 우리의 구체적인 의무를 매우 상세히 다룬 것이다. 저술의 대부분에서 바움가르텐은 학생들에게 평범하고 상식적인 도덕을 제공하는데 칸트는 이를 거부하지 않는다. 그 대신 칸트는 이런 도덕이 완전성의 추구가 아니라 정언 명령에 의해서 요구된다는 점을 제시한다.

칸트는 자기완성이 도덕의 일부라는 점을 결코 부정하지 않는다. 하지만 자기완성의 개념을 변형한다. 칸트는 케임브리지 플라톤주의자들이 그랬던 것처럼 자기완성을 머리가 아닌 마음의 문제로, 지성이 아닌 의지와 감정의 문제로 만든다. 칸트가 한 강의 교재의 여백에 쓴 주석은 그의 견해를 정확하게 드러낸다. "이제 '너 자신을 완전하게 하라'는 명제는 '선하게 되어 너 자신을 행복을 누릴 가치를 가진 존재로 만들라, 그저 행복한 사람이 아니라 선한 사람이 되라'

---

28) Maimon: 344~345면. 1801년 출판된 마이몬에 대한 회상록에서 인용함.
29) 칸트가 윤리학을 강의한 시기와 수에 관해서는 Arnoldt(1909): 173~344면 참조. 이 책은 칸트의 강의를 다룬 가장 중요한 저술이기도 하다. 칸트가 사용한 교재에 관한 추가적인 내용은 Stark(1993): 326~327면 및 LE의 서문 참조.

는 말로 해석된다면 윤리학의 원리가 될 수 있다."[30] 우리에게 필요한 것은 우리의 인식 범위와 명료함을 끝없이 향상시키는 것이 아니다. 칸트는 우리가 도덕적 완전성을 인식하기 위해 반드시 알아야만 하는 것이 하나 있다고 생각하는데 그것은 바로 도덕법칙이다. 우리의 임무는 지식을 증진하는 것이 아니라 덕을 향상시키는 것이다 — 즉 올바른 정신을 지니고 법칙을 준수하는 강건함을 보이는 것이다. 도덕적 완전성은 의지의 상태이기 때문에 우리는 얼마든지 스스로 이런 완전성을 향한 노력을 다할 수 있다. 다른 사람들의 도덕적 완전성은 우리가 어떻게 할 수 있는 문제가 아니다. 반면 그들의 행복은 우리가 관심을 가질 수 있고 또 가져야만 하는 문제이다.

볼프와 칸트 모두 자기완성은 자기 자신에 대한 의무라고 여긴다. 그리고 칸트는 이런 의무가 "첫 번째 위치를 차지하며, 모든 의무 중 가장 중요하다"는 볼프주의자의 견해에 동의한다. 하지만 그는 볼프주의자를 비롯한 다른 모든 사람들이 이 의무를 제대로 이해하지 못했다고 생각한다. 이 의무는 볼프의 주장과는 달리 자기 자신의 행복을 추구하는 것과 연결되지 않는다. 이 의무는 결코 도구적인 의무가 아니다.[31] 이는 우리 각자의 자유를 존중함으로써 요구되는 의무이다. 이를 무시하는 것은 우리가 의무를 수행할 수 있는 상황을 아예 부정하는 것이 되고 만다. 칸트는 만일 우리가 노예 상태에

---

30) *Reflexionen* 19. 298 (no. 7268).
31) 이 점에서 칸트는 거의 모든 이전 철학자들과 의견을 달리한다. 푸펜도르프, 클라크, 허치슨, 크루지우스는 모두 자신에 대한 의무를 신에 대한, 타인에 대한 의무 때문에 생겨나는 자기 자신에 관련된 의무로 — 즉 자신을 신에게 복종하고 다른 사람들을 도울 수 있도록 유지할 의무로 — 다룬다.

빠지고, 자신의 육체를 다른 사람에게 팔고, 자살을 시도한다면 모든 내적인 가치를 잃는다고 말한다. 우리 자신에 대한 의무를 수행하지 않는다면 우리는 다른 사람에 대한 의무 또한 제대로 수행할 수 없다(27. 340 이하; *LE*: 122면 이하). 그러면 우리는 도덕적 세계의 완전성에도 기여하지 못한다. 그런데 칸트가 윤리학 강의의 마지막 시간에 학생들에게 말하듯이 이런 완전성에 기여하는 것은 인간에게 주어진 마지막 소명이다. "각각의 개인은 이 목적에 맞도록 자신의 행위를 조절하기 위해 노력해야 한다. 이렇게 각 개인이 이 목적에 기여하고 다른 모든 사람들도 그렇게 할 경우 우리는 완전성에 이르게 된다."(27. 470; *LE*: 220~222면) 라이프니츠주의자들은 이 세계가 필연적으로 가능한 최선의 세계임을 신이 드러낸다고 생각한다. 반면 칸트는 우리 자신뿐만 아니라 이 세계를 완전하게 할 책임을 우리에게 넘긴다.

버틀러는 우리 자신의 복지에 대한 사려 깊은 관심이 도덕적 시인을 받을 만하다고 생각하며, 프라이스는 우리가 행복 일반을 실현할 의무를 지니기 때문에 우리 자신의 행복에 대해 관심을 가질 의무 또한 가진다고 주장한다. 이와는 대조적으로 칸트는 우리 자신의 행복 추구를 우리 자신을 덕이 있는 존재로 유지하기 위한 수단으로서 우리가 행해야 할 바의 일부로 여긴다.

결 론

제 24장

도덕철학사에 대한 이해
피타고라스, 소크라테스 그리고 칸트

"도덕철학의 영역에서 우리는 고대인들에 비해 조금도 발전하지 못했다."칸트는 학생들에게 이렇게 말했다(9. 32 및 28. 540). 그는 자신이 인식론에서 이룬 업적에 대해서는 이렇게 겸손한 태도를 취하지 않았다. 왜 그는 도덕에 대한 자신의 비판적 이해가 자신의 인식론에 비견될 정도로 혁명적이라고 주장하지 않았는가? 그는 이 문제에 관해 분명히 나름대로 고찰했다. 이전 철학자들의 다양한 견해를 형이상학에서는 요약했지만 윤리학에서는 그렇게 하지 않았던 아리스토텔레스와 달리 칸트는 정기적으로 학생들에게 도덕철학사에 관한 내용을, 특히 고대 철학자들에 관한 내용을 강의했다. 그는 철학의 다른 분야의 역사에 관해서는 그리 자주 강의하지 않은 듯하지만 현상 응모에서 상을 받은 한 중요한 논문에서는 그 당시 형이상학에서 진보가 이루어졌다는 내용을 요약하기도 했다. 1) 칸트가 이 논문과 비교될 만한, 윤리학에서의 진보를 다룬 다른 논문을 쓰지 않은 것은 단지 이를 주제로 한 학술 현상 응모가 없었기 때문인가?

이런 질문을 던지는 것은 곧 칸트가 도덕철학자로서 스스로의 역사적 의미를 어떻게 이해했는지 묻는 것이기도 하다. 그리고 이 질문을 통해 우리는 칸트가 철학적 윤리학의 핵심을 어떻게 이해했는지도 함께 물을 수 있다. 앞서 제22장 2절에서 나는 칸트가 자신의 사상을 형성해 나가던 시기에 철학자로서의 소명을 불편하게 여겼음을 암시하는 몇 대목을 지적했다. 또한 나는 칸트가 도덕에 관해 권위 있는 주장을 선언하려면 도덕 연구에 평생을 바친 학자들이 사회적으로 필요하다는 볼프주의의 믿음을 거부했다는 점도 지적했다. 그렇다면 칸트는 왜 도덕철학이 — 만일 문제가 된다면 — 중요한 문제가 된다고 생각했는가?

이런 질문들에 답하기 위해서는 칸트가 어떤 식의 도덕철학사를 접했는지 살펴볼 필요가 있다. 그가 처했던 상황은 현재 우리가 상상하는 것보다 다소 복잡하다.

---

1) 칸트가 강의에 사용한 바움가르텐의 윤리학 교과서에는 윤리학의 역사에 관한 내용이 전혀 등장하지 않지만 현재 전하는 수강생들의 필기를 보면 칸트가 강의 때마다 고대 윤리학을 다루고 몇몇 근대 윤리학 이론에 대해서도 다소간 언급했음을 알 수 있다. 하지만 형이상학 강의록은 칸트가 형이상학의 역사에 관해서 항상 강의하지는 않았음을 보여 준다. 윤리학에 관한 초기 단편들에는 그가 윤리학사를 정리한 내용이 무척 많이 등장하는데 그가 자신의 도식을 확고히 마련한 1770년대 중후반부터는 눈에 띄게 줄어든다.

1. 소크라테스 이야기

도덕철학과 그것의 역사를 철학사 전반에 포함되는 철학의 한 부분으로서가 아니라 독립된 분과로 다루기 시작한 일은 17세기에 이르러 자연법과 각 나라의 법에 관한 이론의 역사가 탐구되면서부터이다. 이런 탐구들 중에 가장 주목할 만한 것은 앞서 몇 차례 언급했던, 1706년에 출판된 바르베이락의 저술 《도덕학에 대한 역사적, 비판적 설명》인데 이 글은 그가 프랑스어로 번역한 푸펜도르프의 저술 《자연법과 국가법》에 서문으로 쓴 것이었다. 아담 스미스 또한 《도덕감정론》에서 이전 학자들의 저술에 대한 부분적인 평가를 드러낸다. 하지만 최초의 포괄적인 윤리학사는 1822년에 출판된 스토이틀린(Stäudlin)의 저술이다. 그 후 다른 윤리학사들이 계속 이어졌는데 현재 윤리학사의 영역은 일반적인 철학사 내부에 속하는 하위 전문 분야 중 하나로 어느 정도 인정을 받은 듯하다. 하지만 윤리학사 서술에서 발생하는 특별한 문제점에 관한 논의는 아직 거의 등장하지 않았다.[2] 그 까닭은 아마도 부분적으로 윤리학사의 큰 흐름에 관해서는 어떤 논쟁점도 없는 듯이 보이기 때문인 듯하다.

---

2) 철학사의 역사에서 등장하는 이와 같은 문제에 관해서는 Braun(1973), Gueroult(1984~1988) 참조. 그리고 Santinello(1993)는 철학사 전반에 초점을 맞출 뿐 철학에 속하는 여러 분과의 역사가 등장하는 과정에는 주목하지 않는다. 철학적 주제에 관한 역사적 서술을 다룬 여러 연구에서도 [예를 들면 Gracia(1992)] 정치 이론의 역사 서술에 비견할 만한 윤리학 역사 서술에 관한 논의는 찾기 어렵다. 정치 이론의 역사 서술이 중요한 부분으로 부각된 데는 스키너(Quentin Skinner)와 포콕(John Pocock)의 저술이 크게 기여했다. 물론 윤리학의 역사 서술을 다룬 몇몇 예외도 있다[예를 들면 Irwin(1993)].

오늘날 가장 흔히 받아들여지는 도덕철학사의 도식은 최소한 고대 그리스의 크세노폰(Xenophon)에까지 거슬러 올라갈 수 있을 정도로 오래된 것이다. 크세노폰은 소크라테스가 일련의 새로운 주제들을 주목함으로써 이전 철학자들과 단절했다고 말한다. 소크라테스는 이전 철학자들과 달리 우주와 사물 전체의 본성에 관해 논쟁하지 않았다. 그 대신 그는 인간과 관련된 문제를 파고들었다(《회상록》 I. 11~12). 키케로는 이 점을 더욱 상세히 언급한다. 그에 따르면 "소크라테스는 철학을 천상에서 지상으로 불러 내려 사람들의 도시에 정착시키고 … 철학이 삶과 도덕 그리고 선하고 악한 것들에 관해 묻지 않을 수 없도록 만든 최초의 인물이었다"(《투스쿨룸 논쟁》 V. iv. 10~11). 《공리주의》(1861)의 첫머리에서 밀 또한 이런 전통에 호소한다. 그는 다음과 같이 말한다.

> 철학의 여명기부터 최고선 또는 … 도덕의 기초에 관한 물음은 사변적 고찰의 중요한 문제로 여겨져 왔다. … 그로부터 이천 년 이상이 흐른 지금도 같은 논의가 계속되며, 철학자들은 여전히 같은 내용을 놓고 다투는 각 진영에 속한 채로 있다. 사상가도 아니면 일반인들도 대체로 이 주제에 관해서는 젊은 소크라테스가 나이든 프로타고라스의 말을 들은 후 … 이른바 소피스트의 통속적인 도덕에 반대해 공리주의 이론을 주장한 때에 비해 조금도 일치된 의견으로 다가가지 못한 듯하다.

밀보다 훨씬 이전에 홉스는 널리 알려진 한 대목에서 소크라테스를 전혀 직접 언급하지 않으면서도 이런 소크라테스 이야기를 조금 변형해 제시한다. 앞서 지적했듯이(앞의 제5장 4절) 홉스는 북아메리카 원주민 사이에도 합리적이고 적절한 "도덕 원칙들"이 존재한다고 주장한다. 옥수수와 포도가 사람들이 먹기 위해 경작하기 이전 야생에서도 잘 자랐듯이 "인간 이성에 본성으로 심어진, 참이고 보편적이고 유익한 다양한 생각들이 태초부터 계속 존재해 왔다". 이들을 제대로 활용하려면 철학이 필요한데, 철학은 결국 여가를 필요로 한다. 하지만 고대 그리스인들은 충분한 시간이 있었지만 도덕철학에서 큰 발전을 이루지는 못했다. 유대인들 또한 "모세의 율법을" 가졌음에도 불구하고 별 발전이 없었다. 홉스는 그리스도를 언급하기는 하지만 유대인들이 그를 이해하지 못했다는 말밖에는 하지 않는다(《리바이어던》 XLVI. 6~12). 홉스는 자신이 다른 대목에서 우리가 아는 바라고 주장한 것을 잘 모아 보라고 권하면서, 자신이 본성적인 도덕적 믿음을 도덕학으로 대체해 이런 믿음을 도덕적 지식으로 전환한 최초의 인물이라고 말한다(XXX. 5 참조).

밀은 도덕의 제일원리를 탐구한 지 그렇게 오래되었음에도 아직 그 원리가 결정되지 않은 채로 남아 있다는 사실을 설명하기 위한 이론을 제시한다. 그는 모든 학문에서 가장 기본적인 원리가 발견되기 이전에 수많은 정보와 하위 정리들이 먼저 밝혀졌다고 말한다. 인류는 어쨌든 경험을 통해서 상세한 내용들로부터 많은 일반적 진리들을 배운다. 그 후에야 우리는 주의 깊은 분석을 통해 세부적인 내용들로부터 어떤 학문의 기본 개념과 원리들을 추출할 수 있다. 도덕적 믿음도 이와 마찬가지이다. 따라서 우리가 상식적으로 도덕 규칙에 대한 몇 가지 건전한 **믿음들**을 가졌다 해도 이는 전혀 놀라운 일이 아니다. 하지만 도덕의 진정한 기초를 발견하기 이전에는 도덕에 관한 확고한 **지식**을 지닐 수 없다(《공리주의》 I. 1~2).

도덕철학이 소크라테스로부터 시작되었으며 그 후 계속 탐구되어

왔다는 것이 여전히 표준적인 해석이다. 따라서 윌리엄스(Bernard Williams)도 도덕에 관한 중요한 탐구를 시작하며 다음처럼 말한다.

> 도덕을 다룬 최초의 책들 중 한 권에서 소크라테스가 '지금 우리 대화의 주제는 어떻게 살아야만 하는가이다' 하고 말했다는 사실, 또는 플라톤이 그렇게 기록했다는 사실은 결코 사소한 문제가 아니다. … 도덕철학의 목표는 … 소크라테스가 던진 질문과 운명을 같이한다. 3)

내가 도덕철학사에서 소크라테스 이야기라고 부르려는 것에 따르면 현재 우리는 다음과 같은 상황에 놓여 있다. 우리는 아직 도덕의 기초에 관한 어떤 합의에 이르지는 못했지만 도덕철학자들이 수행해야 하는 임무가 무엇인지는 알고 있다. 우리는 소크라테스가 제기한 물음, 즉 어떻게 살아야 하느냐는 물음에 답하려 한다. 사람들은 항상 이 문제에 관한 여러 의견을 제시해 왔지만 어떤 부정할 수 없는 기초에 근거한, 의심의 여지없는 대답에 도달하기란 몹시 어렵다. 이 일이 몹시 어렵기 때문에 회의주의자들은 이 질문에 대한 대답이 존재하는지, 더 나아가 그것이 진정한 질문인지 의심해 보라고 요구한다. 밀이 말하듯이 어쩌면 모든 학문이 이런 난관에 봉착하는지도 모른다. 아니면 다른 학자들이 말하듯이 어쩌면 물리학에서보다 도덕에서 어떤 이론을 제시하는 임무가 더욱 어렵도록 만드는 도덕의 특별한 문제점이 존재하는지도 모른다. 그리고 이런 특별한 문제점이 도덕의 영역에서 어떻게 살아야 하는지에 대한 대답은커녕

---

3) Williams(1985)：1면.

대답에 조금 더 가까이 다가갔다고 보편적으로 받아들여지는 발전조차도 이루지 못한 듯 보이는 현실을 설명해 주는지도 모른다. 도덕적 문제들은 여전히 존재하며 우리는 이들을 계속 탐구해야 한다. 우리가 이전의 도덕철학을 탐구한다면 그 까닭은 이전의 선구자들로부터 어떤 통찰을 얻기 위해서, 아니면 최소한 그들의 잘못을 피하기 위해서이다.

2. 피타고라스 이야기

소크라테스 이야기는 오늘날 지극히 당연시되지만 이전 수 세기 동안 도덕철학사에서 이와는 다른 견해가 폭넓게 등장했다는 사실을 깨닫는 것은 매우 중요하다. 이런 대안적인 견해도 소크라테스 이야기와 마찬가지로 도덕철학의 임무가 무엇인지에 관해 자신의 독특한 관점을 드러낸다. 이런 대안적 도덕철학사는 도덕의 기본 진리가 발견되어야 할 마지막 진리는 아니라는 주장을 근거로 삼는다. 이에 따르면 도덕적 진리는 인간들이 함께 살아온 때부터 이미 알려져 있었다. 따라서 도덕철학이 무엇이든 간에 그것은 지금까지 알려지지 않는 학문적 지식을 발견하는 것이 아니다. 4)

---

4) 이 절의 아래 부분 초고를 읽고 매우 유익한 비판을 해준 헤르트 박사(Dr. Jennifer Herdt)에게 깊이 감사한다. 비록 윤리학보다는 인식론 일반을 언급하기는 했지만 도덕철학에 관한 두 이야기 사이의 차이를 일반적으로 설명한 예로는 Ernest Sosa(1991), *Knowledge in Perspective*: Cambridge: 158~159면 참조. 또한 내가 논의 중인 두 이야기에 더욱 가깝게 도덕철학의 임무에 관한 두 견해를 요약한 경우로는 James Griffin(1996), *Value*

대안적인 이야기는 몇 가지 형태를 취하는데 그중 가장 오래된 형태는 현재 우리 중의 대다수가 거의 던지지 않을 질문에 큰 중요성을 부여한다. 하지만 이 이야기의 내면을 들여다보면 왜 그런 질문을 던져야 하는지 알게 될 것이다. 이는 바로 피타고라스(Pythagoras)가 유대인이었느냐는 질문이다.

이 질문의 배경에는 《성서》에 등장하는 이야기가 인간의 모든 역사를 그 안에 포괄하는, 가장 확실한 체계를 제공한다는 가정이 놓여 있다. 아마도 보쉬에(Bossuet)가 쓴 《보편사 논고》(*Discourse on Universal History*, 1681)는 이런 가정 위에 세워진, 근대의 가장 대표적인 기념비라고 할 수 있지만 이것이 그런 가정을 받아들인 유일한 저술은 아니다. 르네상스기 철학사를 다룬 산티넬로(Santinello)의 저술에서 드러나듯이 모든 지혜가 신으로부터 온다는 것은 오랫동안 상식으로 받아들여진 가정이었다. 그렇다면 철학사가의 중요한 임무 중 하나는 유대인들로부터 직접 유래하지 않은 문화에도 신으로부터 온 지혜가 존재함을 설명하는 것이다.[5] 이런 임무를 수행했던 학자들은 철학이 중요한 인간 활동 중 하나로서 섭리를 통해 그 역할이 부여되었다고 믿었다. 그런데 이들은 도덕에 관한 그리고 도덕과 도덕철학 사이의 관계에 관한 특별한 문제에 마주치게 된다. 도덕에 관한 진리는 인간 역사의 매우 이른 시기에 이미 계시를 통해

Judgement: Oxford: 131면 참조.

5) Santinello(1993) 21, 26, 28면 그리고 특히 330면 이하의 버넷(Thomas Burnet)에 관한 논의 참조. 또한 Harrison(1990), 5장에 등장하는 종교의 "유일한 근원" 이론도 참조. Walker(1972)는 이런 종류의 견해에 관한 또 다른 중요한 연구이다.

서 알려졌으며 결코 변화하지 않는다. 이를 로(William Law)는 18세기 방식으로 명확하게 표현한다.

노아(Noah)의 가족이 방주 밖으로 나왔을 때 이들은 그 후의 모든 사람과 마찬가지로 덕의 원리와 도덕적 지혜에 따라 잘 교육받았으리라고 추측할 수 있다. 세상의 모든 사람들이 도덕적 덕에 따라 잘 조율될 충분한 시간이 있었다. …

따라서 도덕적 덕의 근원이 그보다 **훨씬 후라고** 설명하는 사람은 **잘못된** 설명을 하는 것이다. 6)

노아가 받은 계시가 도덕적 지식 자체의 근원이라는 믿음을 받아들인다면 당연히 우리에게 도덕철학이 도대체 왜 필요한지 질문이 제기된다. 이는 또한 어떻게 그리스인들이 도덕철학을 시작할 수 있었느냐는 의문을 불러일으킨다.

첫 번째 질문에 대한 대답은 인간이 죄에 빠진 존재라는 사실에 놓여 있다. 타락한 이후 인간의 본성은 크게 손상되었다. 인간은 타락함으로써 자신의 재능을 잃었을 뿐만 아니라 신의 명령을 이해하고 받아들이는 능력도 크게 줄어들었다. 또한 타락한 인간은 정념을 제어하지 않게 되었다. 오직 정욕에 따라 좌우되는 사악한 자들은 양심의 가책에서 벗어나려 하므로 신의 명확한 명령을 무시하기 시작한다. 이들은 또한 자신의 사악한 흉계에 끌어들이고 싶은 사람들의 도덕적 사고를 가리고 마비시키려 한다. 거짓 추론은 이들의 기본적

---

6) 로, 《꿀벌의 우화에 대한 … 논평》(Remarks upon … the Fable of the Bees): 7면.

인 도구가 된다. 하지만 이성은 신이 인간에게 준 선물이다. 무엇보다도 이성을 통해서 우리는 신의 계시가 끝난 후에도 필요한 최소한의 도덕적 지식을 계속 유지할 수 있다. 만일 오직 이성만을 통해서 도덕철학이 가능하다면 인간은 교만에 빠져 도덕의 도식과 체계를 발명해 서로를 능가하려고 다투게 되며 이 때문에 도덕 자체는 혼란에 빠져 길을 잃고 만다. 이성의 오용과 악한 철학의 원인이 이제 우리의 본성에 이미 깊이 배어들었으므로 최후의 심판 이전에는 결코 선한 철학이 마지막 승리를 거둘 수 없다. 하지만 싸움은 계속 되어야 한다. 도덕철학은 죄와 덕 사이의 싸움이 벌어지는 또 다른 전장으로 이해되어야 한다.

고대 그리스인들에 관해서 말하자면, 신이 철학을 한 최초의 인물로 왜 그들을 선택했는지는 일종의 신비이다. 하지만 그들이 노아와 모세처럼 계시를 받지도 못했고 나머지 다른 사람들처럼 타락했음에도 불구하고 어떻게 도덕을 다루었는지, 또 어떻게 다룰 수 있었던 것인지 (그들이 얼마나 잘 해내었는지 또한 쟁점이다) 생각해 낼 수는 있다. 그리고 바로 여기서 피타고라스가 등장한다.

《대 도덕학》(*Magna Moralia*) I. 1에서 아리스토텔레스는 피타고라스가 덕의 탐구를 시도한 최초의 인물이라고 말하는데 이 말은 자주 인용되었다. 7) 그리고 아리스토텔레스가 고대의 철학을 다룬 최초의 철학사가라는 지위를 누린다는 것을 고려하면, 이보다 더욱 확실

---

7) 영어로 철학사를 쓴 최초의 영국 철학사가인 스탠리(Thomas Stanley)는 피타고라스가 덕을 탐구한 최초의 인물이라는 주장을 반복하면서 아리스토텔레스를 근거로 인용한다. 스탠리, 《철학사》: 395면. 《대 도덕학》: 1182 a12~14에서 인용한 대목 전체가 이 책의 iii절에 등장한다.

한 증거를 요구하는 일은 거의 불가능한 듯이 보인다. 또한 뒤플레
(Scipion Dupleix)가 최초의 도덕철학자는 피타고라스라고 주장하면
서 삽입조로 덧붙인 지적은 그러한 주장이 왜 중요한지 잘 보여 준
다. 1603년에 출판한 저술인 《윤리학 또는 도덕철학》(*L'ethique ou
philosophie morale*)에서 뒤플레는 비록 소크라테스가 도덕철학이 제
시한 규칙들을 탁월하게 논의한 인물로 칭찬받기는 하지만 그가 이
영역을 다룬 최초의 인물은 아니라고 말한다. "그리스인들이 그리스
를 대표하는 철학자로 여겼던 피타고라스가 〔비록 이레나이우스(St.
Irenaeus)는[8] 그가 히브리인이었으며 모세 오경을 읽었으리라고 확언하
지만〕소크라테스보다 먼저 도덕을 깊이 있게 탐구했다."[9] 하지만
뒤프레가 이런 주장을 편 최초의 인물은 아니다. 예를 들면 피치노
(Ficino)는 암브로시우스(St. Ambrose)가 "피타고라스의 아버지가
유대인이었다"는 사실을 보였음을 상기했다. 이외에도 이렇게 주장
한 사람들이 더 있다.[10] 이를 통해서 도덕의 전파라는 문제가 해결
된다. 만일 피타고라스가 그리스인들 중 도덕철학을 처음 탐구한 인
물인데 그가 유대인이었다면 어떻게 그리스인들이 도덕철학을 잘

---

8) 〔옮긴이주〕 이레나이우스는 기원후 120~140년 사이에 태어나 200~203년
   사이에 사망한 것으로 추정되는, 2세기의 대표적인 기독교 신학자이다. 리
   옹 지역의 주교였으며 영지주의에 반대하는 저술을 통해 초기 기독교 교리
   확립에 기여했다.
9) Dupleix(1632): 4면. 하지만 나는 현재 우리가 이레나이우스에 관해 아는
   모든 지식을 동원해 보아도 그가 이런 말을 했다는 근거는 없다고 들었다.
10) 이런 인용들은 Heninger(1974): 201~202면에 힘입은 바 큰데 Heninger
   의 저술은 피타고라스주의에 관한 매우 유용한 연구서이다. Heninger는
   (229면 각주 5에서) 피타고라스가 모세로부터 큰 영향을 받았음을 보이는
   17~18세기의 문헌 목록을 다수 제시한다.

전개할 수 있었는지는 명확하다.

피타고라스가 실제로 유대인이라고 모든 사람이 생각하지는 않았다. 하지만 여기서 차선의 이야기가 등장했다. 그리스인들이 유대인으로부터 많은 것을 배웠다는 사실은 당시 상식으로 받아들여졌다.[11] 자연법에 대한 인식을 노아의 계율에까지 거슬러 올라가 추적했던 셀던(John Selden)은 1640년 출판한 저술 《자연법과 국가법》(De Jure Naturali et Gentium)에서 상당한 분량에 걸쳐 피타고라스가 유대인들로부터 받은 영향에 관한 유대교와 기독교 학자들의 증언을 분석한다. 그는 이런 영향을 증명하면서 얻는 교리적 이익에 관심을 덜 보인다는 이유로 유대계보다는 그리스계의 권위 있는 자료를 선호한다. 그는 증거 자료들의 비중을 고려해 볼 때 다음과 같은 점이 명확하게 드러난다고 결론짓는다.

피타고라스는 그리스 신학의 최고 스승인 동시에 철학자로 불린 최초의

---

11) 헤로도토스(Herodotus)를 비롯한 다른 고대인들은 그리스가 동방 사상으로 부터 영향을 받았음을 대체로 인정했으며 이소크라테스(Isocrates)는 특히 피타고라스가 이집트인들로부터 배운 철학을 그리스에 이식했다고 주장했다. Guthrie(1962): 160, 163면 참조. Guthrie는 거의 200페이지에 걸쳐 피타고라스와 피타고라스주의를 연구하는 데서 등장하는 어려움을 검토하고 현대의 연구 성과를 요약한다.

Heninger(1974), 5장: 256~274면에서는 피타고라스 또는 피타고라스학파의 도덕철학이 구체적으로 어떤 모습이었는지에 관한 다양한 견해들이 상세하고 흥미롭게 설명되며 또한 피타고라스의 견해들이 기독교의 정통설로 이어지면서 널리 선전된 다양한 방식들도 논의된다. Heninger는 비록 이전에 피타고라스가 도덕 사상을 형성하면서 이른바 유대인들로부터 큰 영향을 받았음을 지적했지만 이 영향이 도덕철학사 서술에서 어떤 의미를 지니는지 탐색하지는 않는다.

인물인데, 어떤 사람들은 그가 영혼의 불멸성에 관한 교리를 그리스에 최초로 도입했다고 주장하며 … 다른 사람들은 그가 히브리인들에게서 듣고 그들과 토론함으로써 … 덕에 관한, 즉 도덕철학의 원리에 관한 논의를 맨 처음 시도한 인물로 여기기도 한다. 12)

셀던은 피타고라스가 예언자 에스겔(Ezekiel) 못지않은 어떤 인물에게서 가르침을 받았을 가능성이 충분하다고 생각한다.

모어(Henry More) 또한 그리스 철학이 유대인들로부터 영향을 받았음은 명백하다고 생각한다.

이제 피타고라스의 이론이 히브리인에게서 유래했다는 사실은 종교를 믿는 학자나 그렇지 않은 학자나 모두가 증언하고 단언하는 바이다. 플라톤이 자신의 이론 중 핵심적인 부분을, 즉 신을 비롯해 영혼의 불멸성, 삶의 방향과 올바른 태도 등을 피타고라스로부터 가져왔다는 사실 또한 어느 누구도 의심하지 않는다. 플라톤으로부터 유래한 주장이 아리스토텔레스학파들로 이어졌으며 그 후 거의 전 세계로 전파되고 확산되었다

---

12) 셀던, 《자연법과 국가법》, 《전집》 I. 89. 피타고라스에 관한 증언들은 82∼85항을 비롯한 다른 곳에서 검토된다. 나는 피타고라스와 관련된 대목을 인용에 적절한 영어로 번역하면서 자이들러(Michael Seidler)에게서 큰 도움을 받았다. 셀던은 "우리가 그리스 철학자들의 저술에서 수많은 히브리 교리의 흔적을 발견하지 못한 이유를—사실상 순수하고 변형되지 않은 히브리적 특성을 충분히 유지하는 것은 전혀 없다는 듯이 생각하는 이유"를 설명하려 한다. 수많은 그리스 학파들이 서로 뒤섞이면서 고대로부터 이어진 가르침을 크게 변형했기 때문에 어디서나 뒤범벅된 주장밖에는 발견할 수 없는 결과를 초래했다. 하지만 셀던은 피타고라스뿐만 아니라 플라톤의 이론에서도 히브리인에게서 유래한 가르침이 등장한다는 사실은 의심의 여지가 없다고 덧붙인다(91항).

는 사실은 모든 사람들이 한목소리로 입증하는 내용이다. 13)

여기서 우리는 도덕철학사의 출발점에 접하게 된다. 나는 도덕철
학이 얼마나 오래되었는지 알지 못한다. 14) 하지만 나는 수많은 위
대한 철학자들이 내가 피타고라스 이야기라고 부른 바가 이런 저런
형태로 변형된 내용을 그리 명확하게는 아닐지라도 계속 받아들였
다고 생각한다.

---

13) 모어, 《윤리학 편람》(Enchiridion): 267면. 모어와 "고대 신학"에 관해서는
   Harrison(1990): 133~135면 참조. 하지만 해리슨은 도덕철학에 관한 피타
   고라스 이야기를 다루지는 않는다. 고대 신학은 삼위일체설과 같은 교리와
   는 관련되지만 도덕적 문제와는 그리 큰 관련이 없다.

14) 요세푸스(Josephus)는 《아피온 반박》(Against Apion, trans. Henry St.
   John. Thackeray: Cambridge, 1926, 1966)에서 그리스인들은 학문과 법
   률 대부분을 동방으로부터, 특히 유대인에게서 배웠다고 주장한다. 그는 이
   런 맥락에서 피타고라스에 관해 언급하지만 피타고라스가 도덕철학의 창시
   자라고 명확히 주장하지는 않는다. I. 13~14, I. 165, II. 168 참조. 이와 관
   련해 번역자인 Thackeray는 그리스인들이 유대 사상에 의존한다고 처음으
   로 주장한 인물은 아리스토불로스(Aristobulus)라고 지적한다. 유세비우스
   (Eusebius)는 《복음의 예비》(Preparation for the Gospel) 중 유명한 한 대목
   에서 플라톤을 아테네화한 모세로 묘사한다. 하지만 유세비우스는 피타고라
   스를 도덕철학의 창시자로 여기지는 않는다. 〔이하 옮긴이의 첨가〕 요세푸
   스(기원후 37경~100경)는 로마제국에서 활동한 유대교 제사장인 동시에 역
   사가이다. 《아피온 반박》은 그가 97년경 쓴 것으로 유대인과 유대 문화를
   비난한 아피온 지역 사람들의 생각을 반박하기 위해 헬레니즘 사상과 유대교
   를 대비하면서 유대교가 헬레니즘 사상보다 도덕적으로나 사상적으로 더 우
   월하다는 주장을 담은 저술이다. 아리스토불로스는 기원후 2세기 후반에 주
   로 활동한 유대 철학자로서 소요학파에 속한 인물이다. 그는 《성서》와 그리
   스 사상을 융합하려는 다양한 시도를 했다. 유세비우스는 4세기에 팔레스타
   인의 카이사리아 지방에서 활동한 기독교 학자, 역사가인 동시에 주교이다.
   특히 그가 쓴 《교회사》(Ecclesiastical History)에 실려 있는 기독교의 처음
   몇 세기에 관한 기록은 초기 기독교사의 표준 자료로 여겨진다.

3. 계시와 이성

이런 종류의 역사적 도식 안에는 교묘한 설명을 도입할 수 있는 여유 공간이 상당히 넓다. 가장 중요한 점은 이런 도식이 계시를 불필요한 것으로 여기지 않으면서도 이성의 역할이 발휘될 공간을 남겨 둔다는 것이다.[15] 이는 결국 도덕철학사에 관해 완전히 종교적이지만은 않은 이야기를 낳는다. 영국에서는 로크와 클라크, 독일에서는 크루지우스 등의 학자가 모두 **현재의** 도덕이 계시에 의존하지는 않지만 여전히 역사적으로는 계시를 핵심적인 것으로 규정할 필요가 있다는 견해를 옹호하는 데 관심을 쏟았다. 이들은 피타고라스가 노아의 계시로부터 받은 영향을 그리스도가 그런 계시로부터 받은 영향으로 대체하면서 오직 그리스도를 통해서만 우리가 도덕에 관한 완전한 진리를 깨달을 수 있다고 보았다. 이런 측면에서 로크는 다음과 같이 말한다.

> 이성이 다른 아무 도움 없이 도덕의 모든 부분을 진정한 기초 위에 확립하는 일은 몹시 어려운 임무인 듯하다. … 이제 우리는 그리스도의 시대 이전에 이런 임무를 수행하려 했던 철학자들의 시도가 얼마나 큰 실패를 거두었는지 잘 알고 있다. … 그리고 그 이후로 기독교 철학자들이 이전 철학자들을 크게 능가했다 할지라도 우리는 그들이 진리에 대한 최초의 인식에 더한 바가 계시에 힘입었다는 점을 발견할 수 있다(《기독교의 합리성》: 61면).

---

15) 위에서 인용한 모어 자신도 오직 계시뿐만이 아니라 로고스의 영원한 자식인 인간 이성 또한 우리에게 도덕에 관한 빛을 밝혀 준다고 말한다.

이제 그리스도가 진리를 계시했으므로 우리는 스스로 그의 가르침이 합리적임을 깨달을 수 있고, 심지어 우리의 지식을 논증적인 학문으로 전환할 수도 있다.

크루지우스 또한 피타고라스 이야기를 유대인과의 관련성이 제외된 이성적 형태로 받아들였다는 점은 매우 중요하다. 그는 윤리학을 다룬 저술의 서문에서 진리는 이성적인 출발점으로부터 시작해 타당한 논증을 통해 증명될 수 있기 때문에 합리적이고 철학적이라고 말한다. 그런 진리를 맨 처음 어디서 배웠는지는 중요하지 않다. "기독교가 우리에게 부과하는 의무들은 이성에 근거한다. 이들에 대한 우리의 지식이 인간의 타락(Verderben) 때문에 흐려졌지만 의무 자체는 유지되었다. … 신의 계시가 없이는 가장 중요하고 가장 완전하게 확립된 이성적 지식을 파악할 수 없다는 사실로부터 인간의 타락이 어느 정도인지 알 수 있다."(《충고》: 서문, b4~b5단)

로크와 클라크, 크루지우스 중 어느 누구도 노아에 대해서 또는 피타고라스와 유대인 사이의 관계에 대해서 아무런 언급도 하지 않는다. 하지만 이들은 고대 그리스 철학자들이 도덕의 요구를 이해하는 데 결코 멀리 나아가지 못했다고 주장함으로써 계시가 없는 이성만으로는 도덕을 발견할 수 없다는 믿음을 피타고라스 이야기와 공유한다. 16) 로크와 클라크는 홉스가 도덕철학사와 관련된 소크라테스 이야기를 어떻게 활용했는지 알았던 듯하다. 따라서 이들은 이와

---

16) 로크, 《기독교의 합리성》 241, 60~61면. 클라크, 《강연 II》, 《저술집》 II. 666 이하. 가상디는 《논고》 3에서 유대인과의 관련성은 언급하지 않으면서 피타고라스가 도덕철학을 탐구한 최초의 인물이라고 말한다. 그는 이에 대한 근거를 밝히지 않지만 아마도 아리스토텔레스를 인용한 듯하다.

는 다른 대안적인 견해를 채택할 강력한 동기를 가지게 되었다. 그리고 도덕철학의 역할에 관한 피타고라스 이야기의 설명 또한 이들의 저술에서 은연중에 드러난다. 이런 점들을 고려하면 클라크가 홉스를 항상 "사악한 홉스 씨"라고 부른 것이 개인적인 혐오를 드러낸 우연적 표현이 아님을 알 수 있다. 하지만 이들 중 어느 누구도 자신의 도덕 이론에 실마리를 제공한 도덕철학사에 관해서는 아무런 설명도 하지 않는다.

피타고라스 이야기에 포함된 가장 강력한 종교적 전제에 의존해 상세한 도덕철학사를 서술한 학자는 아무도 없는 듯하다. 당시 가장 포괄적인 도덕철학사로 여겨진 바르베이락의 저술도 도덕적 진리를 이성적으로 파악하는 일에 중요한 역할을 부여한다. 앞서 지적했듯이 그는 도덕의 기본 진리는 인간 이성을 통해서 충분히 접근 가능한 것이라고 전제한다. 이런 진리는 인간이 등장한 맨 처음 시기부터 인식될 수 있었음에 틀림없기 때문에 인류는 어떻게 행위해야 하는지에 대한 최초의 가르침을 얻기 위해 계시를 필요로 하지 않았다. 하지만 바르베이락은 또한 종교적인 피타고라스 이야기에서처럼 인간으 죄를 지음으로써 도덕의 요구를 회피하게 되었고 이렇게 하는 데 이성을 사용하게 되었다고 믿는다. 17) 그는 피타고라스가 도덕철학의 기원과 관련된다고 생각한 듯이 보이지만 그를 도덕철학의 창

---

17) "성가신 의무의 멍에를 벗어던지라는 은밀한 욕구의 유혹에 넘어가는 사람들이 끊임없이 등장했다. 설령 육체적이고 저속한 욕구가 아니라 최소한 더욱 섬세하고 세련된 성향이라 할지라도 이를 만족시키는 즐거움에 탐닉하는 사람들은 … 가장 확실한 덕의 규칙을 완전히 파괴하기 위해 … 영혼의 모든 능력을 다해 가장 명확한 진리의 증거들을 없애려 들었다."(바르베이락, 《도덕학에 대한 역사적, 비판적 설명》 III: 5면)

시자로 명확히 주장하는 데는 주저하는 태도를 보인다. 하지만 그는 분명히 도덕에 관한 진정한 진리에 반대되는 도덕철학이 등장한 원인 중 하나가 바로 인간의 원죄이며 따라서 자신에 반대하는 철학자들은 사악한 인간으로 여기지 않을 수 없다고 생각한다.

바르베이락을 비롯한 여러 학자들이 피타고라스를 덕을 탐구한 최초의 인물로 여기는 근거로 아리스토텔레스를 권위 있게 인용하지만 사실 아리스토텔레스의 언급은 — 《대 도덕학》을 실제로 그가 썼다는 가정 아래서 — 이 문제에 관한 그리 강력한 주장이 아니다. 그는 이에 관해 오직 한 번 다음과 같이 말할 뿐이다. "피타고라스는 덕에 관한 언급을 시도했던 최초의 인물이었다. 하지만 그는 그리 성공하지는 못했다. 그는 덕을 수로 환원함으로써 덕에 어울리지 않는 방식으로 덕을 다룰 수밖에 없었다."(1182a12~14) 피타고라스 이야기에 대한 나머지 문헌 증거들도 허술하기는 마찬가지이다. 17세기에 컬버웰은 이 문제를 제기하면서 만일 유대인의 영혼이 피타고라스의 몸으로 환생하지 않았다면 그가 아무것도 몰랐으리라는 가정은 어리석기 짝이 없는 것이라고 불평하면서, "유대인들이 그리스어로 번역한 몇몇 필사본"이 없었다면 자신들을 제외한 어느 누구도 율법을 알지 못했으리라는 유대인들의 오만한 가정을 비웃는다 (Culverwell: 62면; 또한 67, 75~76면 참조). 하지만 피타고라스 이야기가 완전히 사라진 것은 스토이틀린의 저술에 이르러서이다. 18)

---

18) 바르베이락보다 약 30년 후에 자연법의 역사에 관한 저술을 쓴 독일 학자 글라파이(Friedrich Glafey)는 브룩커(Brucker)와는 달리 동방 나라들의 사상에 관해서는 적절한 문헌 자료가 없기 때문에 다룰 수 없다고 주장한다. 하지만 그는 피타고라스를 그리스 사상가 중에서 최초로 진지하게 도덕

스토이틀린은 인간 정신이 지닌 타고난 능력 및 성향과 우리가 세계 안에서 처한 상황 사이의 상호작용으로부터 도덕이 생겨남을 주장하는 간단한 지적과 더불어 논의를 시작한다. 도덕의 근원은 아주 먼 고대까지 거슬러 올라가기 때문에 이에 관해서 추측하는 일은 별 도움이 되지 않는다. 도덕에 관한 철학적 고찰이 이루어지기 이전에도 도덕은 어느 곳에나 존재했으며, 도덕을 이성적으로 해명하기 이전에도 도덕은 그리 체계적은 아닐지라도 시적으로 얼마든지 표현되었다. 우리는 본성적으로 우리 자신의 능력뿐만 아니라 우리가 행위하는 세계에 대해서도 성찰하려는 성향을 띠는데 이런 성찰이 충분히 이루어진 결과가 바로 철학이다. 도덕철학은 그리스인들로부터, 특히 소크라테스로부터 시작된다.[19] 스토이틀린은 피타고라스

___

에 주목한 인물로 여기며 그의 철학에 관해 논의한 후 "전반적으로 볼 때 피타고라스의 도덕에 관한 이 짧은 요약으로부터 그가 유대인들과 이집트인에게서 많은 것을 빌려 왔듯이 뒤이은 그리스 철학자들도 그의 이론을 활용했음을 알 수 있다"고 지적한다. Glafey(1965) : 26~28면; 셀던에 관해서는 23~25면.

1786년 독일 학자 마이너스(Christoph Meiners)는 과학사를 다룬 저술을 출판했는데 여기서 상당한 분량에 걸쳐 피타고라스의 저술로 알려진 문헌들을 상세히 검토한 후 거의 대부분을 신뢰할 수 없는 것으로 배제한다. 나는 마이너스의 저술을 직접 확인할 수는 없었으며 Braun(1973) : 173~177면에 의지했다.

18세기 말 또 다른 독일 학자가 간략한 윤리학사를 출판했는데 그는 여기서 피타고라스에 관한 아리스토텔레스의 주장을 언급은 하지만 아리스토텔레스를 인용하는 사람 대부분이 그렇듯이 "피타고라스는 그리 성공하지는 못했다"는 대목을 생략한다. 그러나 그는 유대인들이 받은, 도덕적 진리에 관한 최초의 계시와 이를 정교하게 만든 그리스인들 사이의 연결점에 대해서는 아무 말도 하지 않는다. Hoffbauer(1798) : 295~296면 참조.

19) Stäudlin(1822) : 22면.

가 도덕에 관한 몇 가지 흥미로운 생각을 보여 줌을 인정하지만 피타
고라스와 유대인들 사이의 연결점에 관해서는 관심을 끌 만한 어떤
주제도 없다고 생각한다. 하지만 그는 피타고라스 이야기를 여전히
중요한 대안으로 여기는 몇몇 학자의 견해를 소개한 후 자신이 이 이
야기를 제거하기 위해 얼마나 노력했는지 지적한다. [20]

스토이틀린의 저술은 바르베이락의 저술과는 다른 방식으로 근대
성을 드러낸다. 그의 저술이 근대적인 까닭은 피타고라스 이야기나
그와 유사한 이야기들이 지닌 종교적 성향을 무시했기 때문이 아니
다. 어쨌든 피타고라스 이야기도 새로운 증거가 나오기 전까지는 학
문적인 결론으로 유지될 수 있다. [21] 그의 저술이 근대적인 까닭은
오히려 오류를 대하는 스토이틀린의 태도 때문이다. 그는 도덕철학
에서의 오류를 다른 모든 학문에서의 오류와 마찬가지로 취급한다.
도덕철학의 오류는 수학에서의 착오와 마찬가지로 사악한 욕구나

---

20) Stäudlin(1822) : 1~3면, 19면 각주, 32~59면.
21) 피타고라스 이야기가 변형된 더 최근의 이야기도 있는데 — 물론 피타고라스
이야기와 같은 의도가 내재된 것은 아니지만 — 여기서는 스토아학파의 창시
자 제논(Zeno)이 유대인의 아들이었다 한다. 레알레(Giovanni Reale)는 제
논과 크리시포스(Chrysippus)가 모두 유대인이며, 스토아학파가 사용한 순
응하는 행위(*kathekonta*)의 개념은 유대교의 도덕 범주를 그리스 철학에 도
입하려는 제논의 노력을 반영한다고 말한다. 레알레의 저서 *The Systems of
the Hellenistic Age*(trans. John Catan, Albany, 1985) : 209, 216, 280~
281면 참조. 레알레는 제논이 유대인이라는 근거로 폴렌츠(Max Pohlenz)
의 저술을 인용한다. Pohlenz(1948~1949), *Die Stoa* (Göttingen), I. 22,
24~25, 28 참조. 또한 다소 근거는 부족하지만 반유대주의적인 분위기에
서 등장한 듯한 증거는 II. 14 각주 참조. 제논이 유대인이라는 주장을 의심
하는 논문으로는 Brent Shaw(1985), "The Divine Economy: Stoicism As
Ideology", *Latomus* 44: 16~54면, 특히 20면 각주 8 참조.

지기 권력을 확대하려는 성향 때문에 발생하지 않는다. 오류는 원죄 때문이 아니라 주제 자체가 몹시 어렵기 때문에 발생한다. 도덕철학의 역할은 죄에 빠진 사악한 추론자에 맞서 신의 계시를 옹호하는 것이 아니다. 도덕철학은 오히려 우리의 자발적인 도덕적 통찰을 충분히 반성적인 지식의 수준으로 끌어올리는 것을 목표로 삼는다.

4. 칸트와 피타고라스 이야기

스토이틀린은 칸트주의자였지만 나는 칸트가 기본적으로 도덕철학사를 소크라테스 이야기의 관점에서 보았다고는 생각하지 않는다. 칸트는 철학이 단순한 믿음으로부터 비롯된 일반인들의 무질서한 도덕적 신념을 확고한 도덕적 진리로 바꾸어야 한다고 생각하지 않았으며, 도덕 사상의 발전 과정에서 계시에 중요한 역할을 부여했다. 로크나 클라크, 크루지우스와 마찬가지로 그는 이성을 계시와 결합하려 했으며 인류에게 도덕적 진리를 전한 인물로 노아나 모세 대신 그리스도를 생각했다. 그러므로 그가 윤리학사에 대해 기본적으로 피타고라스 이야기의 관점을 취한다고 한다면, 그는 이 이야기를 철저히 변형했다. 이를 통해 그는 자신이 변형한 이야기와 도덕철학사에서 자기 자신이 차지하는 위치를 서로 연결할 수 있었는데, 이는 소크라테스 이야기에 더욱 적합할 듯이 보인다. 하지만 여기서 그의 관점은 표준적인 견해와 완전히 일치하지는 않는다.

칸트는 고대인들이 도덕철학을 최고선에 관한 지식을 이성적으로 탐구하는 일로 여겼다고 말함으로써 고대 윤리학의 역사를 항상 도식화한다. 키니크학파(Cynics)는 인위적인 욕구가 배제되고 절제된 삶에서 선을 발견할 수 있다고 생각했다. "미묘한 디오게네스와 같은 인물"인 루소는 키니크학파와 짝을 이루는 근대 철학자이다. 에피쿠로스는 쾌락으로 이루어진 행복을 선으로 여겼는데 근대의 이기주의자들도 이렇게 생각했다. 제논을 비롯한 스토아학파 사람들은 최고선이 오직 덕으로만 구성되며, 이 덕은 행복하기에 충분한 자기만족을 준다는 대담한 주장을 폈다(예를 들면 27. 248~250;《윤리학 강의》: 44~47면 참조). 칸트는 데카르트와 마찬가지로 진정한 최고선의 개념을 얻기 위해서는 에피쿠로스주의에 스토아학파의 주장을 더해야 한다고 생각했다. 행복은 단순히 도덕적인 자기만족이 아니다. 행복은 도덕과 무관한 우리 욕구의 만족을 필요로 한다. 덕은 행복을 누릴 만한 자격이 있음을 의미한다. 따라서 최고선은 우리 자신의 도덕적 공적에 비례해 행복을 누리는 상태이다. [22]

칸트는 자신이 이런 견해를 주장한 최초의 또는 유일한 철학자라고 말하지는 않는다. 그는 사실 이것을 크루지우스로부터 배웠다고 말한다. 무척 이른 시기에 쓴 주석에서 그는 기독교 사상이 볼프나 허치슨의 사상보다 더 철학적이라고 주장하며, 1770년대 후반에 쓴 한 주석에서도 그는 에피쿠로스와 제논을 그리스도와 연결한다. "에피쿠로스는 〔우리에게〕 행복을 누릴 만한 특별한 자격을 지적하지 않고 행복을 추구하라고 가르쳤다. 제논은 행복을 염두에 두지 않고 자격만을 가르쳤다. … 그리스도는 행복을 누릴 만한 자격을 통해 행복을 가르쳤다."(19. 120~121, no. 6634) 이보다 훨씬 후에 칸트

---

22) 말브랑슈도 이와 유사한 견해를 보인다. Morale I. III. xiii 참조.

는 신성함이라는 기독교적인 이상이 지혜라는 스토아학파의 이상보다 우월하다고 주장한다. 철학자들보다 그리스도가 문제를 올바르게 이해했음은 명백하다. "에피쿠로스는 덕을 위한 동기를 제시하려 했으며 이로부터 덕의 내적인 가치를 이끌어 내었다. 제논은 덕에 내적인 가치를 부여하려 했으며 덕으로부터 동기를 이끌어 내었다. 오직 그리스도만이 덕에 내적인 가치뿐만 아니라 동기까지 부여한다."(19. 309, no. 7312; 176, no. 6838; 플라톤과 그리스도의 비교는 197∼198, no. 6894 참조)

칸트는 여러 강의에서 거리낌 없이 이런 내용을 언급했다. 강의 중 한 대목에서 그는 "비록 도덕법칙은 우리 자신의 이성 안에 있지만 오직 복음서의 시대 이후에야 도덕법칙의 완전한 순수성과 신성함이 인식되기 시작했다"고 말한다(27. 294; 《윤리학 강의》: 86면). 다른 대목에서도 그는 "도덕법칙은 순수성을 지녀야 한다. 복음서는 도덕법칙에 이런 순수성을 부여한다. 하지만 고대 철학자 중 어느 누구도 이렇게 하지 않았으며 심지어 복음서의 저자들이 활동한 시대에도 철학자들은 그저 똑똑한 체하는 바리새인에 지나지 않았다"고 지적한다(27. 301; 《윤리학 강의》: 92면). 이보다 뒤에 칸트가 윤리학사에 관해 언급한 내용은 그의 기본 논점을 명확하게 드러낸다. "겸손을 비롯한 다른 모든 도덕적 덕들에 대해 고대 철학자들이 채용한 개념은 순수하지 않으며 도덕법칙과 일치하지 않는다. 복음서가 최초로 우리에게 순수한 도덕을 제공했는데, 역사가 보여 주듯이 다른 어떤 것도 이에 필적하지 못한다."(27. 350; 《윤리학 강의》: 130면) 여기서 그리스도는 몇몇 "고대 철학자들과" 동시대를 살면서 그들이 발견하지 못했던 진리를 가르침으로써 그들을 바로잡은 철학자로 묘사된다.

이런 지적을 칸트가 그저 젊은 학생들을 상대로 언급한 것으로서 무시해서는 안 된다. 세 비판서 모두에서 칸트는 기독교에 중요한 역할을 부여한다. 《순수이성비판》에서 칸트는 "도덕적 개념들이 순수해진 이후에야 비로소" 신에 대한 올바른 관념을 가질 수 있는데, 우리를 더욱 바람직한 신의 관념으로 이끄는 것은 바로 "우리가 도덕 관념에 더욱 깊이 몰두했다는 사실로서 이는 우리의 종교가 지닌 특별히 순수한 도덕법칙에 의해서 필연적이 되었다"고 말한다(A817= B845). 《실천이성비판》에서는 "인간의 모든 올바른 행위를 인간 앞에 명확하게 놓인 의무에 관한 이론 아래서 파악한 최초의 경우는 복음서의 도덕적 가르침"이라는 지적이 등장한다(5. 86; 89면). "일종의 종교적 교리로 간주되지 않을 때조차도" 오직 기독교만이 우리로 하여금 최고선을 충분히 파악할 수 있도록 해준다. 고대 철학자들은 최고선 자체의 개념을 발견하는 데 실패했다. [23] 하지만 모든 철학은 최고선을 필요로 한다. 《판단력비판》의 한 각주에서 칸트는 이론이성이 증명할 수 없는 바, 즉 도덕을 충실히 준수한다면 행복에 이른다는 주장을 믿어야만 한다는 것을 처음 도입한 것이 기독교라고 지적한다. "신앙"(*fides*)이라는 단어 자체가 바로 이런 생각을 표현한

---

23) 5. 127 및 각주; 《실천이성비판》: 132~133면 및 각주. 칸트는 만년에 행한 도덕 형이상학 강의에서도 전반적으로 이런 논점을 강조한다. 그는 다시 한 번 고대인들의 이상을 지적한 후 다음과 같이 말한다. "고대인들이 전제한 원리 중 어떤 것도 그 자체만으로는 충분하지 않다. 이런 원리들은 통합되어야 하는데 이는 세계를 지배하는 통치자인 최고의 존재에 의해서 이루어진다. … 따라서 최고의 철학적 이상은 신학적인 것이다."(27. 484~485; 《윤리학 강의》: 255면)

다. 그리고 칸트는 다음과 같이 덧붙인다. "이것이 이 놀라운 종교가
… 이전에 도덕 자체가 제공하지 못한 명확하고 순수한 도덕성의 개
념을 제공함으로써 철학의 내용을 풍부하게 만든 유일한 경우는 아
니다. 하지만 일단 이런 개념들이 발견되고 나면 이성은 **자유롭게** 이
들을 시인한다."(6. 471~472 각주;《판단력비판》II. 146 각주) 24)

《순수이성비판》의 첫머리에는 인간 정신이 "어떤 종류의 인식과
관련해서" 자신이 대답할 수 없는 질문을 던지지 않을 수 없다는 유
명한 주장이 등장한다. 따라서 인간 정신은 이론적인 문제에서 "어
떤 혼란을" 겪게 되는데 칸트는 "이것이 정신 자신의 잘못은 전혀 아
니"라고 말한다(Avii). 이와는 대조적으로 기독교가 제시하는 바는
"인간들의 잘못 때문에 지금까지 인간이 알지 못했던 신앙을 드러내
는 것이다"(6. 141;《종교》: 132면). 인간으로 하여금 진리를 깨닫지
못하도록 만드는 잘못은 악을 향하려는 성향이다. 기독교가 제시하
는 도덕은 우리가 올바른 형이상학을 행하기 이전에도 가졌어야 했
던 것이다. 하지만 설령 이런 도덕이 모든 사람의 마음에 항상 잠재
한다 할지라도 악을 향한 우리의 성향 때문에 이 도덕은 보편적으로
인식되기에 앞서 역사적으로 계시되지 않을 수 없었다. 25) 이런 지

---

24) 이 인용문을 지적해 준 Mark Larrimore에게 감사한다. 로크도 이와 동일한
견해를 보여 준다. 앞의 제 8장 5절 참조.

25) 6. 110~111, 115, 121, 123 각주;《종교》: 100, 106, 112, 113면 각주 참
조. 또한 오직 철학자들만이《성서》를 이성적인 교훈을 끌어내는 방식으로
읽을 수 있다는 주장에 관해서는 7. 24,《학부들 사이의 논쟁》: 37면 참조.
우리 안에 항상 존재하지만 우리가 의식하지 못하는 영원한 진리를 인식하
기 위해서는 일종의 매개체로서 계시가 필요하다는 지적에 관해서는 7. 37,
44, 64; 63, 77, 117면 참조.

적뿐만 아니라 그리스도가 고대의 도덕철학자 중 최고의 인물이라는 분명한 언급을 통해 칸트는 도덕철학사에 관한 다소 변형된 피타고라스 이야기를 활용한다. 26)

만일 이것이 칸트의 관점이라면 왜 그가 윤리학의 영역에서 우리는 고대인들보다 더 나아가지 못했다고 말했는지 그 이유는 명확해진다. 그리스도는 고대에 이미 진리를 계시했다. 칸트는 진리를 다시 언급했지만 그리스도의 진리를 넘어서지 못했다. 도대체 누가 그럴 수 있겠는가? 칸트는 자신이 새로운 도덕 원리가 아니라 단지 항상 도덕으로 알려져 있던 원리를 표현하기 위한 새로운 정식을 발명했을 뿐이라고 분명히 말한다(5. 4 각주; 《실천이성비판》: 8면 각주). 때로 도덕 원리를 파악하지 못하게 만드는 인간의 타락에 관한 칸트의 견해를 살펴봄으로써 도덕철학의 핵심 또는 중요성에 관한 칸트의 생각을 더욱 잘 이해할 수 있을 듯하다. 이는 결국 그가 윤리학사를 바라보는 몇 가지 측면을 해명하는 데도 도움이 될 것이다. 27)

피타고라스 이야기에서 건전한 도덕철학의 핵심은 도덕을 파악하지 못하도록 우리의 눈을 가리는 일부 사악한 도덕철학자들의 죄로 가득 찬 노력과 벌이는 전투에 놓여 있다. 칸트는 자신이 동의하지

---

26) 이런 주장에 반대되는 것으로 《철학적 신학 강의》(*Lectures on Philosophical Theology*) 중 "자연신학의 역사"(History of Natural Theology)에 등장하는 내용을 지적할 수 있다. 여기서 칸트는 아낙사고라스와 소크라테스의 시대에 "도덕은 이미 확고한 원리들 위에 세워져 있었다"고 말한다(28. 1125; 169면).

27) Yovel(1989), 6장과 7장 및 Gueroult(1977), IV장에서는 이론철학의 역사에 관한 칸트의 견해가 논의되지만 특별히 그가 윤리학사를 어떻게 다루었는지는 검토되지 않는다.

않는 견해를 제시하는 철학자들도 경시하거나 비판하지는 않음으로써 전통적인 학자들과는 다른 모습을 보인다. 그는 에피쿠로스가 제시한 삶의 방식을 옹호하며, 흄과 프리스틀리(Priestley)가 종교와 도덕의 이성적인 기초를 공격하는 내용을 논의하면서도 기꺼이 그들의 도덕적 성품을 칭찬한다(《순수이성비판》 A745-6=B773-4). 또한 칸트는 인간의 타락을 새롭게 해석한다. 타락은 오직 우리의 이기주의에서만 드러나지 않는다. 일반적으로 인간은 편파적인 성향을 지니는데 이를 드러내는 대표적인 경우로 자신의 행복에만 지나치게 집착하는 것을 들 수 있다. 《도덕형이상학 기초》에서 칸트는 의무의 법칙이 근거로 삼는 바를 훼손하는(verderben) 자연 변증론의 원인이 되는, 행복을 향한 욕구를 강력하게 비난한다. 그리고 이로부터 그는 우리의 순진한 도덕을 더욱 반성적인 도덕으로 대체하기 위한 철학의 필요성을 이끌어 낸다(4. 405~406; 21~22면). 하지만 이는 우리가 범하기 쉬운, 도덕적으로 위험한 과장의 한 예에 지나지 않는다.

칸트가 루소를 연구하면서 고무되어 쓴 초기 주석에서는 이런 과장이 어떻게 변화하는지 잘 드러난다. 칸트는 다음처럼 지적한다.

만일 인간에게 필요한 어떤 지식(Wissenschaft)이라도 존재한다면 그것은 창조 과정에서 인간에게 부여된 지위를 적절하게 차지하도록 인간을 가르치는 것이어야 하며, 이로부터 인간은 우리가 인간이기 위해 어떤 존재여야 하는지 배운다. 인간이 자신도 모르는 사이에 인간을 적절한 지위에서 벗어나도록 이끄는, 인간을 현혹하는 주변의 유혹을 알게 되었다고 가정해 보자. 이로부터 얻은 교훈은 인간으로 하여금 인간이 처한 상황을 고찰하도록 이끌 것이며, 인간이 얼마나 사소하고 초라한 존재임을 발견한다 할지라도 인간은 여전히 자신이 부여받은 지위에 합당한 존재로 남을 것이다. 왜냐하면 인간은 자신이 되어야만 하는 바 바로 그것이기 때문이다(20. 45. 17;《아름다움과 숭고에 관한 고찰》36. 1).

또 다른 주석에서 칸트는 자신의 능력을 넘어서서 "도덕적 성질들"을 추구하는 사람은 자신의 위치에서 벗어나게 되며, 이렇게 하면서 그가 뚫어버린 구멍은 "그 자신의 타락을 이웃에까지 확산하는" 결과를 일으킨다고 덧붙인다(41. 19; 33. 1).

이 주제는 《실천이성비판》에서도 다시 등장하는데 여기서 칸트는 우리가 의무를 행할 때 "이성적 존재들 사이에서 우리가 차지하는 위치"는 우리 자신의 쾌락을 목표로 행위하는 지원자의 위치가 아님을 강조한다. 우리의 위치는 오히려 "인간이 서 있는 … 도덕의 단계는 도덕법칙을 존중하는 단계이다". 이를 우리의 적절한 위치와 연결해 칸트는 도덕법칙에 대한 존중으로부터 행위하지 않으면서 스스로 도덕적일 수 있다고 여기는 사람들의 "천박하고 과장된 공상적인 사고방식"을 경고한다(5. 82~85;《실천이성비판》: 85~88면).

칸트는 플라톤에 관해서는 자주 언급하지 않는 반면 스토아학파에 관해서는 거듭해서 논의하면서 스토아학파가 세계에서 인간이 차지하는 적절한 위치를 망각했다고 비난한다. 칸트는 플라톤을 그저 신비롭고, 다소 광신적이고, 공상적인 인물로 묘사한다(예를 들면 27. 305, 《윤리학 강의》: 94면; 19. 95 no. 6584; 108, no. 6611; 196, no. 6894 참조). 그리고 스토아학파를 상당히 칭찬하면서도 동시에 스토아학파가 인간 본성에 대해 지나치게 무리한 요구를 한다고 생각한다. 1760년대 초반에 칸트의 강의를 들은 헤르더(Herder)는 다음과 같이 기록했다. "인간은 자신의 도덕적 능력을 황당할 정도로 과장한다."

그리고 자신 앞에 가장 완전한 선을 목표로 내건다. 그 결과는 무의미할 뿐이다. 그리고 우리에게 무엇을 요구하는가? 스토아학파의 대답은 다음과 같다. 나는 나 자신을 **나 자신 위로** 상승시킨다. … 고뇌하고 궁핍한 나 자신보다 우월한 존재로 상승시킨다. 그리고 나의 온 힘을 다해 **선한 존재**로, **신의 형상**을 지닌 존재로 만든다. 하지만 어떻게 그럴 수 있는 가? 신에게는 아무 의무가 없지만 우리는 명백히 의무를 진다. … 이제 신은 떠나고 우리는 **인간**으로, 초라한 피조물로, 의무의 짐을 진 존재로 남았다. 세네카(Seneca)는 사기꾼이며, 에픽테토스(Epictetus)는 기묘한 공상가일 뿐이다(27.67;《윤리학 강의》: 32면).

에피쿠로스학파가 인간의 지위 아래로부터 "우리를 현혹하는 유혹"에 굴복한다면 스토아학파는 — 그리고 플라톤은 이보다 훨씬 더 큰 정도로 — 인간의 지위 위로부터의 유혹에 몸을 맡긴다. 교묘한 주장을 폈던 디오게네스(Diogenes)는 물론 루소조차도 이 문제를 너무 가볍게 여겼다. 칸트는 인간성을 이런 식으로 왜곡하는 일을 몽테뉴만큼이나(앞의 제3장 5절) 혐오한다. 칸트가 윤리학사를 가르치는 이유는 학생들에게 인간에 대한 편파적인 시각이 도덕을 파괴하는 방식을 알려 주고 이를 경고하기 위해서이다. 최고선의 개념을 통해 에피쿠로스와 제논을 한데 묶을 수 있다고 주장한 후 칸트는 우리 모두가 빠지기 쉬운 타락의 다양한 결과에 대항해 복음서가 전하는 교훈을 옹호하려고 시도한다. 이런 측면에서 칸트는 도덕철학의 목표를 내가 피타고라스 이야기라고 부른 맥락에서 이해한다.

하지만 도덕철학의 역할에 관한 칸트의 견해에서는 소크라테스 이야기에 더욱 가까운 측면도 발견된다. 도덕철학은 역사적 신앙을 순수한 이성적 도덕을 핵심으로 삼는 보편적 종교로 전환하는 데 도움을 주어야 한다. 역사적 신앙은 오직 기록된 바에 접근했던 사람들만이 가질 수 있었다. 반면 도덕적 종교는 모든 사람이 보편적으로 믿을 수 있다. 종교가 기본적으로 일종의 도덕이라는 사실을 최초로 밝힘으로써 그리스도는 우리가 "순수한 종교적 신앙에 지속적으로 접근할 수 있도록" 만드는 일을 시작했는데, 이런 신앙은 언젠가는 최초의 교훈을 전했던 "역사적인 매개체를 우리가 더 이상 필요로 하지 않도록" 만들 것이다(6. 115; 《종교》: 105~106면). 칸트는 이성적 종교가 "모든 사람을 위한 신성한 (비록 경험적은 아닐지라도) 계시를 지속적으로 행한다"고 말한다(6. 122; 113면). 칸트는 도덕이 순전히 이성적인 원리들에, 즉 그 자체로 종교적인 신앙의 핵심을 명령하는 원리들에 의존한다는 사실을 보임으로써 도덕의 발전에 기여했다. 따라서 도덕철학은 인간의 타락과 전투를 벌이는 것 이상의 역할을 한다. 도덕철학은 설령 단순한 믿음에 기초를 제공함으로써 믿음을 지식으로 전환하지는 못한다 할지라도 그리스도의 계시 이후 우리가 명백하게 소유하는 도덕적 지식이 순수한 실천이성의 문제임을 밝히고 어떻게 그런 도덕이 가능한지 설명해 준다.

5. 도덕철학의 목표는 유일한가?

소크라테스 이야기와 피타고라스 이야기는(종교적인 형태뿐만 아니라 다소 이성주의적으로 변형된 것도) 모두 우리가 도덕철학의 목표 또는 임무라고 생각하는 바, 즉 도덕철학사에 대한 올바른 이해와 도덕의 본성 사이의 상호연결을 예시한다. 이 두 중요한 이야기는 비록 도덕철학에 서로 다른 임무를 부여하지만 도덕철학이 본질상 유일한 임무를 지닌다고 주장하는 점에서는 서로 유사하다. 하지만 도덕철학이 본질상 유일한 목표를 지닌다는 가정은 두 이야기 모두에서 여러 난점을 일으킨다.

이런 난점 중 하나는 도덕철학의 목표를 형성하는 것이다. 만일 도덕철학의 핵심 주제가 앞서 윌리엄스가 묘사한 바와 같다면 우리와 소크라테스가 동일한 질문을 던진다는 주장도 그럴 듯하게 들린다. 하지만 '어떻게 살아야 하는가?'를 도덕철학의 핵심 질문으로 규정하는 것이 도덕철학사에 관심을 갖는 사람들에게 유용한지 얼마든지 의심해 볼 수 있다. 방금 언급한 소크라테스의 질문은 지나치게 일반적이다. 이를 '도덕철학의 목표'로 삼기 위해서는 언급되지 않은 수많은 가정으로 이를 보완해야 한다. 예를 들면 이 질문을 건강이나 수입 또는 사후의 영생과 관련해서 어떻게 살아야 하는지 묻는 질문으로 여겨서는 안 된다. 그렇다면 이를 행복하기 위해서는 어떻게 살아야 하느냐는 일반적인 질문으로 여겨야 하는가? 칸트의 윤리학만 생각해 보더라도 이것이 모든 도덕철학의 핵심적인 탐구 주제로 규정될 수 없음이 바로 드러난다.

도덕철학의 목표가 유일하다는 견해는 철학에 속하는 여러 분야의 핵심이 무엇인가에 관한 이론에 의존하는 듯이 보이는데 이 이론 자체가 논쟁의 대상이다. 도덕철학자들이 자신이 시도하는 바에 관해 스스로 언급한 내용을 역사적으로 살펴보면 이 모두를 통합하는 유일한 목표를 이룰 수 없음을 발견한다. 예를 들어 도덕철학은 그것을 탐구하는 사람들의 삶을 향상시키는 것이라는 아리스토텔레스의 주장과 "자기향상의 욕구가 윤리학의 진정한 발전을 방해해 왔다"는 시지윅의 믿음을 비교해 보자. 28) 스토아학파는 도덕철학의 목표를 개인의 내면적 평정을 발견하는 방법에 두며, 홉스는 종교적인 광신 때문에 위험에 빠진 사회를 안정시키는 것에, 벤담은 정치적, 사회적, 도덕적으로 대규모 개혁이 필요함을 모든 사람에게 보일 수 있는 원리를 확립하는 데에, 파핏(Parfit)은 새로운, 완전히 세속적인 도덕학을 발전시키는 것에29) 둔다는 점을 떠올려 보자. 도덕철학의 목표에 관한 언급이 전혀 무의미하지는 않다 할지라도 이런 철학자들이 모두 동의할 만한 목표를 발견하는 일은 몹시 어려운 듯하다. 더욱 제한적인 목표를 설정하면 우리가 선호하는 목표를 공유하지 않는 사람들은 도덕철학을 제대로 탐구하지 않는다고 말해야 할 듯이 보인다. 도덕철학에 어떤 유일한 목표를 할당하든 간에 통상 도덕철학자의 범주에 포함된다고 여겨지는 수많은 사상가들 모두에게 도덕철학자라는 지위를 부여하기는 몹시 어렵게 되고 만다.

피타고라스 이야기가 제시하는 바를 도덕철학의 유일한 임무로 주장하는 사람들은 또 다른 어려움에 직면한다. 이들은 항상 옹호되

---

28) 아리스토텔레스, 《니코마코스 윤리학》 1179a35~b4; Sidgwick (1907): vi면.
29) *Reasons and Persons* (Oxford, 1984) : 453면.

어야 하는 도덕적 지식이 어떤 구체적인 이론도 참이라는 사실을 전제하지 않고 확인될 수 있음과 이런 지식은 언제 어디서나 본질적으로 동일함을 가정해야 한다. 하지만 고대 그리스의 도덕과 십계명의 도덕 그리고 현대 서양 자유민주주의의 도덕이 본질상 서로 동일하다는 주장은 설득력이 없다. 이런 주장은 설령 성립한다 해도 오직 어떤 방식의 해석을 통해, 아마도 철학적 측면에서의 해석을 통해 이런 여러 도덕들의 '본질을' 제시함으로써만 가능할 것인데 지금 논의 대상이 되는 여러 도덕들 중 일부 또는 전부에서 본질을 제시하기란 불가능해 보인다.

　도덕철학의 목표가 유일하다는 견해에 대한 이런 여러 반박들은 그 자체로 모두 역사성을 지닌다. 철학사가들은 미래를 전망하면서도 계속 문제에 부딪힐 것이다. 이런 견해는 우리와 과거의 도덕철학자들이 같은 목표와 목적을 공유하므로 우리의 선조들을 이해하는 최선의 방법은 도덕적 진리에 관한 우리 자신의 관점에 비추어 그들을 해석하는 것이라는 점을 암시한다. 몇몇 철학자가 생각하듯이 설령 우리 자신의 관점이 최종 결론이 아닐 수도 있음을 받아들인다 한지라도 우리가 지금까지 등장한 것 중 최선의 결론을 알고 있으며 따라서 과거의 이론을 검토하는 데 다른 어떤 관점이 필요하지 않다는 전제는 도덕철학의 목표가 유일하다는 접근 방식에서 볼 때 여전히 매력적인 것이다.

　역사가들은 과거 사상가들의 견해를 현재 우리의 용어로 기술해야 한다는 요구가 일종의 시대착오를 강요한다고 불평할지도 모른다. 만일 과거 사상가들이 행하고 생각한 바에 관심이 있다면 그들이 사용한 용어를 통해서 그들을 이해하려고 시도해야만 한다. 예를 들면 흄 자신은 '벤담의 등장을 예견'하는 목표를 상상조차 하지 못했을 것이라는 점은 명백하다. 하지만 흄이 '규칙 공리주의적인 정의 이론을 발전시키려 했다'고 기술하는 것 또한 똑같은 잘못에 해당한다. 설령 흄이 사회적 관행의 틀 안에서 이루어지는 행위의 도덕과 독립적인 행위의 도덕 사이에 중요한 차이점을 발견했다 할지라도 공리주의 자체뿐만 아니라 '행위' 공리주의와 '규칙' 공리주의 사이의 구별과 같은 개념은 훨씬 후에 발명된 것들이다. 그의 이론을 이와 같은 용어를 통해 검토하는 것은 얼마든지 가능하지만 그렇게 하면서 우리는 역사적 설명을 하지 않는다. 더 나쁘게도, 우리는 그의 이론에 현재 우리가 지닌 틀을 강요함으로써 그것이 지닌 역사적 특징을 간과하고 있는 것인지도 모른다.

6. 도덕철학에서 연속과 변화

도덕철학의 목표가 무엇인지에 대한 어떤 관념을 지니지 않고서는 도덕철학사를 쓸 수 없는 듯하다. 또한 도덕철학의 기원과 역사를 어떤 식으로든 인식하지 않고서는 그것의 목표에 대한 정당한 관념을 지닐 수 없다. 어떤 철학사가라도 이런 결론으로부터 등장하는 어려움에서 완전히 벗어날 수는 없다. 하지만 도덕철학에 어떤 유일하고 본질적인 목표가 있다는 생각을 포기하고 그 대신 서로 다른 시대의 철학자들이 서로 다른 문제를 해결하려는 시도를 했다고 가정한다면 이런 어려움은 상당히 줄어들 것이다.

철학사가의 관점에서 우리는 도덕을 매우 일반적인 개념으로 받

아들여 이를 우리가 아는 모든 사회에 존재하는 듯이 보이는 규범 또
는 가치, 덕목, 행위 원리 등으로 여기고 이런 개념과 더불어 탐구를
진행할 수 있다. 그리고 이런 주제들에 대한 철학적 반성을 시도한
인물들을 탐구할 것이다. 여기서 무엇을 '철학적 반성'으로 여기느
냐는 것이 현재 우리가 지닌 개념에 의해서 규정된다는 점은 의심의
여지가 없다. 하지만 과거 철학자들의 노력에 대해 이런 두 가지 관
련성 이상의 더 큰 획일성을 부과하려 해서는 안 된다. 또한 고대 도
덕이든 근대 도덕이든 간에 상식적인 도덕이 단순한 의견에 지나지
않는지 아니면 진정한 지식인지 결정할 필요는 없다. 특히 우리가
철학적이라고 여기는 방식으로 도덕을 고찰한 모든 학자들이 동일
한 문제를 해결하려 했다거나 아니면 동일한 질문에 대한 대답을 시
도했다고 가정해서는 안 된다. 그 대신 도덕철학의 목표가 — 즉 도
덕철학자들이 반성할 필요가 있다고 생각했던 문제들이 — 최소한
도덕철학사에서 변하지 않고 연속되어 온 것 못지않게 또한 변화해
왔다고 생각해야 한다.

  그렇다면 도덕에 관한 철학적 반성이 서로 다른 목표를 설정하도
록 만드는 질문 혹은 문제의 변화는 왜 일어나는가? 이에 대한 대답
중 하나는 우리가 사회적, 종교적, 정치적 변화 때문에 일상적인 삶
에 포함된 규범들을 회의하게 되었던 격변의 시기들이 있었다는 것
이다. 그리스와 로마로부터 물려받은 문화를 기독교 신앙과 융합할
필요성이 생겨났던 것이 바로 이런 경우이다. 통일된 듯이 보였던
기독교가 분열되면서 등장한 문제들도 또 다른 예이다. 어쩌면 순전
히 세속적인 도덕을 산출하려는 파핏의 관심 또는 모든 사람이 동의
하는 선의 개념에 도달할 희망이 없는 듯이 보인다는 것은 더 이상의

변화가 일어날 수도 있음을 암시하는지도 모른다. 또한 폭넓게 받아들여진 규범과 가치들이 지나치게 강조되어 변화가 필요한 시기에는 도덕철학사 자체가 중요한 실마리를 제공한다고 생각할 수도 있다. 설령 철학자들이 직접 이런 긴장을 초래하지는 못한다 할지라도 이들은 때로 긴장의 원인을 규명하거나 이에 대처할 수 있는 수단을 제공한다.

이런 접근 방식을 택함으로써 우리는 자연스럽게 도덕철학이 오직 하나의 질문에 초점을 맞춘다고 생각한다면 간과할지도 모를, 도덕철학사에 관한 여러 유형의 질문을 던질 수 있게 된다. 도덕철학의 목표가 유일하다는 전제 위에서는 도덕철학자들이 시도했던 것을 우리가 항상 알고 있다고 가정한다. 즉, 그들이 하나의 본질적인 문제를 해결하려 했다고 생각한다. 반면 이런 전제를 하지 않을 경우 우리는 과거의 도덕철학자들이 선호했던 논증이나 결론 또는 개념적 도식을 제시하면서 과연 무엇을 하려 한 것인지 묻지 않을 수 없다. 즉, 우리는 이런 논증들을 사용한 이유 또는 목적이 무엇인지 질문하지 않을 수 없다. 그리고 이에 대한 대답은 역사적 상황에 의존한다. 그 대답은 시대에 따라 달라진다고 생각되기 때문에 우리는 현재 탐구하는 철학자들이 이전 철학자들과는 어떻게 다른지 또는 각자의 저술들을 서로 알고 있었던 동시대 철학자들과는 어떻게 다른지 묻게 된다. 우리가 탐구 대상으로 삼은 철학자들이 물었던 것과 묻지 않았던 것을 구별하는 일은 그런 철학자의 적극적인 주장 자체와 똑같이 중요하다. 우리는 전자를 인식함으로써 이전 철학자들이 도덕철학의 목표로 생각한 바를 이해하게 되는데 이는 단지 후자만을 인식할 경우에는 이해할 수 없는 것이기도 하다. 철학자들이 물으려 하지 않았던 바를 인식하기 위해서는 그들이 물을 수도 있었는데 실제로는 묻지 않은 바가 무엇인지 알아야 한다. 이 경우에는 그들의 논증을 현대적인 용어를 통해 이성적으로 재구성한 것이 아니라 오직 역사적인 정보만이 우리가 인식하려 하는 바를 말해 줄 것이다.[30]

이런 접근 방법이 지니는 장점 중 하나는 과거의 도덕철학에 대한 우리의 해석 또는 독해를 검토할 수 있는 방법을 제공한다는 것이다. 이전 철학자들이 사용한 어휘와 그들 자신 및 그들의 저술을 읽었던 독자들이 중요시했던 주제들에 대한 역사적 증거들이 존재한다. 하지만 어떤 철학자가 어떤 책을 출판한 구체적인 의도가 무엇인지 문헌적 증거가 부족할 수도 있다. 그러나 그가 현재를 사는 우리와 같은 후손이 아닌 동시대를 살았던 독자들에게 이해받기 위해서 책을 썼다고 가정할 수 있다. 그리고 작가뿐만 아니라 독자가 이해한 바도 비록 전체는 아닐지라도 대부분은 그들이 이미 소유했던 언어에 의해서 규정된 것이 사실이다. 혁신적인 용어와 개념조차도 어떤 식으로든 현존하는 개념들을 통해서 도입되기 마련이다. 한 철학자가 어떤 자료들을 이용했는지 알기 위해서는 그의 저술 주변의 많은 요소를 살펴보아야 한다. 즉, 신학적 저술, 설교집, 정치 선전 책자, 고전 작가들의 오래된 판본, 당시의 사전, 문학 작품, 그가 읽었던 다른 철학자들의 저술 등을 모두 검토할 필요가 있다. 과거 철학자들이 언급한 바를 설명하면서 이런 방법을 택해 검토하지 않

---

30) 이와 관련해 나는 스키너(Quentin Skinner)와 포콕(John Pocock)의 저술로부터 큰 도움을 받았다. 이에 대한 유용한 평가는 Tully(1998), 방법론을 다룬 논문은 Pocock(1985) 참조.

는다면 그들이 실제로 의미한 것 대신에 우리가 '그들이 의미했음에 틀림없다고' 상상하는 내용을 주장하는 잘못을 저지를 심각한 위험에 빠지게 된다.

도덕철학의 목표가 유일하다고 생각하는 학자들은 위와 같은 견해에 따를 경우 도덕철학사를 쓸 수 있도록 만드는, 도덕철학의 연속적인 주제가 등장하지 않는다고 대답할지 모른다. 하지만 이는 지나치게 단순한 생각이다. 연속성은 도덕철학의 문제와 목표가 변화하면서 등장한 불연속성과 얼마든지 양립할 수 있다. 철학적 반성을 낳을 만큼 충분히 복잡한 모든 사회는 사회적, 개인적 관계에 관한 일련의 문제들을 반드시 해결해야 한다는 주장은 충분한 설득력이 있다. 삶에 필요한 것들을 공정하고 적절하게 분배하는 문제 또는 개인에 대한 상대적 칭찬과 비난의 가능성이라는 문제와 관련한 견해는 이런 사회에서 항상 등장하는 듯이 보인다. 이런 견해들을 체계화하는 서로 다른 방법에 관한 탐구는 차이와 더불어 동일성을 도덕철학에 부여하는 연속적인 주제라 할 수 있다.

무엇이 도덕에 관한 일관된 견해를 형성하는가에 관한 몇몇 논증과 통찰은 충분히 호환 가능하다. 이들은 한 상황으로부터 다른 상황으로 이어질 수 있기 때문에 도덕철학자들의 저술에서 연속성을 발견하는 또 다른 요소를 제공한다. 예를 들면 커드워스는 '선'은 "신이 원하는 모든 것"으로 정의될 수 없다고 말함으로써 플라톤이 묘사한 소크라테스가 에우티프론에게 반대하면서 내세운 것과 같은 종류의 논증을 사용해 데카르트와 홉스로부터 등을 돌렸다. 이보다 훨씬 후에 무어(G. E. Moore)는 '선'의 정의 가능성에 반대하는 또 다른 논증을 제시했다. 커드워스는 신과 인간이 서로 사랑하는 관계를 맺을 가능성을 유지하려 했는데 소크라테스나 플라톤은 이에 별 관심을 보이지 않았다. 또한 무어는 도덕철학의 목적과 관련해 이들 모두와 전혀 다른 견해를 보였다. 하지만 오직 선의 정의 가능성이라는 문제에 초점을 맞추더라도 충분히 유용한 도덕철학사를 쓸 수 있다. 31) 그러나 이를 위해서는 선의 정의 불가능성을 제시하기 위해 어떤 주장을 근거로 삼았는가에서 드러나는, 역사적으로 결정적인 차이를 무시해야 한다. 나는 호환 가능한 논증의 중요성을 무시할 생각은 없다. 이런 논증은 과거와 현재의 도덕철학자들 사이를 잇는 중요한 연결점을 제공한다. 하지만 이것이 도덕철학의 목표가 유일하다는 철학사가의 주장을 지지하지는 않는다. 프락시텔레스 (Praxiteles) 와 브랑쿠시 (Brancusi) 가32) 모두 끌을 사용한 조각가라는 점은 확실하다. 하지만 이런 사실을 주목함으로써 이들의 예술에 대해 무언가를 배우는 것은 아니다.

도덕철학의 목표가 유일하다고 생각하는 철학자들이 이런 호환 가능한 논증에 더 큰 중요성이 부여되어야 한다고 느낀다는 점은 의심의 여지가 없다. 이들은 그런 논증이 도덕철학이 무엇을 다루는지를 ─ 즉 도덕에 관한 진리의 발견을 ─ 드러낸다고 말할 것이다. 이들에 따르면 플라톤과 커드워스 그리고 무어는 모두 같은 것을 발견했는데 이를 다소 다른 방식으로 기술했으며 자신들이 발견한 바를 서로 다르게 사용했을 뿐이다. 이들은 단지 어떤 표면적인 목표를

---

31) 이에 관한 짧지만 유용한 연구로는 Prior (1949) 참조.
32) 〔옮긴이주〕 프락시텔레스는 기원전 4세기에 아테네에서 활동했던 최고의 조각가이며, 브랑쿠시 (1876~1957) 는 루마니아 출신으로 파리에서 활동했던 현대 추상조각의 대가이다.

실현하기 위한 단순한 수단을 발견한 것이 아니다. 자신들의 언급대로 이들은 도덕 자체에 관한 진리를 탐구했으며, 이 진리의 중요한 일부를 발견하는 것이 충분히 가능했다. 도덕철학의 발전은 과학에서와 마찬가지로 어떤 지정된 주제에 관한 그릇되고 편향된 이론을 올바르고 포괄적인 이론으로 대체해 나가는 과정을 포함한다. 과거 철학자들의 논증에 대한 철학적 평가가 현재 우리의 기획에 도움을 줄 경우에만 도덕철학사는 유용성을 지닌다.

도덕철학사는 물론 위와 같은 가정위에서 서술될 수도 있다. 그리고 과거에 등장한 논증들에 대한 평가는 철학사가에게 상당히 중요하다. 철학사가는 다양한 견해들이 변화하거나 폐기된 이유가 무엇인지 알아야 한다. 어떤 경우에는 일관적인 체계에 도달하지 못하거나 타당한 지지 논증을 구성하는 데 실패했다는 사실이 변화를 설명하기도 한다. 하지만 도덕철학의 목표가 유일하다는 견해는 철학사가가 당연히 고려하지 않을 수 없는, 다음과 같은 많은 부분들을 설명하지 않은 채로 남겨 둔다. 왜 어떤 이론들은 등장하고 번성한 후 사라져 버렸는가, 왜 어떤 이론은 부활했는가, 왜 여러 이론이 하나로 수렴되는 일은 거의 일어나지 않는가, 실천 또는 이론으로서의 도덕철학은 그것을 지지하는 사회 안에서 그 사회를 위해 무엇을 행하는가? 이에 비추어 보면 도덕철학사가가 도덕철학의 목표가 유일하다는 견해로부터 눈을 돌려 다양한 목표가 공존한다는 접근방식을 채택하는 것이 더욱 유용하리라 생각된다.

7. 도덕철학의 발전

도덕철학의 목표가 다양하다는 견해를 택한다면 우리는 발전 또는 퇴보에 관한 질문에 크게 신경 쓰지 않아도 된다. 우리는 규범과 덕을 이성적으로 검토하려는 기획을 사회 구성원들이 함께 살아갈 수 있도록 만드는, 여러 용어들에 대한 공통적인 이해를 규정하고, 유지하고, 확장하기 위해 다양한 사회가 서로 다른 문제들에 대처하는 데 사용한 도구 중 하나로 여기게 된다. 우리는 도덕철학을 한 사회의 도덕적 담론과 분리된 것 또는 그 위에 선 것으로 여기지는 않는다. 도덕철학을 도덕적 주제에 관한 논의를 구성하는 요소 중 하나로 여기면 충분하다. 도덕철학에서 우리는 현재의 주제로부터 뒤로 물러서서 이를 우리가 발견한 — 또는 발명한 — 가장 일반적인 용어로 기술할 것을 요구하는 목소리를 듣는다. 도덕철학은 이를 통해 우리가 여러 문제를 더욱 잘 다룰 수 있는 방식으로 재구성하기를 바란다. 이런 측면에서 볼 때 시간과 무관한 담론 방식을 사용하는 일이 자연스럽게 보일지도 모른다. 하지만 도덕철학의 수사법이 이런 담론 방식을 사용하는 사람이 그 자신이 속한 시대뿐만 아니라 시간과 무관한 추상화의 연결망에도 속한다는 사실을 드러낼 필요는 없다.

어떻게 한 시기에 큰 중요성을 지니던 문제가 다른 시기에는 중요성을 상실하게 되는지 이해하기란 그리 어려운 일이 아니다. 그 문제에 절박한 중요성을 부여하던 상황이 변했을 수도 있고 아니면 더욱 중요한 새로운 문제가 등장했을 수도 있다. 한 문제를 포기하고 새로운 문제로 옮겨가는 일이 그 자체로 도덕철학의 중요한 발전으로 여겨지기도 한다. 나 자신은 이런 종류의 변화가 때로 도덕철학을 무력함에서 벗어날 수 있도록 만드는 데 핵심적인 역할을 한다고 생각하는 쪽으로 강력하게 이끌린다. 만일 그렇다면 도덕철학사가에게 가장 중요한 것은 이런 변화를 숨기는 대신 이를 전면에 드러내는 전제 위에서 탐구를 진행하는 것이다.

우리들 중 도덕의 발전을 순전히 세속적으로 이해하려는 사람은 칸트가 해결하려 했던 일부 문제에 대해서는 전혀 관심을 가질 필요가 없다. 이런 문제를 무시함으로써 물론 우리는 이것이 만족스러운 도덕철학에 부과하는 조건들에 주의를 기울일 필요가 없게 된다. 예를 들어 도덕철학의 기본 임무가 신과 우리가 함께 동일한 도덕 공동체에 속한다는 점을 보이는 것이라고 생각하지 않는다면 우리의 도덕 이론은 어떻게 모든 이성적 존재에게 필연적으로 구속력을 지니는 도덕 원리들이 존재할 수 있는지 보여야만 한다는 칸트의 주장을 받아들이지 않을 것이다. 그런 원리들이 틀림없이 존재한다고 주장할 다른 근거들도 있을 수 있지만 우리는 최소한 칸트의 요구가 자명하다고 생각하지는 않을 것이다. 그저 인간을 위한 원리 정도로 충분하다고 생각할 것이다.

우리 시대 자체가 이 시대의 고유한 도덕철학적 문제들을 드러낸다고 주장할 수도 있지만 또한 칸트가 자신의 문제에 대해 제시했던 대답이 우리의 문제들에 대처하는 데도 여전히 유용하다고 생각할 수도 있다. 그리고 만일 우리가 모든 평범한 사람들이 지닌 동등한 도덕적 능력과 동등한 존엄성에 대한 칸트의 열정적인 신념을 공유한다면 그가 생각한 기본적인 도덕 원리와 같은 무언가가 지금까지 발명된 다른 어떤 원리에 비해서도 우리의 문제에 대해 적절한 해결책을 제공할 가능성이 더욱 높다고 생각하는 것은 당연한 일이다.

슈니윈드의 저서 《근대 도덕철학의 역사: 자율의 발명》은 서양 근대 윤리학을 다룬 저술 중에서 독보적인 위치를 차지한다. "영어로 쓴 근대 윤리학사 중 비교 대상이 없는 가장 훌륭하고 위대한 저술"[1] 이라든지 "17, 18세기를 다룬 도덕철학사의 기념비적인 저술로 그 누구의 상상과 기대도 넘어서는 포괄적이고, 풍부하고, 상세한 저술"[2] 이라는 서평에 굳이 의지하지 않더라도 《근대 도덕철학의 역사》의 목차를 한번 보기만 하면 누구든지 이 저서가 근대 윤리학사를 무척 상세히 다루며, 일반적인 윤리학사에서 거의 논의되지 않는

---

1) J. A. Herdt (2001), "The Invention of Modern Moral Philosophy: A Review of The Invention of Autonomy by J. B. Schneewind", *Journal of Religious Ethics* 29: 147면.

2) J. Marshall (1999), "J. B. Schneewind's The Invention of Autonomy", *Hume Studies* 25: 207면.

수많은 철학자들의 도덕 이론을 소개한다는 사실을 충분히 알 수 있다. 저자는 자신이 칸트 윤리학의 몇 가지 측면을 제대로 이해하지 못했기 때문에 이를 해명하기 위해 이 연구를 시작했다고 말한다(제 1권 11면; xiii). 3) 하지만 그는 단지 칸트 윤리학의 일부나 그것이 등장하게 된 계기를 설명하는 데 그치지 않고 칸트가 지녔던 문제의식의 역사적 근원을 상세히 추적해 근대 초 몽테뉴에서 칸트에 이르는 방대한 윤리학사를 완성했다. 이 책의 본문에서 다루어지는 철학자는 모두 53명인데 근대 윤리학사에 최소한의 족적이라도 남긴 모든 인물이 출신지역이나 국가, 종교와 상관없이 망라된다. 따라서 이 책은 여러 근대 철학자들의 윤리 사상을 다양하게 접할 수 있는 훌륭한 입문서의 역할을 한다. 하지만 저자는 단순히 여러 철학자의 윤리 사상이 지닌 특징을 나열하는 수준에 그치지 않으며, 나름대로 자신의 일관된 관점과 시각을 가지고 근대 윤리학사의 거대한 흐름을 정리한 탁월한 시도를 보여 준다. 특히 저자는 《근대 도덕철학의 역사》에 앞서 근대 철학자들의 중요한 윤리적 저술들을 발췌, 편집한 자료집을 출간해4) 연구자들에게 큰 도움을 주었는데 이는 그가 근대 철학자들이 쓴 원전에 대한 철저한 연구와 검토를 바탕으로 이 책을 집필했음을 잘 보여 주는 증거이기도 하다.

《근대 도덕철학의 역사》는 서론과 결론 부분을 제외하면 모두 4부로 구성되는데 각 부는 칸트의 자율 개념에 이르는 네 가지 통로 또

---

3) 본문의 괄호 안에 표시한 면수는 번역서, 원서 면수 순이다.

4) J. B. Schneewind (1990) (ed.), *Moral Philosophy from Montaigne to Kant*, 2 vols., Cambridge University Press.

는 계기를 특징적으로 보여 준다. 1부에서는 근대 자연법 이론의 전개 과정이 다루어지며, 2부에서는 특히 완성주의를 중심으로 한 이성주의 윤리설이, 3부에서는 기독교적인 신을 도덕의 중심에서 배제하려 했던 근대 윤리학의 다양한 시도들이 논의된다. 그리고 4부에서는 칸트 직전에 등장해 칸트에게 직접 영향을 미친 몇몇 윤리설과 칸트의 자율 개념이 집중적으로 고찰된다. 나는 우선 각 부의 중요 내용을 간단히 요약한 후, 이 책이 지니는 도덕철학사적 의의를 비판적으로 검토하는 것으로 이 해제를 구성했다.

《근대 도덕철학의 역사》 1부 "근대적 자연법의 등장과 쇠퇴"에서 저자는 15세기 후반과 16세기 전반에 걸쳐 유럽 전역에서 정치, 사회, 과학 그리고 특히 종교적인 측면에서 근본적인 변화가 일어났기 때문에 이에 대응하는 새로운 윤리적 문제의식과 주제가 등장했다는 주장과 더불어 논의를 시작한다. 이런 관점에서 저자는 몽테뉴를 근대 윤리학의 출발점으로 여긴다. 몽테뉴는 "종교 때문에 분열된 세계에서 공식적으로 인정받던 도덕적 권위가 사라지면서 일상적 삶에서 나타난 변화를 상세히 탐구한 최초의"(제1권 115면; 44면) 철학자이므로 마치 근대 인식론과 형이상학에서 데카르트를 출발점으로 여기듯이 근대 윤리학은 몽테뉴의 회의주의를 출발점으로 삼을 수 있다. 그리고 이런 회의주의를 극복하려는 시도로 등장한 것이 바로 자연법 이론이다. 아퀴나스의 전통적인 자연법 이론을 근대에 되살리려 했던 수아레스의 시도는 그리 큰 성공을 거두지 못했지만 뒤이어 등장한 그로티우스는 새로운 형태의 자연법 이론을 제시해 많은 학자들을 자신의 추종자를 만들었다. 그는 한편으로 사회성을 지니지만 다른 한편으로는 다투기를 좋아하는 인간들이 어떻게 조화를 이루며 함께 살아갈 수 있는가 하는 질문을 던진 후 이에 상당히 경험주의적인 태도로 답한다. 즉, 인간의 본성 및 동기와 인간이 처한 상황에 대한 경험적 사실에 기초해 자연법이 형성되는데 우리는 이런 자연법을 준수해야 하지만 자연법의 구속력은 순전히 경험적 요소에 근거해 성립한다는 것이다. 그리고 이런 자연법은《성서》의 가르침과도 충분히 일치한다고 덧붙인다. 그로티우스의 이론은 솔직한 경험주의를 내세우면서도 회의주의에 적절히 대처하고 또한 기독교 도덕을 배제하지 않았다는 점에서 근대 자연법 이론의 전형으로 여겨질 만하다.

그로티우스의 뒤를 이어 자연법 이론을 주장하면서도 다소 다른 관점을 보이는 푸펜도르프는 도덕의 영역이 신의 자유의지에 따라 부여된다는 견해를 내세움으로써 주의주의로 되돌아가는 모습을 보인다. 푸펜도르프는 신이 사회적 존재로서의 인간을 자유롭게 창조했으므로 우리에게 어떤 도덕이라도 자유롭게 부과할 수 있으며, 신이 이렇게 하기 이전에는 어떤 도덕적 질서도 성립하지 않는다고 주장한다. 하지만 신은 우리 인간의 본성에 어울리는 권리와 의무를 규정하는 자연법을 부과했다. 따라서 우리는 인간의 심리와 본성에 관한 경험적 탐구를 통해서만 자연법을 발견할 수 있으며 자연법에 따를 동기 또한 확보할 수 있다. 푸펜도르프는 자연법이 우리 자신의 이익과 행복을 최대한 증진하는 법칙이라는 점은 부정한다. 그는 신이 왜 그런 법칙을 부여했는지 우리는 결코 알 수 없으며, 자연법은 충고나 강제가 아니라 오직 신의 명령일 뿐이라고 주장함으로써 강력한 주의주의에로의 회귀를 시도한다.

이런 푸펜도르프의 견해에 대해서도 주의주의에 대한 전통적인 비판, 즉 신은 어떤 법칙에 의해서도 제한되거나 구속받지 않는데 신의 정의로움은 어떻게 확보되느냐는 비판이 제기된다. 이에 대해 신의 정의로움은 신의 권위에 기초한다는 대답이 가능하지만, 다시 신의 권위는 무엇에 의존하는가 하는 질문을 반복해 던질 수 있다. 이 질문에 대해 푸펜도르프는 신의 명령에 권위를 부여하고 우리를 명령에 따를 의무 아래 놓는 것이 결코 신의 절대적 권위에 속하지는 않지만 우리는 신의 추론과 의도에 대해 더 이상 통찰할 수 없다는 대답을 한다. 더불어 그는 자연법에 따를 동기와 관련해서도 그저 자연법이 신의 명령이라는 사실을 안다면 설령 위반 시에 받을 처벌과 제재의 공포가 없더라도 자연법에 따를 동기가 제공되리라고 생각한다. 그의 이런 대답은 다소 모호하기도 하지만 동시에 자유의지가 성립할 공간을 확보하기도 한다. 즉, 그는 신의 처벌과 제재라는 외형적 동기와 인간 본성 안의 내면적 동기를 구별하고 행위를 선택할 수 있는 내면적 동기로서의 의지 능력, 즉 자유의지를 인정하는 듯이 보인다. 그리고 슈니윈드 또한 푸펜도르프의 이런 견해를 하나의 중요한 계기로 평가하면서 다음과 같이 말한다.

그는[푸펜도르프는] 도덕적 실재가 어떤 인과적 힘을 지니지 않음에도 불구하고 어떻게 인간의 삶에 영향을 미칠 수 있는지 설명하기 위해 자유의지라는 독립된 능력을 필요로 한다. 하지만 그는 도덕적 실재를 인식하는 것이 어떻게 물리적 세계에 영향을 미치는지에 관해 어떤 설명도 제시하지 않는다. 그는 이 문제를 도덕 형이상학의 핵심에 놓고 정면으로 다룬 최초의 근대 철학자이다. 그리고 이 문제는 그 후 계속 이어지게 된다(제1권 302면; 138면).

이런 푸펜도르프의 견해에 대해 적절하면서도 정확한 비판을 제기한 인물은 토마지우스이다. 그는 철저히 주의주의의 체계 외부에서 자연법 이론의 기초를 발견하려고 시도하면서 주의주의는 신과 인간을 미신 수준의 두려움을 통해 연결하려 한다고 비판한다. 인간의 의무가 무엇인지에 대한 질문에 답하면서 토마지우스는 신의 명령은 법칙이 아니라 현명한 충고이며, 의무 또한 행위 결과를 통해서 행위와 연결되는 것이라고 말한다. 이를 통해 그는 주의주의를 단호히 거부하고 도덕의 영역에서 사용되는 여러 개념의 의미 변화를 주도한다. 그는 자연법 이론을 발전시키기 위해 정의로움, 명예로움 그리고 합당함 또는 적절함이라는 세 요소를 구별한다. 그에 따르면 정의는 사람들이 서로에게 심각한 피해를 입혀 사회가 더 이상 지속될 수 없는 일을 방지하는 문제와 관련되며, 명예로움은 오직 사람들의 내적인 삶과 관련된다. 합당함 또는 적절함은 정의와 마찬가지로 우리와 다른 사람들 사이의 관계에 속하는 문제이지만 우리가 다른 사람을 돕거나 우리 자신의 내적인 상태를 향상시켜 다른 이들에게 손해를 끼치지 않는 방식과 관련된다. 이런 구별을 바탕으로 그는 푸펜도르프의 자연법 이론이 이들을 혼동했다고 비판한다. 그리고 우리에게 필요한 것은 세 요소를 모두 포괄하는 폭넓은 시각, 그리고 외부의 명령이나 규제가 아니라 내부의 힘을 동기로 확보하려는 관점이다. 우리는 스스로에게 의무를 부과하며, 스스로 법칙을 형성하고 이를 준수해야 한다. 토마지우스는 한마디로 우리가 '자기규율적'이어야 함을 강조하는데 저자 슈니윈드 또한 그의 이런 주장을 매우 높이 평가하며, 칸트의 자율 개념에 이르는 중요한 통로 중 하나로 여긴다.

262

2부 "완성주의와 합리성"에서는 넓은 의미에서 근대 이성주의자들의 도덕 이론이 폭넓게 논의된다. 여기서 논의의 대상이 되는 주요 철학자로 데카르트, 케임브리지 플라톤주의자들, 스피노자, 말브랑슈 등을 꼽을 수 있지만 저자가 가장 중요시하는 인물은 라이프니츠이다. 그는 자연법 이론에 대한 대안으로 완성주의 도덕을 제시하면서 다양한 형이상학적 장치를 통해 어떻게 반주의주의자가 신을 도덕의 핵심 요소로 유지할 수 있는지 보여 주려 한다. 그는 선과 존재를 동일시하는 고전적인 태도로 돌아가 전체 우주의 질서를 이성적이고 목적론적인 것으로 만들고자 한다. 그리고 도덕을 이런 거대한 질서의 일부로 파악하려 한다. 그는 인간 이성을 통해서는 신과 도덕 사이의 엄밀한 관계를 인식할 수 없다는 주의주의의 견해를 거부하면서 "신을 사랑하라"는 《성서》의 명령을 분석해 이 관계를 해명하려 한다. 이 명령은 우리가 신을 사랑할 만한 존재로 여겨야 함을 함축한다. 그 근거는 무엇인가? 라이프니츠의 형이상학에 따르면 바로 신은 최선의 방식으로 작용하며, 현재의 세계는 신이 창조한 가능한 최선의 세계이기 때문이다. 이런 세계에서 모든 행위는 아무리 수준 낮고 악한 듯이 보이더라도 전체의 완전한 조화에 기여한다. 그리고 이런 사실은 신이 세계를 창조한 순간에 예정된다. 하지만 신뿐만 아니라 인간도 이런 세계에서 무관심성의 자유를 충분히 누린다. 즉, 우리는 자신이 선택한 행위 근거에 따라 행위한다는 면에서 자유롭다. 물론 인간은 신에 비해 지식이 크게 부족하므로 신과 같은 절대적 자유를 누리지는 못한다. 하지만 인간의 모든 활동과 행위는 도덕적으로 사악한 것까지도 포함해서 필연적으로 세계 전체의 형이상학적 완전성을 높이도록 예정되어 있다.

도덕심리학의 관점에서 라이프니츠의 이론은 한마디로 사랑의 도덕이다. 그가 제시한 도덕심리학의 중심에는 자기애가 놓여 있다. 그런데 이는 단순히 이기적인 사랑에 그치지 않는다. 완벽한 형태로 드러날 경우 이 사랑은 신에 대한 사랑인 동시에 신이 사랑하는 모든 것에 대한 사랑으로 상승한다. 그리고 선에 대한 지각이 이런 사랑의 동기로 작용한다. 이 지각이 모호할수록 우리의 행위는 자기중심적이 되고, 우리 자신 또한 덜 완전해진다. 반면 이 지각이 명석할수록 우리의 행위는 이타적이 되며, 우리 자신은 더욱 완전해지고, 우리의 쾌락 또한 더욱 커진다. 우리가 느끼는 가장 지속적인 쾌락은 신을 사랑하는 상태 안에서 발견된다. 그렇다면 도덕적 이상은 신이 우리를 사랑하듯이 우리도 신과 다른 사람들을 사랑하는 것이며, 이는 우리가 이웃을 내 몸처럼 사랑함으로써 실현된다. 이런 방식으로 우리는 자신과 타인들의 이익을 증진하며, 스스로의 행복과 덕 그리고 다른 이들의 행복 사이에 완벽한 조화를 이루게 된다. 라이프니츠는 이런 접근 방식을 통해 덕의 추구와 행복 추구 사이의 갈등, 완전한 의무와 불완전한 의무 사이의 인위적 구별 등을 모두 극복할 수 있다고 생각한다.

이런 라이프니츠의 견해에 정면으로 맞선 인물로 바르베이락을 들 수 있다. 바르베이락은 다시 푸펜도르프의 주의주의를 옹호하는 방향을 선택해 푸펜도르프가 생각한 신이 결코 제멋대로 작용하는 폭군이 아니라 어떤 법칙에 따라 행위하는 존재인데 신이 과연 어떤 법칙에 따르는지는 인간의 능력으로 설명할 수 없다고 주장한다. 바르베이락은 라이프니츠의 방식으로 도덕적 의무와 동기를 설명한다면 궁극적으로 신이 차지할 위치가 없어진다고 불평한다. 그는 이교

도조차도 정직한 행위와 유용한 행위를 구별하며, 누구나 유용성은 무시할 수는 있어도 자신의 의무를 무시할 수는 없다는 점을 지적하면서 도덕적 칭찬과 비난은 선에 대한 우리의 사랑에 의해서 규정될 수 없다고 주장한다. 이를 통해 그는 도덕이 행위의 결과와 무관하게 어떤 행위를 요구한다는 주장에 도달하는데 이는 라이프니츠가 허용하지 않았던 일종의 필연성, 즉 도덕적 필연성을 제시한 특징적인 주장으로 볼 수 있다.

3부에 해당하는 "스스로 전개되는 세계를 향해"에서는 주로 영국 경험론을 바탕으로 한 도덕 이론들이 논의된다. 영국에서도 주의주의와 반주의주의 사이의 논쟁이 잠시 전개되었지만 이는 곧 도덕의 핵심에 의무를 놓을 것인가 아니면 덕을 놓을 것인가에 관한 논쟁으로 변화한다. 하지만 영국 철학자들이 생각했던 덕은 아리스토텔레스의 덕과는 다소 차이를 보이는, 현실적이고 경험적인 덕이라 할 수 있다. 즉, 이들은 잘 질서 잡힌 국가에서 훌륭한 시민이 갖추어야 할 특성으로서의 덕 개념을 추구했는데 이런 덕의 개념은 해링턴, 샤프츠버리, 허치슨을 거쳐 흄에 이르는 여러 철학자들이 공통적으로 다룬 주제이기도 하다. 해링턴에 따르면 덕은 이성이 정념을 조절하고 통제하기 위한 조건을 의미한다. 그는 마치 정의가 국가 안에서 전체의 이익을 위해 개인의 이익을 통제하는 조건인 것과 마찬가지로 덕은 개인 안에서 이성이 정념을 조절하기 위한 조건이라고 생각한다. 그는 절차적 정의의 개념을 제시하면서 법률은 덕을 갖춘 시민을 만들어 내기 위한 절차라고 여긴다. 그는 이렇게 덕을 지닌 시민들을 바탕으로 형성된 공화국이 이상적인 정치 체제라고 주장하지만 비판자들은 그의 공화주의가 지나친 관용을 요구하는 무리한 체제라고 생각했다.

케임브리지 플라톤주의의 전통을 이어받은 샤프츠버리는 해링턴의 공화주의적 사고를 더욱 발전시킨다. 그는 로크의 주의주의를 거부하지만 정념에 대한 로크의 설명은 수용한다. 또한 회의주의에 반대하면서 인간 본성에 대한 경험적 접근을 시도한다. 그는 우리가 다른 사람을 도우려는 비이기적인 욕구를 충족시키는 데서 매우 큰 쾌락을 얻는다는 점을 지적하면서 이는 우리에게 도덕감이 존재하기 때문이라고 주장한다. 도덕감은 도덕적 덕을 구성하는 질서 또는 조화에 비례해서 그런 것을 지닌 대상에 대한 욕구를 드러내는 감정이다. 그는 이런 도덕감 이론을 통해 새로운 형태의 자기규율, 즉 이성이 아닌 내적 감정에 의한 자기규율을 제시한다. 그는 도덕감을 통해 도덕적 조화의 상태에 이르면 우리는 자기규율적인 동시에 행복에 도달하게 된다고 본다. 이런 도덕적 조화는 개인적 욕구와 다른 사람에 대한 애정, 더 나아가 개인의 이익과 전체 이익 사이의 조화까지도 포괄하는 것으로 확장된다.

허치슨은 샤프츠버리의 덕 이론과 도덕감 체계를 수용하지만 이신론적 경향이나 엘리트주의, 플라톤주의적 조화 개념 등은 거부한다. 허치슨은 우리가 지닌 도덕감이 본성적인, 아직 완전히 계발되지 않은 감정과 일차적인 욕구 등과는 명백히 구별되는 하나의 성향, 즉 자비심이라는 요소로 구성된다고 주장한다. 그는 정의와 정의의 규칙 등은 우리가 전체의 행복을 추구함으로써 자비심을 실현하는 데 도움을 주는 도구적인 것이라고 생각한다. 따라서 그의 체계 안에는 도덕감으로서의 자비심이라는 하나의 행위 동기만이 존재한다. 자비심이 약할 경우 우리의 행위를 덕을 향하도록 만드는 내적, 외적 제재를 받게 되는데 이것이 바로 의무의 개념으로 등장하게 된다.

영국 경험론에 기초한, 가장 체계적인 도덕 이론을 제시한 흄은 "이성은 정념의 노예일 뿐이고 또 단지 노예일 뿐이어야만 하며, 정념에 봉사하고 복종하는 것 이외의 다른 어떤 직무를 탐내어서도 안 된다"는 유명한 주장을 통해 도덕의 영역에서 이성에 대한 정념의 우위를 극적으로 주장한다. 그에 따르면 이성과 지성은 정념들을 충족시킬 수 있는, 우리가 고통과 좌절을 피할 수 있도록 인도하는 정보들을 우리에게 전해 줄 수 있을 뿐이다. 그러나 이러한 정보 자체가 우리가 무엇을 행하며 무엇을 행해야만 하는지 결정하는 것은 아니다. 이런 실천 능력을 지니는 것은 오직 정보에 대한 우리의 주관적인 반응이다. 따라서 이성은 정념에게 봉사하고 정념을 지지할 뿐이다. 이런 주장을 근거로 그는 이성은 인간의 행위와 관련해서 다른 어떤 역할도 할 수 없다고 결론짓는다. 그런데 이성이 아닌 정념이나 감정을 행위의 동기 또는 근거로 생각할 경우에 생기는 문제점은 정념의 객관성 또는 보편성을 확보할 수 없고 따라서 모든 도덕 판단 또는 행위가 단지 개인의 주관적인 정념을 반영하는 것으로 해석되며 이에 대한 어떤 도적적인 평가도 무의미해진다는 것이다. 그런데 흄은 이런 정서적인 반응이 단지 개인적이고 주관적이며 따라서 모든 사람에게 서로 다르게 나타난다고 생각하지는 않는다. 왜냐하면 도덕의 영역에서 정서는 단순히 개인적인 느낌에 그치는 것이 아닌 도덕적 시인과 부인의 정서이기 때문이다. 흄에 따르면 우리 주변에서 일어나는 다양한 사건 중의 일부는 단지 '나'에게만이 아니라 '우리 모두'에게 도덕적 시인의 정서를 불러일으키며 우리는 이런 것들에 대해 만족과 편안함을 느끼고 이들을 선한 것 또는 덕이라고 부른다. 반면에 다른 어떤 것들은 우리에게 도덕적 부인의 정서를 불러일으키는데 우리는 이에 대해 불쾌감과 거부감을 느끼고 이들을 거부하며 또한 이들을 악한 것 또는 악덕이라고 부른다.

흄은 시인과 부인을 이렇게 이해함으로써 공감(sympathy)의 작용을 설명할 무대를 마련한다. 공감은 다른 사람들의 감정이 우리 내부로 전달될 수 있게 만드는 능력이다. 공감 때문에 우리는 정의 또는 관대함의 수혜자가 우리로부터 얼마나 멀리 떨어져 있든 간에 그가 어떻게 느끼는지 파악할 수 있다. 정의나 관대함의 시혜자는 수혜자에게 즐거운 감정을 갖게 만드는데 관망자인 우리도 공감을 통해 수혜자의 생각을 공유하게 된다. 우리가 시혜자들을 사랑하는 까닭은 즐거움을 주려는 그들의 특성이 다른 사람들에게 이익을 주기 때문이다. 간단히 말하면 공감을 통해 우리는 사랑을 느끼는 데에 호의를 표하는 위치에 놓이게 된다. 우리는 본성상 스스로 시인하고 존중하는 바에 대해 특별한 종류의 사랑을 느끼도록 되어 있다. 그리고 사랑의 감정을 낳는 상황에서 행복에 관해 고려함으로써 우리는 본성적으로 덕이 있는 행위자는 어떤 이익을 얻고, 덕이 없는 행위자는 어떤 손해를 당하기를 바라게 된다. 바꾸어 말하면 보상과 처벌이 도덕적 정서에 따라 자연스럽게 이루어지기를 생각하고 바라게 된다. 공감과 도덕적 정서는 함께 이 세계의 독특한 도덕적 측면을 만들어 낸다. 이런 주장을 통해 흄은 정념 또는 정서에 기초한 도덕 체계가 어떻게 보편성을 확보할 수 있는지 성공적으로 보였을 뿐만 아니라 이후 벤담과 밀의 공리주의가 등장하는 데 크게 기여했다.

4부 "자율과 신성한 질서"에서는 칸트 직전에 유럽 대륙에서 활동한 세 철학자, 즉 볼프와 크루지우스, 루소의 이론이 다루어지며 저자가 논의의 최종 목표로 삼는 칸트의 자율적 도덕 체계가 다양한 각도에서 검토된다. 위의 세 철학자가 시간적, 공간적으로 칸트의 도덕 이론에 가장 큰 영향을 미쳤음은 분명 의심의 여지가 없다. 사실 칸트의 자율 개념은 크루지우스와 루소의 이론을 비판적으로 결합하는 동시에 볼프의 완성주의에 반대한 결과로서 등장한 것이라 할수 있다.

볼프는 도덕적 지식이 비록 실천적 측면에서 가장 중요하다 할지라도 이런 지식은 형이상학적, 심리학적 지식에 의존하며, 이들은 다시 적절한 출발점으로부터 적절한 순서에 따라 도출되어야 하므로 이런 모든 학문에 대한 체계적인 연구가 필요하다고 주장한다. 따라서 그는 형이상학에서 논증의 순서를 설명하면서 자신의 논리학에 의지하며, 다시 윤리학에서 자신의 원리들을 설명하면서 형이상학에 의지한다. 그는 우주가 신을 통해 질서 있는 세계로 형성되는 방식에 관한 이성적 지식이 우리의 삶에도 조화를 가져오고 다른 사람들과 사회적 조화를 이루면서 살도록 하는 데 필수적이라는 주장을 매우 정교하게 제시한 최후의 인물이었다. 볼프의 이런 종합은 과연 독창적이었는가? 그를 비판하는 사람들은 그의 견해를 "라이프니츠-볼프 철학"이라고 비하하기도 한다. 볼프가 라이프니츠로부터 큰 영향을 받았음은 분명한 사실인데 이는 그가 라이프니츠의 모나드 이론, 충족이유율, 예정조화설 등을 수용했다는 점에서 잘 드러난다. 하지만 그는 경험적 지식을 이성적 지식만큼이나 중요하게 생각하고, 여러 진리가 후에 어떤 체계에 속한 것으로 드러나든 간에 우선 진리를 추구해야 한다고 생각하는 점에서 라이프니츠주의자보다는 절충주의자에 더욱 가깝다. 특히 볼프가 가장 지속적으로 관심을 보였던 실천철학의 영역에서 그는 라이프니츠를 훨씬 뛰어넘었다. 만일 "라이프니츠-볼프 철학"이란 것이 존재한다면 이 철학의 윤리학과 정치 이론은 거의 볼프가 만들어 낸 것임에 틀림없다.

그는 신이 세계를 창조했으므로 신이 우리에게 무엇을 의무로 부과하였는지 알려 주는, 우리의 행위와 완전성 사이의 특별한 연결점이 존재한다고 주장한다. 그리고 이를 통해 우리를 인도하는 자연법칙을 곧 신의 법칙으로 여기게 된다. 볼프의 견해에 따르면 우리 자신을 발전시킬 수 있는 유일한 방법은 우리 안에 명석 판명한 관념을 늘려 나가는 것뿐이다. 우리의 정신이 지닌 모든 것은 오직 표상일 뿐이다. 내용을 제외하면 표상들은 명석함과 판명함의 정도에서만 차이를 보일 뿐이다. 우리 정신의 이런 측면을 발전시키지 못한다면 우리는 덜 완전해질 수밖에 없다. 더욱 큰 명석함과 판명함으로 나아가기 위해 노력하는 것은 우리의 본질 중 일부이다. 이런 성향과 일치하는 것은 오직 완전성을 구성하는 다양한 것의 조화이다. 따라서 설령 자기완성이 무엇인지 항상 명확하게 파악하지는 못한다 할지라도 도덕은 오직 이를 위해서 항상 노력하는 우리의 자세를 필요로 한다. 자신의 완전성을 증가시키는 것만이 다른 이들에 대한 우리의 행위를 개선하기 위해 취할 수 있는 유일한 변화이다. 이런 측면에서 볼프의 윤리학은 자기완성이 우선해야 한다는 점을 요구하고 이를 기초로 삼는, 완성주의의 전형을 보여 주는 윤리학이다.

이런 볼프에 강력하게 반대하는 크루지우스와 더불어 우리는 다시 주의주의에 접하게 된다. 크루지우스는 도덕의 영역에서 루터가 제시했던 것과 같은 주의주의적인 견해로 나아갈 수 있는 길을 열어 놓으며 실제로 이런 견해를 더욱 발전시킨다. 하지만 그의 주장은 주의 깊게 변형된 주의주의로서 특히 주의주의에 대한 가장 대표적인 비판, 즉 주의주의가 인간을 폭군과도 같은 전횡적인 신 아래에 놓인 노예와 같은 존재로 축소하기 때문에 도덕적으로 받아들일 수 없다는 비판을 피하려는 의도에서 마련된 것이다. 크루지우스는 우리가 따라야 하는 모든 도덕법칙의 근원인 신을 구속하는 도덕적 요구는 존재하지 않는다고 생각한다. 더 나아가 그는 도덕이 우리에게 요구하는 가장 중요한 내용은 우리가 신에 의존한다는 사실을 깨닫고 신에게 복종하려는 욕구로부터 신이 부여한 법칙에 따라야 한다는 것이라고 주장한다. 이런 요구는 단지 행위뿐만이 아니라 동기와도 관련되는 것이므로 크루지우스는 우리가 어떻게 이런 요구에 대응할 수 있는지 보이기 위해 매우 강력한 의미의 자유의지를 핵심에 놓는 도덕심리학을 구상한다. 그리고 이전의 다른 어떤 독일 철학자보다도 인간의 자유에 더욱 큰 중요성을 부여함으로써 그는 자신이 주의주의에 대한 라이프니츠-볼프식의 반박이 드러낸 날카로운 칼날을 꺾었다고 생각한다. 루터주의를 이성화하려는 크루지우스의 시도로부터 등장한 도덕철학은 18세기가 낳은 가장 독창적인 산물 중 하나로 볼 수 있다.

널리 알려진 대로 루소는 현재 우리의 상태를 역사적으로 추측해 설명하려는 시도와 더불어 시작되는데 여기에는 인간의 비참함을 설명하는 동시에 도덕이 어떻게 세계에 개입하게 되었는지 보이려는 의도가 있다. 그는 그로티우스, 홉스, 로크 그리고 푸펜도르프의 자연법 이론을 강력하게 공격하는 것으로 논의를 시작한다. 그의 논의는 정치적 정당성에 관한 기존의 이론들을 비판하는 길을 열며, 도덕의 핵심이 우리를 행복으로 이끄는 것이라는 견해에 반대하는 기초를 형성한다. 또한 이를 통해 루소는 이성과 지식의 확산이 도덕을 증진하고, 행복을 증가시키고, 모든 사람에게 자유를 가져다준다는 계몽주의 사상가들의 핵심 주장을 거부한다. 그 대신 그는 백과전서파의 철학자들이 진보라고 여겼던 바가 결국 정치적 전제주의와 개인적 삶의 타락으로 귀결될 뿐이라는 역설적인 주장을 내세운다. 그럼에도 인간의 발전이 이루어지는 까닭은 자신을 완성하려는 인간의 능력 때문이다. 동물은 단지 자기를 보존하도록 만들어진 영리한 기계에 지나지 않는다. 반면 인간은 라메트리의 주장에도 불구하고 동물보다 훨씬 복잡하다. 인간은 욕구를 억제하기도 하며 본성적인 행위 방식을 바꾸기도 한다. 어쨌든 언어와 추상 관념이 등장하고, 이들과 더불어 비교, 예상, 발명의 가능성도 생겨난다. 새로운 욕구는 사람들을 새로운 지식으로 이끄는데 이런 지식은 다시 더욱 복잡한 욕구를 만들어 낸다. 성적인 욕구는 어떤 한 사람을 다른 사람들보다 더욱 좋아하도록 만드는데 이는 경쟁심을 불러일으켜 사랑하는 사람의 눈에 돋보이려는 충동을 낳는다. 이 단계에서 이루어지는 발전은 사람들을 사교적으로 만듦으로써 또한 동시에 사악하게 만드는 계기를 제공한다.

뒤이어 루소는 시민으로서 우리는 개인적인 욕구에 의해서 좌우되는 사적인 의지를 지니지 않을 수 없다고 주장한다. 하지만 타락한 정념에 얽매이는 노예 상태를 계속할 필요는 없다. 일반 의지에 따라 삶으로써 우리는 단지 욕구를 행위의 원인으로 삼지 않는 수준에 그치지 않는다. 우리는 스스로 어떤 욕구를 만족시킬지 선택하게 된다. 루소는 각자의 사적 의지가 일반 의지를 압도할 위험성이 항상 존재한다는 점을 인정한다. 하지만 사회적 제재를 통해 일반 의지에 따르도록 지원할 수 있다. 만일 이런 제재가 우리를 일반 의지에 따르고 덕이 있게 행위하도록 강요한다면 우리는 단지 자유롭도록 강요당하는 존재일 뿐이다. 루소는 오직 욕망의 충동에 따르는 것만이 노예 상태이므로 법칙에 복종하면서 스스로를 자유롭다 규정할 수 있다고 주장한다. 이런 주장이 암시하듯이 루소는 인간의 본성이 이중적임을 경험을 통해서 알 수 있다고 생각한다. 우리는 내부적으로 분리된 존재이다. 이성이 우리에게 한 종류의 선을 드러낸다면 감각과 정념은 다른 종류의 선으로 우리를 유혹한다. 이런 양자택일의 상황에 직면할 경우 우리는 수동적이지 않다. 우리에게는 의지가 있다. 우리 자신의 선이라고 생각하는 바를 원하지 않을 수 없지만 의지가 자신의 선이라고 판단한 바에 반응할 때에 우리는 자유로우며, 우리 외부에 놓인 어떤 것에 의해서도 움직이지 않는다. 루소는 이렇게 의지를 소유한다는 사실을 통해서 인간이 자유롭게 행위하며 비물질적인 실체에 의해서 움직이게 된다는 점이 드러난다고 생각한다. 자유의지를 지닌다는 사실은 인간을 신과 같은 존재로 만드는 요소이다. 설령 자유의지 때문에 죄를 저지를 수 있다할지라도 또한 자유의지 때문에 우리는 올바르게 행위하는 데서 오는 자기만족을 얻기도 한다. 루소는 우리가 지상에 존재하는 까닭은 바로 이런 자기만족을 마땅히 얻기 위해서라고 결론짓는다.

저자는 칸트가 제시한 도덕철학의 핵심은 도덕의 초점이 인간 스스로 자신에게 부과한 도덕법칙에 맞추어져 있으며 따라서 이런 법칙에 따를 동기 또한 필연적으로 부여된다는 주장이라고 선언한다.

또한 칸트가 이런 방식으로 도덕적인 측면에서 자기규율적인 행위자는 곧 자율적이라고 말함으로써 진정한 '자율'의 개념을 발명했다고 주장한다. 칸트는 루소의 열정적인 주장에 대해 냉철하게 생각할 준비를 충분히 마쳤다. 오직 자유와 자기규율에 관한 루소의 주장만이 칸트를 자율로서의 도덕이라는 견해에 이르도록 이끌지는 않았다. 칸트를 이런 방향으로 이끄는 데 훨씬 더 큰 영향을 미친 것은 루소의 매력적인 글을 통해서 그의 안에서 일어난, 일반인의 도덕적 통찰을 존중해야 한다는 도덕적 전환이었다. 칸트는 도덕감을 강조한 학자들의 주장을 통해 어떻게 이성이 도덕적 동기를 부여할 수 있느냐는 것과 관련한 중대한 문제가 제기된다는 점을 명백히 깨달았다. 하지만 처음에는 볼프의 사상을, 그 다음에는 인간의 감정이 타락해 변하기 쉽다는 루소의 강조점을 받아들임으로써 칸트는 도덕적 정서가 우리를 질서 있는 도덕적 세계로 인도할 수 있다는 생각을 전적으로 수용하지는 않았다. 루소는 어떻게 도덕적 세계가 실현될 수 있는지 설명하기 위해 자아의 변형을 필요로 했다. 칸트는 일상인들이 설령 악하게 행위한다 할지라도 존중받아야 한다고 생각했으며, 이를 통해 왜 자신이 인간 본성의 불변적인 측면에 근거한 도덕을 제시하려 하는지 설명했다. 이를 명확히 드러내는 과정에서 칸트는 자기규율의 원리를 발명했으며 이를 통해 그는 어떻게 우리가 스스로를 도덕적으로 인도하는지 설명할 수 있다고 생각했다.

결국 칸트는 흄 또는 루소에서 등장하는 바를 모두 넘어서는 형이상학적 심리학을 근거로 자율의 개념을 형성한다. 칸트의 자율은 우리가 자유로운 행위자로서 선험적 자유를 통해 자연적 인과성의 영역을 벗어날 수 있다는 점을 전제한다. 모든 개인은 사회에서뿐만 아니라 자연 상태에서도 이런 자유를 가진다. 이를 통해 각각의 개인은 공통적인 인간의 이성이 의무와 일치하는 것과 그렇지 않은 것을 알려 주는 나침반을 지니게 된다. 우리의 도덕적 능력은 우리 각자에게 이성의 사실로, 즉 무조건적인 의무를 의식하는 것으로 인식되므로 우리는 욕구가 요구하는 바를 넘어서서 이런 능력을 존중하게 된다. 이런 능력은 선험적 자유에 견고하게 뿌리를 내리고 있으므로 우리는 아무리 타락하더라도 결코 이를 잃지 않는다. 칸트는 자신의 이론이 루소가 자신에게 전한 신념, 즉 도덕에 관한 일반인들의 이해를 존중하는 일이 무척 중요하다는 믿음을 옹호하는 유일한 방법이라고 생각한다.

저자는 도덕의 발전을 순전히 세속적으로 이해하려는 사람은 칸트가 해결하려 했던 일부 문제에 대해서는 전혀 관심을 가질 필요가 없을지도 모른다는 점을 인정한다. 이런 문제를 무시함으로써 물론 우리는 이것이 만족스러운 도덕철학에 부과하는 조건들에도 주의를 기울일 필요가 없게 된다. 예를 들어 도덕철학의 기본 임무가 신과 우리가 함께 동일한 도덕 공동체에 속함을 보이는 것이라고 생각하지 않는다면, 도덕 이론은 어떻게 모든 이성적 존재에게 필연적으로 구속력을 지니는 도덕 원리들이 존재할 수 있는지 보여 주어야만 한다는 칸트의 주장을 받아들이지 않을 것이다. 그런 원리들이 틀림없이 존재한다고 주장할 다른 근거들도 있을 수 있지만 우리는 최소한 칸트의 요구가 자명하다고 생각하지는 않을 것이다. 그저 인간을 위한 원리 정도로 충분하다고 생각할 것이다.

저자는 다음과 같은 언급을 통해 도덕철학의 영역에서 칸트의 중요성과 지위를 인정하면서 자신의 탐구를 마무리 짓는데 이는 저자가 이 책 전체를 통해서 도달한 결론이기도 하다.

우리 시대 자체가 이 시대의 고유한 도덕철학적 문제들을 드러낸다고 주장할 수도 있지만 또한 칸트가 자신의 문제에 대해 제시했던 대답이 우리의 문제들에 대처하는 데도 여전히 유용하다고 생각할 수도 있다. 그리고 만일 우리가 모든 평범한 사람들이 지닌 동등한 도덕적 능력과 동등한 존엄성에 대한 칸트의 열정적인 신념을 공유한다면 그가 생각한 기본적인 도덕 원리와 같은 무언가가 지금까지 발명된 다른 어떤 원리에 비해서도 우리의 문제에 대해 적절한 해결책을 제공할 가능성이 더욱 높다고 생각하는 것은 당연한 일이다(제 3권 256면; 554면).

1. 일차 문헌

이 항목에서는 철학사적 연구서들을 포함해 1800년 이전에 출판된 문서
들만을 제시했다.

개별 저자

Allestree, Richard (1619~1681; authorship uncertain)
    The whole duty of man. London, n. d.
Althusius, Johannes (1557~1638)
    The politics of Johannes Althusius: Politica methodice digesta.
    Trans. , Frederick S. Carney. London, 1964.
Ames, William (1576~1633)
    Conscience with the power and cases thereof. 1639. (No trans-
    lator or publisher given)
    The marrow of theology. Trans. , John D. Eusden. Durham,
    1983.
    Technometry. Trans. , Lee W. Gibbs. Philadelphia, 1979.
Anselm, St. , of Canterbury (1033~1109)
    Anselm of Canterbury. Eds. and Trans. , Jasper Hopkins and
    Herbert Richards. 4 Vols. Toronto, 1976.
Aquinas, St. Thomas (1225~1274)
    On charity. Trans. , Lotte H. Kendzierski. Milwaukee, 1984.
    Summa theologica. Trans. , Fathers of the English Dominican

Province. New York, 1947.

Aristotle (384~322 B. C. E.)

    Magna moralia. Trans. , St. George Stock. Oxford, 1915.

    Politics. Trans. , Ernest Barker. Oxford, 1946.

    Nicomachean ethics. Trans. , Terence Irwin. Indianapolis, 1985.

Augustine, St. (354~430)

    The city of God. Trans. , Henry Bettenson. London, 1972.

    On christian doctrine. Trans. , D. W. Robertson Jr.. Indian-
    apolis, 1958.

Aurelius, Marcus (121~180)

    Meditations. Trans. , Maxwell Staniforth. London, 1964.

Bacon, Sir Francis (1561~1626)

    Works. Eds. , James Spedding, R. L. Ellis, and D. D. Heath.
    New York, 1878.

Balguy, John (1686~1748)

    A collection of tracts moral and theological. London, 1734.

Barbeyrac, Jean (1674~1744)

    "An historical and critical account of the science of morality,
    and the progress it has made in the world, from the
    earliest time down to the publication of Pufendorf". Trans. ,
    Carew. 1706. In Pufendorf, *Of the law of nature and
    nations*.

    "Jugement d'un anonyme sur l'original de cet obrege. Avec
    des reflexions du traducteur". In Pufendorf, *Les devoirs de
    l'homme*.

Baumgarten, Alexander (1714~1762)

    "Ethica philosophica". In Kant, *Gesammelte Schriften* 27, pp.
    732~869, followed by a reprint of the edition of 1763, pp.
    871~1028. Kant,

    "Initia philosophiae practicae". In Kant, *Gesammelte Schriften*
    19, pp. 7~91.

    "Metaphysica" (1742). 1757. In Kant, *Gesammelte Schriften*
    15, pp. 5~54, *Kants Gesammelte Schriften* 17, pp. 5~226.

    Metaphysik. Trans. , G. F. Meier. Halle, 1766.

Bayle, Pierre (1647~1706)

Historical and critical dictionary, selections. Trans., Richard Popkin. New York, 1965.

Oeuvres diverses. Ed., Alain Niderst. Paris, 1971.

Oeuvres diverses. Introd., Elisabeth Labrousse. Vols. II~III, 1727. Vol. IV, 1731. Reprint, Hildesheim, 1966, 1968.

Oeuvres diverses. Choix d'articles tires du Dictionnaire historique et critique. Introd., Elisabeth Labrousse. 2 Vols. Reprint, Hildesheim, 1982.

Philosophical commentary. Trans., Amie Goodman Tannenbaum. Bern, 1987.

Bentham, Jeremy (1748~1832)

Bentham's theory of fictions. Ed., C. K. Ogden. London, 1932.

Collected works of Jeremy Bentham. Eds., J. H. Burns, John Dinwiddy, and F. Rosen, Oxford, 1968~.

A Fragment on government and An introduction to the principles of morals and legislation. Ed., Wilfrid Harrison. Oxford, 1948.

Berkeley, George (1685~1753)

Works. Eds., A. A. Luce and T. E. Jessop. 9 Vols. London, 1948~1957.

Bonnet, Charles (1720~1793)

"Essai de psychologie". In *Oeuvres d'histoire naturelle et de philosophie*, Vol. 17. Neuchatel, 1783.

Boyle, Robert (1627~1691)

Selected philosophical papers of robert boyle. Ed., M. A. Stewart. Indianapolis, 1991.

Bramhall, John (1594~1663)

Works. Vol. 4. London, 1844.

Brown, John (1715~1766)

Essays on the characteristics of the earl of Shaftesbuny. 1751. Reprint, Hildesheim, 1969.

Brucker, Johann Jakob (1696~1770)

Erste Anfangsgründe der philosophischen Geschichte. 2nd ed. Ulm, 1751.

Historia critica philosophiae a mundi incunabulis ad nostram usque aetatem deducta. 2nd ed. 6 Vols. Leipzig, 1776~1777.

Burlamaqui, Jean-Jacques (1694~1748)

Principes du droit naturel. Geneva, 1748.

Burnet, Thomas (1635?~1715)

Remarks upon an essay concerning humane understanding. London, 1697.

Second remarks upon an essay concerning humane understanding. London, 1697.

Third remarks upon an essay concerning humane understanding. London, n. d. [1699].

Butler, Bp. Joseph (1692~1752)

"The analogy of religion, natural and revealed, to the constitution and course of nature". In *Works*, Vol. II.

"Fifteen sermons preached at the rolls chapel". In *Works*, Vol. I. *Works*. Ed., J. H. Bernard. 2 Vols. London, 1900.

Calvin, John (1509~1564)

Institutes of the christian religion. Ed., John T. McNeill. Trans., Ford Lewis Battles. 2 Vols. London, 1941.

Carmichael, Gershom (1672~1729)

Gershom Carmichael on Samuel Pufendorf's de officio hominis et civis. Compiled by John N. Lenhart. Trans., Charles H. Reeves. Cleveland, 1985.

Charron, Pierre (1541~1603)

De la sagesse: Trois livres. 2nd ed. 1604. Ed., Amaury Duval. 3 Vols. Paris, 1820.

Of wisdom. Trans., Samson Lennard. London, n. d.

"Petite traicté de la sagesse" (1606). In *De la sagesse: Trois livres*, Vol. 3.

Cicero (106~43 B. C. E.)

De finibus. Trans., H. Rackham. Cambridge, 1971.

De officiis. Trans., Walter Miller. Cambridge, 1961.

De re publica and de legibus. Trans., Clinton Walker Keys. Cambridge, 1977.

Tusculan disputations. Trans., J. E. King. Cambridge, 1989.
Clarke, Samuel (1675~1729)
"A discourse concerning the Being and attributes of God". In *Works*, Vol. II.
"A discourse concerning the unchangeable obligations of natural religion, and the truth and certainty of the christian revelation". In *Works*, Vol. II.
"Dr. Clarke's remarks upon a book, entitled a philosophical inquiry concerning human liberty". In *Works*, Vol. IV.
"Leibniz-Clarke correspondence". In *Works*, Vol. IV
The Leibniz-Clarke correspondence. Ed., H. G. Alexander. Manchester, 1984.
"Letters concerning liberty and necessity". In *Works*, Vol. IV
"Sermons I~CXIV". In *Works*, Vol. I.
"Sermons CXV~CLXXIII". In *Works*, Vol. II.
Works. 4 Vols. London, 1738. Reprint, New York, 1978.
Collins, Anthony (1676~1729)
A discourse of free-thinking (1713). New York, 1978.
A philosophical inquiry concerning human liberty (1717). New York, 1978.
Crusius, Christian August (1715~1775)
Anweisung, vernünftig zu Leben. Leipzig, 1744. Reprint, Ed., G. Tonelli. Hildesheim, 1969.
Entwurf der notwendigen Vernunft-Wahrheiten. Leipzig, 1745. Reprint, Ed., G. Tonelli. Hildesheim, 1964.
Cudworth, Ralph (1617~1688)
"A sermon preached before the House of Commons" (March 31, 1647). In Patrides, *The Cambridge Platonists*.
A treatise concerning eternal and immutable morality. London, 1731. Reprint, Hildesheim, 1979.
A treatise of free will. Ed., John Allen. London, 1838. Reprint, Hildesheim, 1979.
The true intellectual system of the universe. London, 1678. Reprint, Hildesheim, 1977.
Culverwell, Nathaniel (1619~1651)

An elegant and learned discourse of the light of nature (1652).
Eds., Robert A. Greene and Hugh MacCallum. Toronto,
1971.

Cumberland, Richard (1631~1718)

Traité philosophique des loix naturelles. Trans., Jean Barbeyrac.
Amsterdam, 1744.

A treatise of the laws of nature (1672). Trans., John Maxwell.
London, 1727.

d'Alembert, Jean (1717~1783)

Essai sur les éléments de philosophie. Paris, 1986.

Darjes, Joachim Georg (1714~1791)

Erste Gründe der philosophischen Sitten-Lehre. 4th ed. Jena,
1782.

d'Holbach, Paul Henry Thiry, Baron (1723~1789)

La morale universelle, ou les devoirs de l'homme (1776). 2 Vols.
Paris, 1820.

Système de la nature. London, 1781. Reprint, Paris, 1990.

Système social. 2 Vols. London(?), 1773. Reprint, Hilde-
sheim, 1969.

de la Forge, Louis (1632~1666)

Traité de l'esprit de l'homme (1666). Ed., Pierre Clair. Paris,
1974.

de Sade, D. A. F. (1740~1814)

Juliette. Trans., Austryn Wainhouse. New York, 1968.

Justine, philosophy in the bedroom, and other writings. Com-
piled and Trans., Richard Seaver and Austryn Wainhouse.
New York, 1965.

Oeuvres complètes. Eds., Annie Le Brun and Jean-Jacques
Pauvert. Vol. 3, 1986. Vols. 8~9, 1987.

Descartes, René (1596~1650)

Les passions de l'ame. Ed., Geneviève Rodis-Lewis. Paris,
1964.

The passions of the soul. Trans., Stephen H. Voss. Indian-
apolis, 1989.

The philosophical writings of Descartes. Vol. I. Trans., John

Cottingham, Robert Stoothoff, and Dugald Murdoch. Cambridge, 1985.

The philosophical writings of Descartes. Vol. II. Trans., John Cottingham, Robert Stoothoff, and Dugald Murdoch. Cambridge, 1984.

The philosophical writings of Descartes. Vol. III: *The correspondence.* Trans., John Cottingham, Robert Stoothoff, Dugald Murdoch, and Anthony Kenny. Cambridge, 1991.

Deschamps, Jean

Cours abrégé de La philosophie Wolffienne en forme de lettres (1741~1747). Hildesheim, 1991.

Diderot, Denis (1713~1784)

Encyclopédie, ou dictionnaire raisonné des sciences, des arts et des métiers. Eds., André Le Breton, Laurent Durand, Antoine-Claude Briasson, Michel-Antoine David. Paris, 1751~1780.

Oeuvres. Ed., André Billy. Paris, 1951.

Oeuvres. Vol. I: *Philosophie.* Ed., Laurent Versini. Paris, 1994.

Oeuvres complètes. I. *Le modèle anglais.* Eds., Arthur M. Wilson et al. Paris, 1975.

Oeuvres politiques. Ed., P. Verniere. Paris, 1963.

Political writings. Eds., John Hope Mason and Robert Wokler. Cambridge, 1992.

Diogenes Laertius (c. 200~250)

Lives of eminent philosophers. Trans., R. D. Hicks. 2 Vols. Cambridge, 1991.

Domat, Jean (1625~1695)

Oeuvres completes. Vol. I: *Traité des lois* (1689). Ed., Joseph Remy. Paris, 1828.

Duns Scotus, John (1266~1308)

Duns Scotus on the will and morality. Ed. and Trans., Allan B. Wolter, Washington, D.C., 1986.

Dupleix, Scipion (1569~1661)

Ethique ou philosophie morale. Paris, [1610]. 1645. Reprint, Paris, 1994.

du Vair, Guillaume (1556~1621)

The moral philosophy of the Stoics (1598). Trans., Thomas
James. Ed., Rudolf Kirk. New Brunswick, N. J., 1951.

La philosophie morale des Stoiques. 1585.

Enfield, William

The history of philosophy, From the earliest times to the begin-
ning of the present century, Drawn up from Brucker's historia
critica philosophiae. 2 Vols. London, 1791.

Filmer, Sir Robert (1588~1653)

Patriarcha and other writings. Ed., Johann P. Sommerville.
Cambridge, 1991.

Fletcher, Andrew, of Saltoun (1655~1716)

Selected political writings and speeches. Ed., David Daiches.
Edinburgh, 1979.

Fontenelle, Bernard le Bovier de (1657~1757)

"Du bonheur" (1724). In Histoire des oracles, Ed., Willy de
Spens, pp. 131~148. Paris, 1966.

Fordyce, David (1711~1751)

The elements of moral philosophy. London, 1754.

Formey, J. H. S. (1711~1797)

La belle Wolffienne (1741~1753). Hildesheim, 1983.

Garve, Christian (1742~1798)

Uebersicht der vornehmsten Principien der Sittenlehre. Breslau,
1798.

Gassendi, Pierre (1592~1655)

Abrégé de la philosophie de Gassendi. By François Bernier. 2nd
ed., 1684. 7 Vols. Paris, 1992.

Opera omnia. Lyon, 1658. Vol. II. Reprint, Stuttgart, 1964.

Selected works. Ed. and Trans., Craig B. Brush. New York,
1972.

Three discourses, of happiness, virtue, and liberty. London,
1699. Trans., Anon. of Bernier. From Abrégé de la philo-
sophie de Gassendi, Vol. 7.

Gay, John (1699~1745)

"Concerning the fundamental principle of virtue or morality".

London (1731). Prefixed to King, *An essay on the origin of evil.*

Gellert, Christian Fürchtgott (1715~1769)

  Moralische Vorlesungen. Ed., Sibylle Späth. In *Gesammelte Schriften,* Ed., Bernd Witte, Vol. VI. Berlin, 1922.

Geulincx, Arnold (1624~1669)

  Ethik oder über die Kardinaltugenden. Trans., Georg Schmitz. Hamburg, 1948.

Glafey, Adam Friedrich (1692~1753)

  Vollständige Geschichte des Rechts der Vernunft. Leipzig, 1739. Reprint, Aalen, 1965.

Gottsched, Johann Christoph (1700~1766)

  Erste Gründe der gesammten Weltweisheit. In *Ausgewählte Werke,* Ed., P. M. Mitchell, Vol. 5. Berlin, 1983.

Grotius, Hugo (1583~1645)

  Commentary on the law of prize and booty (De jure praedae commentarius) (1604). Trans., Gwladys L. Williams and Walter H. Zeydel. Oxford, 1950.

  De veritate religionis christianae. Amsterdam. 1669.

  The jurisprudence of Holland. Trans., Robert Warden Lee. Oxford, 1953.

  On the law of war and peace (De jure belli ac pacis libri tres). Trans., Francis W. Kelsey. Oxford, 1925.

  The rights of war and peace. Trans., anon. from Barbeyrac's French translation. London, 1738

  The truth of the christian religion. Trans., John Clarke, London, (1709) 1827.

Haller, Albrecht von (1708~1777)

  Gedichte. Ed., Dr. Ludwig Hirzl. Frauenfeld, 1882.

Harrington, James (1611~1677)

  "Oceana". In *The political works of James Harrington,* Ed., J. G. A. Pocock. Cambridge, 1977.

Hartley, David (1705~1757)

  Observations on man, his frame, his duty and his expectations. 5th ed. 2 Vols. London, (1749) 1810.

Heineccius, Johann Gottlieb (1681~1741)

A methodical system of universal law. Trans., George Turnbull. 2 Vols. London, [1737]1763.

Helvetius, Claude Adrien (1715~1771)

De l'esprit (1758). Verviers, 1973.

De l'homme (1772). 2 Vols. Paris, 1989.

On the mind. London, 1759.

Treatise on man (1772). Trans., W. Hooper. 2 Vols. London, 1810.

Herbert, Edward, Lord, of Cherbury (1582~1648)

On truth. Trans., Meyrick H. Carré. Bristol, 1937.

De religione laici (1645). In *Yale Studies in English*, Vol. 98. Ed. and Trans., Harold R. Hutcheson. New Haven, 1944.

The life of Edward, first Lord Herbert of Cherbury, written by himself. Ed., J. M. Shuttleworth. London, 1976.

Hobbes, Thomas (1588~1679)

Body, man, and citizen. Ed., Richard S. Peters. New York, 1962.

De cive, the English version. Ed., Howard Warrender. Oxford, 1983.

"De corpore" (1656). In *English works*, Vol. I.

Elements of law. Ed., Ferdinand Tönnies. Cambridge, 1928.

English works. Ed., Sir William Molesworth. 11 Vols. London, 1839~1845.

Leviathan. Ed., Edwin Curley. Indianapolis, 1994.

Leviathan. Ed., Richard Tuck. Cambridge, 1991.

Man and citizen. Ed., Bernard Gert. Indianapolis, 1991.

Hoffbauer, Johann Christoph (1766~1827)

Anfangsgründe der Moralphilosophie und insbesondere der Sittenlehre, nebst einer allgemeinen Geschichte derselben. Halle, 1798.

Hooker, Richard (1553~1600)

Of the laws of ecclesiastical polity. Ed., A. S. McGrade. Cambridge, 1989.

Works. Ed. , W. Speed Hill. 5 Vols. Cambridge, 1977~ 1990.

Hume, David (1711~1776)

Dialogues concerning natural religion (1776). Ed. , Norman Kemp Smith. Edinburgh, 1947.

Enquiry concerning the human understanding (1748) and *Enquiry concerning the principles of morals* (1751). Ed. , L. A. Selby-Bigge, rev. Peter Nidditch. Oxford, 1975.

Essays (1777). Ed. , Eugene F. Miller. Indianapolis, 1985.

The letters of David Hume. Ed. , J. Y. T. Greig. Oxford, 1932.

The natural history of religion (1757). Ed. , H. E. Root. London, 1956.

A treatise of human nature (1739~1740). Ed. , L. A. Selby-Bigge, rev. Peter Nidditch. Oxford, 1978.

Hutcheson, Francis (1694~1746)

An essay on the nature and conduct of the passions, with illustrations on the moral sense (1728). 3rd ed. 1742. Reprint, Ed. , Paul McReynolds. Gainesville, 1969.

Illustrations on the moral sense. Ed. , Bernard Peach. Cambridge, 1971.

An inquiry into the original of our ideas of beauty and virtue in two treatises. I . Concerning beauty, order, harmony, design. II. Concerning moral good and evil (1725). 4th ed. London, 1738.

A short introduction to moral philosophy. Trans. , anon. Dublin, 1787.

A system of moral philosophy. 2 Vols. London, 1755.

Johnson, Samuel (1709~1784)

Prose and poetry. Ed. , Mona Wilson. Cambridge, 1967.

Justinian (482~565)

The digest. Trans. , Charles Henry Monro. Vol. I . Cambridge, 1904.

The institutes. Trans. , Peter Birks and Grant McCleod. Ithaca, NY, 1987.

Kant, Immanuel (1724~1804)

Anthropology from a pragmatic point of view. Trans., Mary J. Gregor. The Hague, 1974.

Bemerkungen in den "Beobachtungen über das Gefühl der Schönen und Erhabenen". In *Kant-Forschungen*, Vol. 3. Ed., Marie Rischmüller. Hamburg, 1991.

The conflict of faculties. Trans., Mary J. Gregor. New York, 1979.

Critique of judgement. Parts I, II. Trans., James Creed Meredith. Oxford, 1911, 1928.

Critique of practical reason. Trans., Lewis White Beck. Indianapolis, 1959.

Critique of pure reason. Trans., Norman Kemp Smith. New York, 1950.

Eine Vorlesung Kants über Ethik. Ed., Paul Menzer. Berlin, 1924.

Foundations of the metaphysics of morals. Trans., Lewis White Beck. Indianapolis, 1959.

Gesammelte Schriften. Berlin, 1902~.

Kant: Philosophical correspondence, 1759~1799. Ed. and Trans., Arnulf Zweig. Chicago, 1967.

Kants Rechtslehre. Ed., Bernd Ludwig. Hamburg, 1988.

Lectures on ethics. Eds., Peter Heath and J. B. Schneewind. Trans., Peter Heath. Cambridge, 1997.

Lectures on philosophical theology. Trans., Allen W. Wood and Gertrude M. Clark. NY, Ithaca, 1978.

The metaphysics of morals. Trans., Mary Gregor. Cambridge, 1991.

Observations on the feeling of the beautiful and the sublime. Trans., John Goldthwaite. Berkeley, 1960.

On history. Ed., Lewis White Beck. Indianapolis, 1963.

Political writings. Ed., Hans Reiss. Trans., H. B. Nisbet. 2nd ed. Cambridge, 1991.

Religion within the limits of reason alone. Trans., Theodore M. Greene and Hoyt H. Hudson. New York, 1960.

Theoretical philosophy, 1755~1770. Trans. and Eds., David
    Walford and Ralf Meerbote. Cambridge, 1992.

"Universal natural history and theory of the heavens". Trans.,
    W. Hastie. In *Kant's cosmogony*, Ed., Willy Ley. New
    York, 1968.

*What real progress has metaphysics made in germany since the
    time of Leibniz and Wolff?* Trans., Ted Humphrey. New
    York, 1983.

King, William (1659~1729)

An essay on the origin of evil (*De origine mali*) (1702).
    Trans., Edmund Law. London, 1731.

La Mettrie, Julien Offray de (1709~1751)

Discours sur le bonheur. Critical edition by John Falvey. In
    Studies on Voltaire and the eighteenth century, Ed.,
    Theodore Besterman, Vol. C X X X Ⅳ. Banbury, 1975.

Man a machine (1748) and *Man a plant*. Trans., Richard A.
    Watson and Maya Rybalka. Indianapolis, 1994.

Oeuvres philosophiques (1751). 2 Vols. Paris, 1987.

Law, William (1686~1761)

Remarks upon a late book, entitled "The fable of the bees"
    (1724). In *The works of the reverend William Law*, Vol. Ⅱ.
    London, 1892.

A serious call to a devout and holy life (1769). In *The works of
    the reverend William Law*, Vol. Ⅳ. London, 1893.

La Rochefoucauld, François (1613~1680)

Oeuvres complètes. Eds., L. Martin-Chauffier and Jean
    Marchand. Paris, 1964.

Lee, Henry

Anti-Scepticism. London, 1702.

LeGrand, Anthony (d. 1699)

*An entire body of philosophy according to the principles of the
    famous Renate des Cartes* (1672). Trans., Richard Blome.
    London, 1694.

Leibniz, Gottfried Wilhelm (1646~1716)

Die philosophische Schriften. Ed., C. J. Gerhardt. 7 Vols.

Berlin, 1875~1890.

"Discourse on metaphysics". In *Philosophical papers and letters*.

The Leibniz-Clarke correspondence. Ed., H. G. Alexander. Manchester, 1956.

Lettres et opuscules inédits. Ed., L. A. Foucher de Careil. Paris, 1854.

Monadology". In *Philosophical papers and letters*.

New essays on human understanding. Trans. and Eds., Peter Remnant and Jonathan Bennett. Cambridge, 1982.

Philosophical essays. Eds. and Trans., Roger Ariew and Daniel Garber. Indianapolis, 1989.

Philosophical papers and letters. Trans. and Ed., Leroy E. Loemker. 3rd ed. Dordrecht, 1969.

Political writings. Trans. and Ed., Patrick Riley. 2nd ed. Cambridge, 1988.

"Principles of nature and grace". In *Philosophical papers and letters*.

Selections. Ed., P. P. Wiener. New York, 1951.

"Specimen dynamicum". In *Philosophical papers and letters*.

Textes inedits. Ed., Gaston Grua. 2 Vols. Paris, 1948.

Theodicee, das ist, Versuch von der Güte Gottes ⋯ vermehrt von Johan Christoph Gottscheden (1744). Ed., Hubert Horstmann. Berlin, 1996.

Theodicy (1710). Ed., Austin Farrer. Trans., E. M. Huggard. LaSalle, 1985.

Lipsius, Justus (1547~1606)

Six bookes of politickes. Trans., William Jones. London, 1594.

Two bookes of constancy (1584). Trans., John Stradling. 1594. Reprint, Ed. and introd., Rudolf Kirk. New Brunswick, NJ, 1939.

Locke, John (1632~1704)

Correspondence. Ed., E. S. de Beer. 8 Vols. Oxford, 1978~.

An early draft of Locke's essay. Eds., R. I. Aaron and Jocelyn Gibb. Oxford, 1936.

An essay concerning human understanding (1689). Ed., Peter

Nidditch. Oxford, 1979.

Essays on the law of nature. Ed., W. von Leyden. Oxford, 1954.

A letter concerning toleration (1689). Trans., William Popple. Ed., James Tully. Indianapolis, 1983.

Questions concerning the law of nature. Eds. and Trans., Robert Horwitz, Jenny Strauss Clay, and Diskin Clay. Ithaca, NY, 1990.

The reasonableness of christianity (1695). Ed., I. T. Ramsey. Stanford, 1958.

Some thoughts concerning education. Eds., John Yolton and Jean Yolton. Oxford, 1989.

Two tracts on government. Ed., Philip Abrams. Cambridge, 1967.

Two treatises of government. Ed., Peter Laslett. Cambridge, 1988.

Works. 3 Vols. London, 1727.

Lucretius (c. 99~c. 55 B. C. E.)

De rerum natura. Trans., W. H .D. Rouse and Martin Ferguson Smith. Cambridge, 1982.

Luther, Martin (1483~1546)

Martin Luther: Selections from his writings. Ed., John Dillenberger. Garden City, NY, 1961.

Works. Eds., Jaroslav Pelikan and Helmut T. Lehman. 55 Vols. Philadelphia, various dates.

Machiavelli, Niccolo (1469~1527)

The chief works and others. Trans., A. Gilbert. 3 Vols. Durham, 1965.

"Discourses on the first decade of Titus Livius". In *The chief works and others,* Vol. I.

"The prince". In *The chief works and others,* Vol. I.

The prince. Eds., Quentin Skinner and Russell Price. Cambridge, 1988.

Maimon, Salomon (1753~1800)

Lebensgeschichte. Ed., Zwi Batscha. Frankfurt am Main, 1984.

Malebranche, Nicholas (1638~1715)

    Dialogues on metaphysics. Trans. , Willis Doney. New York, 1980.

    The search after truth (1674~1675). 6th ed. 1712. Trans. , Thomas M. Lennon and Paul J. Olscamp. Columbus, 1980.

    Traité de morale (1684). Ed. , Michel Adam. 2nd ed. In *Oeuvres complétes*, Vol. XI, Ed. , Andre Robinet. Paris, 1975.

    Treatise on ethics. Trans. , Craig Walton. Dordrecht, 1993.

    Treatise of morality. Trans. , James Shipton, London, 1699.

    Treatise on nature and grace. Trans. , Patrick Riley. Oxford, 1992.

Mandeville, Bernard de (1670~1733)

    An enquiry into the origin of honour. Ed. , M. M. Goldsmith. London, 1971.

    Fable of the bees. Ed. , F. B. Kaye. 2 Vols. Oxford, 1924.

    A letter to Dion (1732). Introd. , Jacob Viner. Los Angeles, 1953.

Maupertuis, Pierre Louis Moreau de (1698~1759)

    "Essai de philosophie morale" (1749). In *Les oeuvres de Maupertuis*, Vol. 2. Berlin, 1753.

Melanchthon, Philipp (1497~1460)

    Melanchthon on christian doctrine. The loci communes of 1555. Trans. and Ed. , Clyde L. Manschreck. New York, 1965.

Mendelssohn, Moses (1729~1786)

    "Abhandlung über die Evidenz" (1764). In *Gesammelte Schriften*, Vol. II. Eds. , Fritz Bamberger and Leo Strauss, Stuttgart-Bad Cannstatt, 1931.

Montaigne, Michel de (1533~1592)

    Complete essays. Trans. , Donald M. Frame. Stanford, 1965.

    Oeuvres completes de Michel de Montaigne. Eds. , Albert Thibaudet and Maurice Rat. Paris, 1962.

More, Henry (1614~1687)

    An account of virtue, or, Dr. Henry More's abridgement of morals (1666). Trans. , Edward Southwell. London, 1690. (English translation of More's *Enchiridion ethicum*)

Moyle, Walter (1672~1721)

"Essay upon the constitution of the roman government". In *Two English political tracts*, Ed., Caroline Robbins. Cambridge, 1969.

Müller, August Friedrich (1684~1761)

Einleitung in die philosophischen Wissenschaften. Leipzig, 1733.

Neville, Henry (1609~1683)

"Plato redivivus" (1681). In *Two English political tracts*, Ed., Caroline Robbins. Cambridge, 1969.

Nicole, Pierre (1625~1695)

Oeuvres philosophiques et morales. Ed., C. Jourdain. Paris, 1845. Reprint, Hildesheim, 1970.

Ompteda, D. H. L., Freyherr von

Litteratur des gesammten sowohl natürlichen als positiven Völkerrechts. Regensburg, 1785.

Paley, William (1743~1805)

The principles of moral and political philosophy (1786). New York, 1839.

Pascal, Blaise (1623~1662)

Oeuvres complètes. Ed., Louis Lafuma. Paris, 1963.

Pensées. Trans., A. J. Krailsheimer. London, 1966.

The provincial letters. Trans., A. J. Krailsheimer. London, 1967.

Perkins, William (1558~1602)

A discourse of conscience (1596) and *The whole treatise of cases of conscience* (1606). Ed., Thomas F. Merrill. Nieuwkoop, 1966.

Plutarch (c. 46~120)

Moralia. Vol. VI. Trans., W. C. Helmbold. Cambridge, 1970.

Moralia. Vol. XIII, part II. Trans., Harold Cherniss. Cambridge, 1976.

Price, Richard (1723~1791)

Four dissertations (1778). Ed., John Stephens. Bristol, 1990.

Political writings. Ed., D. O. Thomas. Cambridge, 1991.

A review of the principal questions in morals (1758; 3rd ed.

1787). Ed., D. Daiches Raphael. Oxford, 1948.

Richard Price and the ethical foundations of the american revolution. Ed., Bernard Peach. Durham, 1979.

Priestley, Joseph (1733~1804)

Priestley's writings on philosophy, science and politics. Ed., John A. Passmore. New York, 1965.

Pufendorf, Samuel (1632~1694)

Les devoirs de l'homme et du citoien. Trans., Jean Barbeyrac. 4th ed. Amsterdam, 1718.

Elements of universal jurisprudence. Trans., W. H. Oldfather. Oxford, 1931.

On the duty of man and citizen according to the law of nature. Ed., James Tully. Trans., Michael Silverthorne. Cambridge, 1991.

Of the law of nature and nations. Trans., Basil Kennett. London, 1729.

On the law of nature and nations (1672). Trans., C. H. Oldfather and W. A. Oldfather. Oxford, 1934.

On the natural state of men. Trans., Michael J. Seidler. Lewiston, 1990.

Political writings. Ed., Craig L. Carr. Trans., Michael J. Seidler. Oxford, 1994.

Rachel, Samuel (1628~1691)

On the law of nature and of nations (1676). Trans., John Pawley Bate. Washington, D. C., 1916

Reid, Thomas (1710~1796)

"Essays on the active powers of man" (1788). In *Works of Thomas Reid.*

"Essays on the intellectual powers of man" (1785). In *Works of Thomas Reid.*

The philosophical orations of Thomas Reid delivered at graduation ceremonies in King's College Aberdeen, 1753, 1756, 1759, 1762. Ed., D. D. Todd. Trans. S. M. L. Darcus.

Philosophical research archives 3 (1977), pp. 916~990.

Practical ethics. Ed., Knud Haakonssen. Princeton, 1990.

Works of Thomas Reid. Ed., Sir William Hamilton. 2 Vols.
Edinburgh, 1863.
Rousseau, Jean-Jacques (1712~1778)
Diskurs über die Ungleichheit. Ed. and Trans., Heinrich
Meier. Paderborn, 1984.
Emile, or education. Trans., Allan Bloom. New York, 1979.
The first and second discourses. Ed., Roger Masters. Trans.
Roger Masters and Judith Masters. New York, 1964.
The first and second discourses and essay on the origin of languages. Trans. Victor Gourevitch. New York, 1986.
Oeuvres complètes. Eds., Bernard Gagnebin and Marcel
Reymond. Vol. I, 1959. Vol. II~III, 1964. Vol. IV, 1969.
Vol. V, 1996. Paris.
On the social contract and political economy. Ed., Roger
Masters. Trans. Judith Masters. New York, 1978.
Political writings. Ed., C. E. Vaughan. 2 Vols. Cambridge,
1915.
Sanches, Francisco (c. 1550~c. 1623)
That nothing is known (1581). Trans., Elaine Limbrick and
Douglas Thomson. Cambridge, 1988.
Sanderson, Robert (1587~1663)
Lectures on conscience and human law (1647). Ed. and Trans.,
Chr. Wordsworth. Lincoln, 1877.
Sarasin, J. -Fr. (1615~1654)
"Discours de morale sur epicure" (1645~1646). In *Oeuvres*,
Ed., P. Festugière, Vol. 2, pp. 37~74. Paris, 1926.
Selden, John (1584~1654)
Opera omnia. 3 Vols. London, 1726.
Seneca (4 B. C. E. ~ 65 C. E.)
Moral essays. Trans., J. W. Basore. 3 Vols. Cambridge,
various years.
Sextus Empiricus (131~200)
Against the ethicists. Trans., R. G. Bury. Cambridge, 1968.
Outlines of pyrrhonism. Trans., R. G. Bury. Cambridge,
1971.

Shaftesbury, Anthony Ashley Cooper, Third Earl (1671~1713)
Characteristics of men, manners, opinions, times, etc. (1711).
Ed., John M. Robertson. 2 Vols. London, 1900.
"Inquiry concerning virtue or merit". In *Characteristics of men*,
Vol. I.
An inquiry concerning virtue, in Two discourses. A photo-
reproduction of the 1699 edition. Ed., Joseph Filonowicz.
Delmar, 1991.
Life, letters, and philosophical regimen. Ed., Benjamin Rand.
London, 1900.
Preface. In Whichcote, *Works*, Vol. III.
Standard edition of Shaftesbury's works. Eds., Gerd Hemmerich,
Wolfram Benda, and Ulrich Schödlbauer. N. p., n. d.
Smith, Adam (1723~1790)
Essays on philosophical subjects. Eds., W. P. D. Wightmen
and J. C Bryce. Oxford, 1980.
An inquiry into the nature and causes of the wealth of nations.
Eds., R. H. Campbell and A. S. Skinner. Oxford, 1979.
Lectures on jurisprudence. Eds., R. L. Meek, D. D.
Raphael, and P. G. Stein. Oxford, 1978.
The theory of moral sentiments. Eds., D. D. Raphael and A.
L. Macfie. Oxford, 1976.
Smith, John (1618~1652)
Select discourses. London, 1660.
Spinoza, Benedict (1632~1677)
"Ethics". In *Collected works*, Ed. and Trans., Edwin Curley,
Vol. I. Princeton, 1985.
"Tractatus theologico-politicus". In *The political works*, Ed.
and Trans., A. G. Wernham. Oxford, 1958.
Stanley, Thomas (1625~1678)
The history of philosophy. London, [1655~1662]1721.
Suarez, Francisco (1548~1617)
De legibus. Ed., Luciano Perena. Madrid, 1971~.
"De legibus" (On law and god the lawgiver). *In Selections.*
"De triplici virtute". In *Selections.*

"Defensio fidei catholicae". In *Selections*.

Selections from three works. Trans. , Gwladys Williams, Ammi Brown, and John Waldron. Oxford, 1944.

Taylor, Jeremy (1613~1667)

"Ductor dubitantium". In *The whole works*, Ed. , Reginald Heber, Vols. XI~XII. London, 1822.

Tetens, Johann Nicolaus (1736~1807)

Philosophische Versuche über die menschliche Natur und ihre Entwicklung (1777). 2 Vols. Hildesheim, 1979.

Thomasius, Christian (1655~1728)

Drey Bücher der Göttlichen Rechtsgelahrtheit. Halle, 1709. (German translation of Thomasius 1687~1688).

Einleitung zur Sittenlehre (1692). Ed. , Werner Schneiders. Reprint, Hildesheim, 1968.

Fundamenta juris naturae et gentium (*Law of nature and of nations*). Halle, 1705.

Grundlehren des Natur- und Völcker-Rechts. Trans. , Johann Gottlieb Zeidler. Halle, 1705.

Institutiones jurisprudentiae divinae (1687~1688). 7th ed. 1730. Reprint, Aalen, 1963.

Toland, John (1670~1722)

Christianity not mysterious. London, 1696.

Traherne, Thomas (1637~1674)

Christian ethicks (1675). Eds. , Carl L. Marks and George Robert Guffey. Ithaca, N. Y. 1968.

Voltaire, F. M. A. (1694~1778)

Candide, Zadig, and selected stories. Trans. , Donald Frame. New York, 1961.

Mélanges. Ed. , Jacques van den Heuvel. Paris, 1961.

Philosophical dictionary. Trans. , Peter Gay. New York, 1962.

Selections. Ed. , Paul Edwards. New York, 1989.

Whichcote, Benjamin (1609~1683)

Eight letters of Dr. Antony Tuckney and Dr. Benjamin Whichcote. Ed. , Samuel Salter. London, 1751.

Works (1751). 4 Vols. Reprint, New York, 1977.

Wolff, Christian (1679~1754)

Preliminary discourse on philosophy in general. Trans., Richard J. Blackwell. Indianapolis, 1963.

Psychologia empirica (1732). Ed., Joannes Ecole. Hildesheim, 1968.

Psychologia rationalis (1734). Ed., Jean Ecole. Hildesheim, 1972.

"Rede von der Sittlehre der Sineser". Trans., G. F. Hagen. In *Gesammelte kleine philosophische Schriften* (1740). Reprint, Hildesheim, 1981.

Vernünftige Gedancken von dem gesellschaftlichen Leben der Menschen (1721). Ed., Hans Werner Arndt. Reprint, Hildesheim, 1975.

Vernünftige Gedancken von der Menschen Tun und Lassen zu Beförderung ihrer Glückseligkeit (1720). Ed., Hans Werner Arndt. Reprint, Hildesheim, 1976.

Vernünftige Gedancken von Gott, der Welt und der Seele des Menschen, auch alle Dingen Überhaupt (1719). Ed., Charles A Corr. Reprint, Hildesheim, 1983.

Wollaston, William (1660~1724)

The religion of nature delineated. London, [1722]1726.

Xenophon (c. 430~c. 355 B. C. E.)

Socratic memorabilia. Trans., Sarah Fielding. London, 1847.

Zedler, Johann Heinrich (publisher)

Grosses vollständiges Universal-Lexicon. Leipzig, 1733~.

Zwingli, Huldrych (1484~1531)

Writings. Vol. 2. Trans., H. Wayne Pipkin. Allison Park, Pa., 1984~.

편집본

Adam, Antoine, Ed., *Les libertins au XVIIe siècle.* Paris, 1964

Bahr, Ehrhard, Ed., *Was ist Aufklärung?* Stuttgart, 1976.

Bettenson, Henry, Ed., *Documents of the christian church.* Oxford, 1947.

Cragg, Gerald R., Ed., *The Cambridge Platonists.* New York, 1968.

Erb, Peter C., Ed., *Pietists: Selected writings.* New York, 1983.

Idziak, Janine Marie, Ed., *Divine command morality.* New York, 1979.

Johnson, William Stacy, and John H. Leith, Eds., *Reformed reader A sourcebook in christian theology.* Vol. I: *Classical beginnings,* 1519~1799. Louisville, 1993.

Long, A. A., and David Sedley, Eds., *The Hellenistic philosophers.* Vol. I: *Translations of principal sources.* Cambridge, 1987.

Monro, D. H., Ed., *A guide to the British moralists.* London, 1972.

Patrides, C. A, Ed., *The Cambridge Platonists.* London, 1969.

Raphael, D. D., Ed., *British moralists.* Oxford, 2 Vols., 1969.

Schneewind, J. B., Ed., *Moral philosophy from Montaigne to Kant.* 2 Vols. Cambridge, 1990.

Selby-Bigge, L. A, Ed., *British moralists.* 2 Vols. Oxford, 1897.

2. 이차 문헌

Aaron, Richard, 1971. *John Locke.* 3rd ed. Oxford.

Abercrombie, Nigel, 1936. *Origins of Jansenism.* Oxford.

Adams, Marilyn McCord, 1987. *William Ockham.* 2 Vols. Notre Dame.

Adams, Robert M., 1987. *The virtue of faith.* Oxford.

_____, 1994. *Leibniz: Determinist, theist, idealist.* New York.

Albee, Ernest, 1901. *A history of English utilitarianism.* London.

Alderman, William, 1923. "The significance of Shaftesbury". In *Publications of the Modern Language Association,* 38, pp. 175~193.

_____, 1931. "Shaftesbury and the doctrine of moral sense in the eighteenth century". *Publications of the Modern Language Association,* 46, pp. 1081~1094.

Allison, Henry E., 1987. *Benedict de Spinoza.* New Haven.

_____, 1990. *Kant's theory of freedom.* Cambridge.

Alquié, Ferdinand, 1974. *Le cartesianisme de Malebranche.* Paris.

Anderson, Georg, 1923. "Kants Metaphysik der Sitten -Ihre Idee und Ihr Verhältnis zur Ethik der Wolffschen Schule". *Kantstudien*, 28, pp. 41~61.

Annas, Julia, 1993. *The morality of happiness*. Oxford.

Annas, Julia, and Jonathan Barnes, 1985. *The modes of scepticism*. Cambridge.

Aquist, Lennart, 1960. *The moral philosophy of Richard Price*. Lund.

Ardal, Pall, 1966. *Passion and value in Hume's treatise*. Edinburgh.

_____, 1977. "Another look at Hume's account of moral evaluation". *Journal of the History of Philosophy*, 15, pp. 405~421.

_____, 1984. "Hume and Reid on promise, intention, and obligation". In *Philosophers of the scottish enlightenment*, Ed., V. Hope. Edinburgh.

Arnoldt, Emil, 1909. *Gesammelte Schriften*. Vol. V : *Kritische Exkurse im Gebiete der Kantforschung*. Ed., Otto Schöndörffer. Part II. Berlin.

Atwell, John E., 1986. *Ends and principles in Kant's moral thought*. The Hague.

Aune, Bruce, 1979. *Kant's theory of morals*. Princeton.

Ayer, A. J., 1980. *Hume*. Oxford.

Baier, Annette, 1979. "Good men's women: Hume on chastity and trust". *Hume Studies*, 5, pp. 1~19.

_____, 1980. "Hume on resentment". *Hume Studies*, 6, pp. 133~149.

_____, 1982. "Hume's account of our absurd passions." *Journal of Philosophy*, 79, pp. 643~651.

_____, 1985. "Frankena and Hume on points of view". In her *Postures of the mind*, pp. 157~173. Minneapolis.

_____, 1991. *A progress of sentiments*. Cambridge, Mass.

Baier, Kurt, 1966. "Moral obligation". *American Philosophical Quarterly*, 3:3 (July), pp. 210~226.

Baird, A. W. S., 1975. *Studies in Pascal's ethics*. The Hague.

Barber, W. H., 1955. *Leibniz in France*. Oxford.

Barker, Ernest, 1948. "Paley and his political philosophy". In his *Traditions of civility*, Cambridge.

Barker, John, 1975. *Strange contrarieties: Pascal in England during the age of reason*. Montreal.

Barnard, F. M., 1971. "The 'practical philosophy' of Christian Thomasius". *Journal of the History of Ideas*, 32, pp. 221~246.

Barnouw, Jeffrey, 1992. "Passion as 'confused' perception in Descartes, Malebranche, and Hutcheson". *Journal of the History of Ideas*, 53, pp. 397~424.

Baron, Hans, 1955. *The crisis of the early Italian renaissance*. Princeton.

Bärthlein, Karl, 1965. "Zur Lehre von der 'recta ratio' in der Geschichte der Ethik von der Stoa bis Christian Wolff". *Kantstudien*, 56, pp. 125~155.

Baumgardt, David, 1952. *Bentham and the ethics of today*. Princeton.

Beck, Lewis White, 1960. *Commentary on Kant's critique of practical reason*. Chicago.

_____, 1969. *Early German philosophy*. Cambridge, Mass.

Bedford, R. D., 1979. *The defence of truth*. Manchester.

Beiser, Frederick C., 1987. *The fate of reason*. Cambridge, Mass.

_____, 1996. *The sovereignty of reason*. Princeton.

Bell, David, 1984. *Spinoza in Germany from 1670 to the age of Goethe*. London.

Benden, Magdelene, 1972. *Christian August Crusius: Wille und Verstand als Prinzipien des Handelns*. Bonn.

Benichou, Paul, 1971. *Man and ethics*. Trans. E. Hughes. New York.

Bennett, Jonathan, 1984. *A study of Spinoza's ethics*. Indianapolis.

Berlin, Isaiah, 1980. *Against the current*. New York.

Berman, Harold J., 1983. *Law and revolution*. Cambridge, Mass.

Bernstein, Andrew, 1980. *Shaftesbury, Rousseau, and Kant*. London.

Bett, Richard, 1990. "Carneades' distinction between assent and approval". *Monist*, 73, pp. 3~20.

Bidney, David, 1940. *The psychology and ethics of Spinoza*. 2nd ed. New Haven.

Bittner, R., and Konrad Cramer, Eds., 1975. *Materialian zu Kants "Kritik der Praktischen Vermmft"*. Frankfurt am Main.

Blackstone, William T. , 1965. *Francis Hutcheson and contemporary moral theory.* Athens, Ga.

Blackwell, Richard J. , 1961. "The structure of Wolffian philosophy". *Modern Schoolman,* 38, pp. 203~218.

Blakey, Robert, 1833. *History of moral science.* 2 Vols. London.

Bloch, Ernst, 1986. *Natural law and human dignity.* Cambridge, Mass.

Bloch, Olivier René, 1971. *La philosophie de Gassendi.* The Hague.

Blom, John J. , Ed. , 1978. *Descartes: His moral philosophy and psychology.* New York.

Blumenfeld, David, 1995. "Perfection and happiness in the best possible world". In Jolley, Nicholas, Ed. , *Cambridge companion to Leibniz,* pp. 382~410.

Bobbio, Norberto, 1947. "Leibniz e Pufendorf". *Revista di Filosofia,* 38, pp. 118~129.

_____, 1993. *Thomas Hobbes and the natural law tradition.* Trans. Daniela Gobetti. Chicago.

Bock, Gisela, Quentin Skinner, and Maurizio Viroli, Eds. , 1990. *Machiavelli and republicanism.* Cambridge.

Boler, John, 1993. "Transcending the natural: Duns Scotus on the two affections of the will". *American Catholic Philosophical Quarterly,* 67:1, pp. 109~126.

Bostrenghi, Daniela, Ed. , 1992. *Hobbes e Spinoza. scienza e politica.* Naples.

Bourke, V. J. , 1968. *History of ethics.* 2 Vols. New York.

Bowle, John, 1951. *Hobbes and his critics.* London.

Bowring, John, Ed. , 1843. *Memoirs of Bentham.* In *The works of Jeremy Bentham,* Vol. X. London.

Bradley, F. H. , 1927. *Ethical studies* (1876). 2nd ed. Oxford.

Brandt, Reinhard, and Werner Stark, Eds. , 1987. *Neue Autographen und Dokumente zu Kants Leben, Schriften und Vorlesungen.* In *Kant-Forschungen,* Vol. 1. Hamburg.

Braun, Lucien, 1973. *Histoire de l'histoire de la philosophie.* Paris.

Brender, Natalie, 1997. *Precarious positions: Aspects of Kantian moral agency.* Ph. D. dissertation, Johns Hopkins University.

Baltimore.

Bricke, John, 1974. "Emotion and thought in Hume's 'treatise'".
　　Canadian Journal of Philosophy (suppl.) I, pp. 53~71.

Broad, C. D., 1930. *Five types of ethical theory.* London.

Brockliss, L. W. B., 1987. *French higher education in the seventeenth
　　and eighteenth centuries.* Oxford.

Brown, Charlotte, 1988. "Is Hume an internalist?" *Journal of the
　　History of Philosophy*, 26:1 (January), pp. 69~87.

Brown, Gregory, 1995. "Leibniz's moral philosophy". In Jolley,
　　Nicholas, Ed., *Cambridge companion to Leibniz*, pp. 411~440.

Brown, Keith, Ed., 1965. *Hobbes studies.* Oxford.

Brown, Peter, 1983. *Augustine of Hippo.* Berkeley.

Brown, Stuart, 1984. *Leibniz.* Minneapolis.

———, Ed., 1979. *Philosophers of the enlightenment.* Sussex.

———, Ed., 1991. *Nicholas Malebranche.* Assen.

Bruford, W. H., 1962. *Culture and society in classical Weimar.*
　　Cambridge.

Brush, Craig B., 1966. *Montaigne and Bayle.* The Hague.

Buckle, Stephen, 1991. *Natural law and the theory of property.*
　　Oxford.

Bull, Hedly, Benedict Kingsbury, and Adam Roberts, Eds., 1992.
　　Hugo Grotius and international relations. Oxford.

Burke, Peter, 1987. *Montaigne.* Oxford.

Burkill, T. A., 1971. *The evolution of christian thought.* Ithaca, N.Y.

Burns, J. H., Ed., 1991. *Cambridge history of political theory*, 145
　　0~1700. Cambridge.

———, 1993. "Nature and natural authority in Bentham". *Utilitas*,
　　5:2, pp. 209~220.

Burnyeat, Myles, 1979. "Conflicting appearances". *Proceedings of the
　　British Academy*, 65, pp. 69~111.

———, 1980. "Can the sceptic live his scepticism?" In *Doubt and
　　dogmatism: Studies in Hellenistic philosophy*, Eds., M.
　　Schofield, M. Burnyeat, and J. Barnes. Berkeley.

———, Ed., 1983. *The skeptical tradition.* Berkeley.

———, 1984. "The sceptic in his time and place". In Rorty,

Schneewind, and Skinner, pp. 2225~2254.

Burtt, Shelley, 1992. *Virtue transformed*. Cambridge.

Busch, Werner, 1979. *Die Entstehung der kritischen Rechtsphilosophie Kants 1762~1780*. Berlin.

Campbell, R. H. , and Andrew S. Skinner, Eds. , 1982. *The origin and nature of the Scottish enlightenment*. Edinburgh.

Campbell, T. D. , 1971. *Adam Smith's science of morals*. London.

Carboncini, Sonia, 1989. "Christian August Crusius und die Leibniz-Wolffsche Philosophie". *Studia Leibnitziana Supplementa*, 26, pp. 110~125.

Carnois, Bernard, 1987. *The coherence of Kant's doctrine of freedom*. Trans. David Booth. Chicago.

Cassirer, Ernst, 1945. *Rousseau, Kant, Goethe*. Princeton.

———, 1953. *The Platonic Renaissance in England*. Trans. , James P. Pettegrove. Austin, Tex.

Chadwick, Owen, 1957. *From Bossuet to Newman: The idea of doctrinal development*. Cambridge.

Champion, J. A. I. , 1992. *The pillars of priestcraft shaken*. Cambridge.

Chandler, John, 1985. "Divine command theories and the appeal to love". *American Philosophical Quarterly*, 22 (July), pp. 231~239.

Chappell, Vere, 1994a. "Locke on the freedom of the will" In *Locke's philosophy*, Ed. , G. A. J. Rogers, pp. 101~121. Oxford.

———, 1994b. "Locke on the intellectual basis of sin". *Journal of the History of Philosophy*, 32:2, pp. 197~207.

———, Ed. , 1994c. *The cambridge companion to Locke*. Cambridge.

Charron, Jean Daniel, 1960. *The "wisdom" of Pierre Charron: An orignal and orthodox code of morality*. Chapel Hill.

Charvet, John, 1968. *The social problem in the philosophy of Rousseau*. Princeton.

Chroust, Anton-Hermann, 1943. "Hugo Grotius and the scholastic natural law tradition". *New Scholasticism*, 17:2, pp. 101~133.

Ciafardone, Raffaele, 1982. "Über das Primat der praktischen Vernunft vor der theoretischen bei Thomasius und Crusius

mit Beziehung auf Kant". *Studia Leibnitiana*, 14:1, pp. 127~
135.

Clark, M. L., 1974. *Paley.* Toronto.

Clarke, Stephen R. L., 1985. "God-Appointed Berkeley and the
general good". In *Essays on Berkeley*, Eds., John Foster and
Howard Robinson, pp. 233~253. Oxford.

Coleman, Dorothy Gabe, 1987. *Montaigne's "essays".* London.

Colman, John, 1972. "Bernard Mandeville and the reality of virtue".
Philosophy, 47, pp. 125~139.

_____, 1983. *John Locke's moral philosophy.* Edinburgh.

Cone, Carl B., 1952. *Torchbearer of freedom: The influence of Richard
Price on the eighteenth century.* Lexington, Ky.

Corr, Charles A., 1975. "Christian Wolff and Leibniz". *Journal of the
History of Ideas*, 36, pp. 241~262.

Costello, William S., 1958. *The scholastic curriculum at early seven-
teenth century Cambridge.* Cambridge, Mass.

Cottingham, John G., 1988. "The intellect, the will, and the
passions: Spinoza's critique of Descartes". *Journal of the
History of Philosophy*, 26, pp. 239~257.

Cottle, Charles E., 1979. "Justice as an artificial virtue in Hume's
treatise". *Journal of the History of Ideas*, 40, pp. 457~466.

Cragg, Gordon R., 1950. *From puritanism to the age of reason: A
study of religious thought in the Church of England, 1660~
1770.* Cambridge.

Craig, Edward, 1987. *The mind of God and the works of man.* Ox-
ford.

Crane, R. S., 1967. "Anglican apologetics and the idea of progress,
1699~1745". In his *The idea of the humanities*, Vol. I, pp. 21
4~287. Chicago.

Cranston, Maurice, 1983. *Jean-Jacques: The early life and work of
Jean-Jacques Rousseau, 1712~1754.* Chicago.

_____, 1991. *The noble savage: Jean-Jacques Rousseau, 1754~1762.*
Chicago.

Cranston, Maurice, and Richard Peters, Eds., 1972. *Hobbes and
Rousseau.* Garden City, N. Y.

Cranz, F. Edward, 1959. *An essay on the development of Luther's thought on justice, law, and society.* Cambridge, Mass.

Crimmins, James E., 1983. "John Brown and the theological tradition of utilitarian ethics". *History of Political Thought,* 4, pp. 523~550.

———, 1990. *Secular utilitarianism: Social science and the critique of religion in the thought of Jeremy Bentham.* Oxford.

———, 1994. "Bentham's political radicalism". *Journal of the History of Ideas,* 55, pp. 259~281.

Crocker, Lester, 1952. *Two Diderot studies: Ethics and aesthetics.* Baltimore.

———, 1959. *An age of crisis: Man and world in eighteenth century French thought.* Baltimore.

———, 1963. *Nature and culture: Ethical thought in the French enlightenment.* Baltimore.

Crowe, M. B., 1972. *The changing profile of natural law.* The Hague.

Cua, A. S., 1966. *Reason and virtue.* Athens, Ohio.

Cumming, Ian, 1955. *Helvetius: His life and place in the history of educational thought.* London.

Cumming, Robert, 1955. "Descartes' provisional morality". *Review of Metaphysics,* 9, pp. 208~235.

Curley, Edwin, 1978. *Descartes against the Skeptics.* Cambridge, Mass.

———, 1988. *Behind the geometrical method.* Princeton.

———, 1990. "Reflections on Hobbes: Recent work on his moral and political philosophy". *Journal of Philosophical Research,* 15 (May), pp. 169~250.

———, 1992. "I durst not write so boldly". In *Hobbes e Spinoza. scienza e politica,* Ed., Daniela Bostrenghi, pp. 497~ 595. Naples.

d' Angers, Julien-Eymard, 1954. *Pascal et ses précurseurs.* Paris.

d' Arcy, Eric, 1961. *Conscience and its right to freedom.* London.

Dalgarno, Melvin T., 1984. "Reid's natural jurisprudence: The language of rights and duties". In *Philosophers of the Scottish*

Enlightenment, Ed., Vincent Hope, Edinburgh.

Darnton, Robert, 1995. *The forbidden best-sellers of pre-revolutionary France*. New York.

Darwall, Stephen L., 1989. "Obligation and motive in the British moralists". In *Foundations of moral and political philosophy*, Eds., Ellen F. Paul, Fred D. Miller Jr., and Jeffrey Paul, pp. 133~150. Oxford.

_____, 1992. "Conscience as self-authorizing in Butler's ethics". In *Joseph Butler's moral and religious thought*, Ed,. Christopher Cunliffe, pp. 209~241. Oxford.

_____, 1995. *The British moralists and the internal 'Ought'*. Cambridge.

Davidson, Donald, 1980. "Hume's cognitive theory of pride". In his *Essays on action and events*, pp. 277~290. Oxford.

Davie, George E., 1961. *The democratic intellect*. Edinburgh.

_____, 1973. *The social significance of the Scottish philosophy of common sense*. Dundee.

Davis, J. C., 1981. *Utopia and the ideal society*. Cambridge.

de Muralt, André, 1978. "La structure de la philosophie politique moderne. D'Occam a Rousseau". In *Soveraineté et pouvoir. Cahiers de la revue de théologie et de philosophie* (Geneva) 2, pp. 3~83.

de Vleeschaumwer, Herman-J., 1962. *The development of Kantian thought*. Trans. A. R. C. Duncan. London.

Deane, Herbert A., 1963. *The political and social ideas of St. Augustine*. New York.

Dedeyan, Charles., 1987. *Diderot et la penseé anglaise*. Paris.

Delahunty, R. J., 1985. *Spinoza*. London.

Delbos, Victor, 1926. *La philosophie pratique de Kant*. 2nd ed. Paris.

Deleuze, Gilles, 1988. *Spinoza: Practical philosophy*. Trans. Robert Hurley. San Francisco.

Dent, N. J. H., 1988. *Rousseau*. Oxford.

Denzer, H., 1972. *Moralphilosophie und Naturrecht bei Samuel Pufendorf*. Munich.

Derathé, Robert, 1948. *Le rationalisme de J. J. Rousseau*. Paris.

_____, 1950. *J. J. Rousseau et la science politique de son temps*. Paris.

Dibon, Paul, Ed., 1959. *Pierre Bayle, le philosophe de Rotterdam*. Amsterdam.

Dihle, Albrecht, 1982. *The theory of will in classical antiquity*. Berkeley.

Dinwiddy, John, 1975. "Bentham's transition to political radicalism". *Journal of the History of Ideas*, 35, pp. 683~700.

Dinwiddy, John, 1989. *Bentham*. Oxford.

Domenech, Jacques, 1989. *L'ethique des lumières*. Paris.

Donagan, Alan, 1989. *Spinoza*. Chicago.

Döring, Detlef, 1992. *Pufendorf-Studien*. Berlin.

Douglas, A. E., 1965. "Cicero the philosopher". In *Cicero*, Ed., T. A. Dorsey. London.

Ducharme, Howard M., 1986. "Personal identity in Samuel Clarke". *Journal of the History of Philosophy*, 24, pp. 359~383.

Dufour, Alfred, 1991. "Pufendorf". In *Cambridge history of political theory*, 1450~1700, Ed., J. H. Burns, pp. 563~588. Cambridge.

Duggan, Thomas, 1976. "Active power and the liberty of moral agents". In *Thomas Reid: Critical interpretations*, Eds., Stephen F. Barker and Tom L. Beauchamp. Philadelphia.

Dumont, Louis, 1977. *From Mandeville to Marx*. Chicago.

Duncan, A. R. C., 1957. *Practical reason and morality*. London.

Duncan-Jones, Austin, 1952. *Butler's moral philosophy*. London.

Dunn, John, 1969. *The political thought of John Locke*. Cambridge.

Dussinger, John A., 1981. "'The lovely system of Lord Shaftesbury': An answer to Locke⋯?". *Journal of the History of Ideas*, 42, pp. 151~158.

Ebeling, Gerhard, 1970. *Luther: An introduction to his thought*. Trans. R. A. Wilson. Philadelphia.

Ecole, Jean, 1990. *La métaphysique de Christian Wolff*. 2 Vols. Hildesheim.

Edwards, Charles, 1970. "The law of nature in the thought of Hugo Grotius". *Journal of Politics*, 32:4, pp. 784~807.

_____, 1981. *Hugo Grotius*. Chicago.

England, F. E., 1929. *Kant's conception of God*. London.

Erdmann, Benno, 1876. *Martin Knutzen und seine Zeit*. Leipzig.

Falk, W. D., 1976. "Hume on is and ought". *Canadian Journal of Philosophy*, 11, pp. 359~378.

Faulkner, Robert K., 1981. *Richard Hooker and the politics of a Christian England*. Berkeley.

Fay, C. R., 1956. *Adam Smith and the Scotland of his day*. Cambridge, Mass.

Febvre, Lucien, 1982. *The problem of unbelief in the sixteenth century* (1942). Trans. Beatrice Gottlieb. Cambridge, Mass.

Ferguson, James P., 1974. *The philosophy of Dr. Samuel Clarke and its critics*. New York.

_____, 1976. *Dr. Samuel Clarke: An eighteenth century heretic*. Kineton, England.

Ferrarri, Jean, 1979. *Les sources française de la philosophie de Kant*. Paris.

Feuerlein, Emil, 1859. *Die philosophische Sittenlehre in ihren geschichtlichen Hauptformen*. 2 Vols. Tübingen.

Fichter, J. H., 1940. *Man of Spain: Francisco Suárez*. New York.

Fiering, Norman, 1981. *Jonathan Edward's moral thought and its British context*. Chapel Hill.

Finnis, John, 1980. *Natural law and natural rights*. Oxford.

Fitzgibbons, Athol, 1995. *Adam Smith's system of liberty, wealth and virtue*. Oxford.

Flathman, Richard, 1992. *Willful liberalism*. Ithaca, N.Y.

_____, 1993. *Thomas Hobbes: Skepticism, individuality and chastened politics*. Newbury Park, Calif.

Fogelin, Robert J., 1985. *Hume's skepticism in the treatise of human nature*. London.

Forbes, Duncan, 1975. *Hume's philosophical politics*. Cambridge.

Forster, Eckhart, Ed., 1988. *Kant's transcendental deductions*. Stanford.

Forsyth, Murray, 1982. "The place of Richard Cumberland in the history of natural law". *Journal of the History of Philosophy*, 20, pp. 23~42.

Foster, M. B., 1935~1936. "Christian theology and modern science of nature". Parts I and II. *Mind*, 44 (1935), pp. 439~465; 45, pp. 1~27.

Frame, Donald, 1965. *Montaigne, a biography*. New York.

France, Peter, 1983. *Diderot*. Oxford.

Franck, Ad., 1881. *Réformateurs et publicistes de l'Europe, dix-septiè me siècle*. Paris.

Frankena, William, 1955. "Hutcheson's moral sense theory". *Journal of the History of Ideas*, 16, pp. 356~375.

_____, 1983a. "Concepts of rational action in the History of ethics". *Social Theory and Practice*, 9:2~3, pp. 165~179.

_____, 1983b. "The ethics of right reason". *Monist*, 66:1, pp. 3~25.

Freeman, Eugene and Maurice Mandelbaum, Eds., 1975. *Spinoza, essays in interpretation*. LaSalle, Ill.

Friedrich, Hugo, 1991. *Montaigne* (1949). Trans. Dawn Eng. Berkeley.

Fruchtman, Jack, Jr., 1983. "The apocalyptic politics of Richard Price and Joseph Priestley: A study in late eighteenth-century English republican millenarianism". *Transactions of the American Philosophical Society*, 73:4, pp. 1~125.

Garrett, Don, Ed., 1996. *The Cambridge companion to Spinoza*. Cambridge.

Gascoigne, John, 1989. *Cambridge in the Age of Enlightenment*. Cambridge.

Gaskin, J. C. A., 1988. *Hume's philosophy of religion*. 2nd ed. New York.

Gause, Fritz, 1974. *Kant und Königsberg*. Ostfriesland.

Gauthier, David, 1969. *The logic of leviathan*. Oxford.

_____, 1990. *Moral dealing: Contract, ethics, and reason*. Ithaca, N.Y.

Gauthier, René Antoine, 1970. *L'éthique à Nicomaque*. 2nd ed. Vol. I. Louvain.

Gay, John H., 1963. "Matter and freedom in the thought of Samuel Clarke". *Journal of the History of Ideas*, 24, pp. 85~105.

Gerrish, B. A., 1962. *Grace and reason*. Oxford.

Gibson, A. Boyce, 1932. *The philosophy of Descartes*. London.

Gierke, Otto, 1934. *Natural law and the theory of society, 1500 to 1800*. 2 Vols. Trans. Ernest Barker. Cambridge.

Glathe, Alfred B., 1950. *Hume's theory of the passions and of morals*. Berkeley.

Goldmann, Lucien, 1964. *The hidden God*. Trans. Philip Thody. London.

_____, 1971. *Immanuel Kant*. London.

Goldsmith, M. M., 1985. *Private vices, public benefits: Bernard Mandeville's social and political thought*. Cambridge.

_____, 1988. "Regulating anew the moral and political sentiments of mankind: Bernard Mandeville and the Scottish Enlightenment". *Journal of the History of Ideas*, 49, pp. 587~606.

Gouhier, Henri, 1983. *Rousseau et Voltaire*. Paris.

Gourevitch, Victor, 1988. "Rousseau's pure state of nature". *Interpretation*, 16:1, pp. 23~59.

Gracia, Jorge J. E., 1992. *Philosophy and its history*. Albany, N. Y.

Grave, S. A., 1960. *The Scottish philosophy of common sense*. Oxford.

Grean, Stanley, 1967. *Shaftesbury's philosophy of religion and ethics*. Athens, Ohio.

Green, F. C., 1955. *J. J. Rousseau*. Cambridge.

Greene, Robert A., 1991. "Synderesis, the spark of conscience, in the English Renaissance". *Journal of the History of Ideas*, 52:2, pp. 195~219.

Gregor, Mary, 1963. *The laws of freedom*. Oxford.

_____, 1993. "Kant on obligation, rights and virtue". *Jahrbuch für Recht und Ethik*, 1, pp. 69~102.

Grendler, Paul F., 1963. "Pierre Charron: Precursor to Hobbes". *Review of Politics*, 25, pp. 212~224.

Grimsley, Ronald, 1973. *The philosophy of Rousseau*. Oxford.

Grisez, Germaine, Joseph Boyle, and John Finnis, 1987. "Practical principles, moral truth, and ultimate ends". *American Journal of Jurisprudence*, 32, pp. 99~151.

Griswold, Charles, 1991. "Rhetoric and ethics: Adam Smith on theorizing about the moral sentiments". *Philosophy and Rhetoric*, 24:3, pp. 213~237.

Grua, Gaston, 1953. *Jurisprudence universelle et théodicée selon Leibniz*. Paris.

_____, 1956. *La justice humaine selon Leibniz*. Paris.

Grunwald, Max, 1986. *Spinoza in Deutschland* (1897). Aalen.

Gueroult, Martial, 1977. *Etudes de philosophie allemande*. Hildesheim.

_____, 1984. *Descartes' philosophy interpreted according to the order of reasons*. 2 Vols. Trans. Roger Ariew. Minneapolis.

_____, 1984~1988. *Dianoématique: Histoire de la histoire de la philosophie*. Paris.

Gulyga, Arsenij, 1981. *Kant*. Frankfurt am Main.

Guthrie, W. K. C., 1962. *A history of Greek philosophy*. Vol. I. Cambridge.

Gysi, Lydia, 1962. *Platonism and Cartesianism in the philosophy of Ralph Cudworth*. Bern.

Haakonssen, Knud, 1981. *The science of a legislator*. Cambridge.

_____, 1985a. "Hugo Grotius and the history of political thought". *Political Theory*, 13:2, pp. 239~265.

_____, 1985b. "Natural law and the Scottish Enlightenment". *Man and Nature*, 4, pp. 47~80.

_____, 1988. "Moral philosophy and natural law: From the Cambridge Platonists to the Scottish Enlightenment". *Political Science*, 40, pp. 97~110.

_____, 1990. "Natural law and moral realism: The Scottish synthesis". In *Studies in the philosophy of the Scottish Enlightenment*, Ed., M. A. Stewart, pp. 61~85. Oxford.

_____, 1996. *Natural law and moral philosophy: From Grotius to the Scottish Enlightenment*. Cambridge.

_____, 1997a. "The character and obligation of natural law according to Richard Cumberland". In *English philosophy in the age of Locke*, Ed., M. A. Stewart. Oxford.

_____, 1997b. "Divine/natural law theories in ethics". In *The Cambridge history of seventeenth century philosophy*, Eds.,

Michael Ayers and Daniel Garber. Cambridge.

Haakonssen, Knud, and Udo Thiel, Eds., 1993. *History of philosophy yearbook*. Vol. 1. Australasian Society for the History of Philosophy. Canberra.

Haggenmacher, Peter, 1983. *Grotius et la doctrine de la guerre juste*. Paris.

Halevy, Elie, 1928. *The growth of philosophical radicalism*. Trans. Mary Morris. London.

Hall, A. Rupert, 1980. *Philosophers at war: The quarrel between Newton and Leibniz*. Cambridge.

Hamilton, Bernice, 1963. *Political thought in sixteenth century Spain*. Oxford.

Hampshire, Stuart, 1951. *Spinoza*. London.

———, 1977. *Two theories of morality*. Oxford. Reprinted in his *Morality and conflict*. Cambridge, Mass.

Hampton, Jean, 1986. *Hobbes and the social contract tradition*. Cambridge.

Hardie, W. F. R., 1968. *Aristotle's ethical theory*. Oxford.

Harrison, Jonathan, 1976. *Hume's moral epistemology*. Oxford.

———, 1981. *Hume's theory of justice*. Oxford.

Harrison, Peter, 1990. *"Religion" and the Religions in the English Enlightenment*. Cambridge.

Harrison, Ross, 1983. *Bentham*. London.

Hart, H. L. A., 1982. *Essays on Bentham*. Oxford.

Haydn, Hiram, 1950. *The counter-renaissance*. New York.

Hayek, F. A., 1967. "Dr. Bernard Mandeville". *Proceedings of the British Academy*, 52, pp. 125~141.

Hazard, Paul, 1963a. *European thought in the eighteenth century* (1946). Trans. J. Lewis May. New York.

———, 1963b. *The European mind, 1680~1715* (1935). Trans. J. Lewis May. New York.

Heimsoeth, H., D. Henrich, and G. Tonelli, Eds., 1967. *Studien zur Kants philosophischer Entwicklung*. Hildesheim.

Heinekamp, Albert, 1969. *Das Problem des Guten bei Leibniz*. Kantstudien Ergänzungsheft, 98. Bonn.

_____, 1989. "Das Glück als höchstes Gut in Leibniz' Philosophie". In *The Leibniz renaissance*, pp. 99~125. Florence.

Hendel, C. W., 1962. *Jean-Jacques Rousseau: Moralist*. 2nd ed. Indianapolis.

Heninger, S. K., 1974. *Touches of sweet harmony*. San Marino, Calif.

Henrich, Dieter, 1957. "Hutcheson und Kant". *Kantstudien*, 49, pp. 49~69.

Henrich, Dieter, 1960. "Der Begriff der sittlichen Einsicht und Kant's Lehre vom Faktum der Vernunft". In *Die Gegenwart der Griechen im neuern Denken*, Eds., Dieter Henrich, Walter Schulz, and Karl-Heinz Volkmann-Schluck, pp. 77~115. Tübingen.

_____, 1963. "Über Kant's früheste Ethik". *Kantstudien*, 54, pp. 404 ~431.

_____, 1992. *Aesthetic judgment and the moral image of the world*. Stanford.

_____, 1994. *The unity of reason*. Ed., Richard L. Velkley. Cambridge, Mass.

Heppe, Heinrich, 1984. *Reformed dogmatics*. Trans. G. T. Thomson. Grand Rapids, Mich.

Herman, Barbara, 1993. *The practice of moral judgment*. Cambridge, Mass.

Hermand, Pierre, 1972. *Les idées morales de Diderot* (1923). Hildesheim.

Heyd, David, 1982. *Supererogation*. Cambridge.

Hill, Thomas E., Jr., 1992. *Dignity and practical reason in Kant's ethical theory*. Ithaca, N. Y.

Hinrichs, Carl, 1971. *Preussentum und Pietismus*. Göttingen.

Hirschman, Albert O., 1977. *The passions and the interests: Political arguments for capitalism before its triumph*. Princeton.

Hobart, Michael E., 1982. *Science and religion in the thought of Nicholas Malebranche*. Chapel Hill.

Hochstrasser, Tim, 1993. "Conscience and reason: The natural law theory of Jean Barbeyrac revisited". *Historical Journal*, 36:2, pp. 289~308.

_____, 1995. "The claims of conscience: Natural law theory, obligation, and resistance in the Hugenot Diaspora". In *New essays on the political thought of the Huguenots of the refuge*, Ed., John Christian Laursen, pp. 15~51. Leiden.

Höffe, Ottfried, Ed., 1989. *Grundlegung zur Metaphysik der Sitten, ein kooperativer Kommentar*. Frankfurt am Main.

Hoffman, Paul, 1986. "The unity of Descartes's man". *Philosophical Review*, 95:3 (July), pp. 339~370.

_____, 1990. "Cartesian passions and Cartesian dualism". *Pacific Philosophical Quarterly*, 71, pp. 310~333.

_____, 1991. "Three Dualist Theories of the Passions". *Philosophical Topics*, 19:1, pp. 153~200.

Hoffmann, Alfons, Ed., 1902. *Immanuel Kant. Ein Lebensbild nach Darstellungen der Zeitgenossen*. Halle am Saar.

Hont, Istvan and Michael Ignatieff, Eds., 1983. *Wealth and virtue*. Cambridge.

Hont, Istvan, 1987. "The language of sociability and commerce: Samuel Pufendorf and the theoretical foundation of the 'four states theory'". In The *languages of political theory in early-modern Europe*, Ed., Anthony Pagden, pp. 253~276. Cambridge.

Hope, Vincent, 1989. *Virtue by consensus*. Oxford.

_____, Ed., 1984. *Philosophers of the Scottish Enlightenment*. Edinburgh.

Horkheimer, Max, 1988. "Montaigne und die Funktion der Skepsis". In *Gesammelte Schriften*, Ed., Alfred Schmidt, Vol. 4, pp. 236~294. Frankfurt am Main.

Horowitz, Irving L., 1954. *Claude Helvetius: Philosopher of democracy and enlightenment*. New York.

Horowitz, Maryanne Cline, 1971. "Pierre Charron's view of the source of wisdom". *Journal of the History of Philosophy*, 9, pp. 443~457.

_____, 1974. "Natural law as the foundation for an autonomous ethic: Pierre Charron's De la sagesse". *Studies in the Renaissance*, 21, pp. 204~227.

Hostler, John, 1975. *Leibniz's moral philosophy*. London.

Howald, Ernst, Alois Dempf, and Theodor Litt, 1981. *Geschichte der Ethik vom Altertum bis zum Beginn des 20. Jahrhunderts*. Munich.

Hruschka, Joachim, 1990. "Die Person als ein Zweck an sich selbst". *Juristen Zeitung*, 45, pp. 1~15.

_____, 1992. "Universalization and Related Principles". *Archives for Philosophy of Law and Social Philosophy*, 78:3, pp. 289~300.

Hudson, W. D., 1970. *Reason and right*. San Francisco.

Hulliung, Mark, 1983. *Citizen Machiavelli*. Princeton.

Humberstone, L., 1992. "Direction of fit". *Mind*, 101:401 (Jan.), pp. 59~84.

Hundert, E. J., 1994. *The enlightenment's fable: Bernard Mandeville and the discovery of society*. Cambridge.

_____, 1995. "Bernard Mandeville and the enlightenment's maxims of modernity". *Journal of the History of Ideas*. 56:4, pp. 577~594.

Ilting, Karl-Heinz, 1983. *Naturrecht und Sittlichkeit*. Stuttgart.

Inwood, Brad, 1985. *Ethics and human action in early stoicism*. Oxford.

Irwin, T. H., 1992. "Who discovered the will?". *Philosophical Perspectives*, 6, pp. 453~473.

_____, 1993. "Tradition and reason in the history of ethics". In *Foundations of moral and political philosophy*, Eds., Ellen Frankel Paul, Fred D. Miller Jr., and Jeffrey Paul, pp. 45~68. Oxford.

Jack, Malcolm R., 1975. "Religion and ethics in Mandeville". In *Mandeville studies*, Ed., Irwin Primer, 1975b, pp. 34~42. The Hague.

_____, 1989. *Corruption and progress: The eighteenth century debate*. New York.

Jackson, R., 1943. "Bishop Butler's refutation of psychological egoism". *Philosophy*, 18, pp. 114~139.

Jacob, Jane, 1976. *The Newtonians and the English revolution, 1689~1720*. Ithaca, N. Y.

James, E. D., 1972. *Pierre Nicole: Jansenist and humanist*. The Hague.

James, Susan, 1994. "Internal and external in the work of Descartes". In *Philosophy in an age of pluralism*, Ed., James Tully, pp. 7~19. Cambridge.

Jensen, Henning, 1978. "Common sense and common language in Thomas Reid's ethical theory". *Monist*, 61, pp. 299~310.

Jodl, Friedrich, 1906. *Geschichte der Ethik*. 2 Vols. 2nd ed. Stuttgart.

Jolley, Nicholas, Ed., 1995. *Cambridge companion to Leibniz*. Cambridge.

Jones, Howard, 1981. *Pierre Gassendi, 1592~1655*. Nieuwkoop, Netherlands.

_____, 1989. *The epicurean tradition*. London.

Jones, Peter, 1982. *Hume's sentiments: Their Ciceronian and French context*. Edinburgh.

Jonsen, Albert R. and Stephen Toulmin, 1988. *The abuse of causistry*. Berkeley.

Joseph, H. W. B., 1947. *Lectures on the philosophy of Leibniz*. Ed., J. L. Austin. Oxford.

Joy, Lynn Sumida, 1987. *Gassendi the atomist*. Cambridge.

Kahn, Charles H., 1988. "Discovering the will: From Aristotle to Augustine". In *The question of "Eclecticism"*, Eds., John M. Dillon and A. A. Long. Berkeley.

Kalinowski, Georges and Jean-Louis Gardes, 1974. "Un logicien déontique avant la lettre: Gottfried Wilhelm Leibniz". *Archiv für Rechts- und Socialphilosophie*, 60:1, pp. 79~112.

Kavka, Gregory S., 1986. *Hobbesian moral and political theory*. Princeton.

Kelley, Donald R., 1990. *The human measure: Social thought in the Western legal tradition*. Cambridge.

Kemp, John, 1968. *The philosophy of Kant*. Oxford.

Kenny, Anthony, Ed., 1969. *Aquinas*. New York.

Kent, Bonnie, 1995. *Virtues of the will*. Washington, D. C.

Keohane, Nannerl O., 1980. *Philosophy and the state in France*. Princeton.

Kersting, Wolfgang, 1982. "Das starke Gesetz der Schuldigkeit und das schwächere des Gütigkeit". *Studia Leibnitiana*, 14, pp. 184~220.

———, 1983. "Der kategorische Imperativ, die vollkommenen und die unvollkommenen Pflichten". *Zeitschrift für Philosophische Forschung*, pp. 404~421.

———, 1984. *Wohlgeordnete Freiheit*. Berlin.

King, Peter, 1830. *The life of John Locke*. London.

King, Preston, Ed., 1993. *Thomas Hobbes: Critical assessments*. 4 Vols. London.

Kirk, Kenneth E., 1927. *Conscience and its problems*. London.

———, 1932. *The vision of God*. London.

Kirk, Linda, 1987. *Richard Cumberland and natural law*. Cambridge.

Klein, Lawrence, 1984. "The third Earl of Shaftesbury and the progress of politeness". *Eighteenth-Century Studies*, 18:2, pp. 186~214.

———, 1993. "Shaftesbury, politeness and the politics of religion". In *Political discourse in early modern Britain*, Eds., Nicholas Phillipson and Quentin Skinner. Cambridge.

———, 1994. *Shaftesbury and the culture of politeness*. Cambridge.

Klibansky, Raymond and Ernest C. Mossner, Eds., 1954. *New letters of David Hume*. Oxford.

Knox, Ronald, 1950. *Enthusiasm*. Oxford.

Kobusch, Theo, 1993. *Die Entdeckung der Person. Metaphysik der Freiheit und modernes Menschenbild*. Freiburg.

Köhl, Harald, 1990. *Kants Gesinnungsethik*. Berlin.

Kopper, Joachim, 1983. *Ethik der Aufklärung*. Darmstadt.

Körner, Stefan, 1955, *Kant*. London.

Kors, Alan C. and Paul J. Korshin, Eds., 1987. *Anticipations of the enlightenment in England, France, and Germany*. Philadelphia.

Kors, Alan C., 1976. *D'Holbach's coterie*. Princeton.

Korsgaard, Christine M., 1986a. "Skepticism about practical reason". *Journal of Philosophy*, 83:1, pp. 5~25.

———, 1986b. "Kant's formula of humanity". *Kantstudien*, 77~2, pp. 183~202.

_____, 1986c. "Aristotle and Kant on the source of value". *Ethics*, 96, pp. 486~505.

_____, 1989. "Personal identity and the unity of agency". *Philosophy and Public Affairs*, 18:2, pp. 101~132.

_____, 1996. *Creating the kingdom of ends.* Cambridge.

Krailsheimer, A. J., 1962. *Studies in self-interest from Descartes to LaBruyere.* Oxford.

Krause, Otto Wilhelm, 1982. *Naturrechtler des sechzehnten Jahrhunderts.* Frankfurt am Main.

Kraye, Jill, 1988. "Moral philosophy". In *The Cambridge history of renaissance philosophy*, Eds., Charles Schmitt, Quentin Skinner, Ekhard Kessler, and Jill Kraye, pp. 303~386. Cambridge.

Krieger, Leonard, 1965. *The politics of discretion: Pufendorf and the acceptance of natural law.* Chicago.

Kuehn, Manfred, 1987. *Scottish common sense in Germany, 1768~1800.* Kingston.

Küenburg, Max, 1925. *Ethische Grundfragen in der jüngst veröffentlichten Ethikvorlesung Kants. Philosophie und Grenzwissenschaften*, Vol. I, no. 4. Innsbruck.

Kupperman, Joel J., 1985. "Francis Hutcheson: Morality and nature". *History of Philosophy Quarterly*, 2, pp. 195~202.

Laboucheix, Henri, 1982. *Richard Price as moral philosopher and political theorist* (1970). Trans. Sylvia Raphael and David Raphael. Oxford.

Labrousse, Elizabeth, 1983. *Bayle.* Oxford.

Lacey, Michael J. and Knud Haakonssen, Eds., 1991. *A culture of rights.* Cambridge.

Landsberg, Ernst, 1898. *Geschichte der deutschen Rechtswissenschaft.* Part III. Munich.

Larmore, Charles, 1993. *Modernité et morale.* Paris.

Larthomas, Jean-Paul, 1985. *De Shaftesbury à Kant.* Paris.

Latzer, Michael, 1994. "Leibniz's conception of metaphysical evil". *Journal of the History of Ideas*, 55:1, pp. 1~15.

Laude, Patrick, 1994. "Les leçons de l'amour-proper chez Pierre

Nicole". *Revue des Sciences Philosophiques et Théologiques*, 78:2, pp. 241~270.

Laurent, Pierre, 1982. *Pufendorf et la loi naturel*. Paris.

Laursen, John Christian, 1993. "Michel de Montaigne and the politics of skepticism". *Historical Reflections/Reflexions Historiques*, 16:1, pp. 99~133.

Lefêvre, Roger, 1966. *Condillac*. Paris.

Lehmann, Gerhard, 1969. *Beiträge zur Geschichte und Interpretation der Philosophie Kants*. Berlin.

―――, 1980. *Kants Tugenden*. Berlin.

Lehrer, Keith, 1989. *Thomas Reid*. London.

Leidhold, Wolfgang, 1985. *Ethik und Politik bei Francis Hutcheson*. Munich.

Leites, Edmund, Ed. , 1988. *Conscience and causistry in early modern Europe*. Cambridge.

LeMahieu, D. L. , 1976. *The mind of William Paley*. Lincoln, Neb.

Levi, Anthony, 1964. *French moralists: The theory of the passions, 1585~1659*. Oxford.

Lieberman, David, 1989. *The province of legislation determined*. Cambridge.

Lindgren, J. Ralph, 1973. *The social philosophy of Adam Smith*. The Hague.

Loemker, Leroy E. , 1972. *Struggles for synthesis: The seventeenth century background of Leibniz's synthesis of order and freedom*. Cambridge, Mass.

Long, A. A. , 1986. *Hellenistic philosophy*. 2nd ed. Berkeley.

―――, Ed. , 1971. *Problems in stoicism*. London.

Louden, Robert B. , 1986. "Kant's virtue ethics". In *Philosophy*, 61, pp. 473~489.

Lovejoy, Arthur O. , 1908. "Kant and the English Platonists". In *Essays philosophical and psychological in honor of William James*, by his colleagues at Columbia University, pp. 265~302. New York.

―――, 1961. *Reflections on human nature*. Baltimore.

Lyons, David, 1973. *In the interest of the governed*. Oxford.

MacDonald, Scott, Ed., 1991. *Being and goodness*. Ithaca, N. Y.

MacIntyre, Alasdair, 1959. "Hume on is and ought". *Philosophical Review*, 68, pp. 451~468.

_____, 1966. *A short history of ethics*. New York.

_____, 1988. *Whose justice? Which rationality?*. Notre Dame.

Mack, Mary P., 1962. *Jeremy Bentham: An odyssey of ideas, 1748~1792*. London.

Mackie, J. L., 1980. *Hume's moral theory*. London.

Mackintosh, James, 1872. *On the progress of ethical philosophy* (1835). 2nd ed. Ed., William Whewell. Edinburgh.

Macklem, Michael, 1958. *The anatomy of the world*. Minneapolis.

Mahoney, John, 1987. *The making of moral theology: A study of the Roman Catholic tradition*. Oxford.

Marshall, David, 1986. *The figure of theater*. New York.

Marshall, John, 1994. *John Locke: Resistance, religion and responsibility*. Cambridge.

Martens, John W., 1994. "Romans 2. 14-16: A stoic reading". *New Testament Studies*, 40, pp. 55~67.

Martens, Wolfgang, 1968. *Die Botschaft der Tugend*. Stuttgart.

Martineau, James, 1891. *Types of ethical theories*. 3rd ed. Oxford.

Martinich, A. P., 1992. *The two gods of Leviathan*. Cambridge.

Masters, Roger, 1968. *The political philosophy of Jean-Jacques Rousseau*. Princeton.

Mattern, Ruth, 1978. "Spinoza and ethical subjectivism". *Canadian Journal of Philosophy* (suppl.), 4, pp. 59~82.

Mautner, Thomas, 1989. "Pufendorf and the correlativity theory of rights". In *In so many words*, Eds., Sten Lindström and Wlodzimierz Rabinowicz, pp. 37~57. Uppsala.

Mauzi, Robert, 1960. *L'idée du bonheur dans la littérature et la pensée françaises au XVIIIe siècle*. Paris.

Mayr, Otto, 1986. *Authority, liberty and automatic machinery in early modern Europe*. Baltimore.

McAdoo, H. R., 1949. *The structure of Caroline moral theology*. London.

McClelland, Charles E., 1980. *State, society and university in Ger-*

many, *1700~1914*. Cambridge.

McCosh, James, 1875. *The Scottish philosophy*. London.

McCracken, Charles, 1983. *Malebranche and British philosophy*. Oxford.

McFarland, J. D., 1979. *Kant's concept of teleology*. Edinburgh.

Medick, Hans, 1973. *Naturzustand und Naturgeschichte der bürgerlichen Gesellschaft*. Göttingen.

Meek, Ronald L., 1976. *Social science and the ignoble savage*. Cambridge.

Menzer, Paul, 1897. *Der Entwicklungsgang der Kantischen Ethik bis zum Erscheinen der Grundlegung der Metaphysik der Sitten*. Berlin.

_____, 1898. "Der Entwicklungsgang der kantischen Ethik in den Jahren 1760 bis 1785". *Kantstudien*, 2, pp. 290~322; 3, pp. 41~104.

Mesnard, Jean, 1965. *Pascal*. Paris.

Meyer, R. W., 1952. *Leibniz and the seventeenth century revolution*. Trans. J. P. Stern. Cambridge.

Meylan, Phillipe, 1937. *Jean Barbeyrac*. Lausanne.

Miller, David, 1981. *Philosophy and ideology in Hume's political thought*. Oxford.

Miller, James, 1984. *Rousseau, dreamer of democracy*. New Haven.

Mintz, Samuel I., 1969. *The hunting of Leviathan*. Cambridge.

Modeer, Kjell A., Ed., 1986. *Samuel Pufendorf, 1632~1982*. Stockholm.

Mondadori, Fabrizio, 1989. "Necessity ex hypothesi". In *The Leibniz renaissance*, pp. 191~222. Florence.

Monro, D. H., 1975. *The ambivalence of Mandeville*. Oxford.

Moore, James and Michael Silverthorne. 1983. "Gershom Carmichael and the natural jurisprudence tradition in eighteenth century Scotland". In *Wealth and virtue*, Eds., Istvan Hont and Michael Ignatieff, pp. 73~87. Cambridge.

Moore, James, 1976. "Hume's theory of justice and property". *Political Studies*, 24:2, pp. 103~119.

_____, 1977. "Hume's political science and the classical republican tradition". *Canadian Journal of Political Science*, 10:4, pp. 809 ~839.

_____, 1988. "Natural law and the Pyrrhonian controversy". In *Philosophy and science in the Scottish Enlightenment*, Ed. , Peter Jones, pp. 20~38. Edinburgh.

Moore, W. G. , 1969. *La Rochefoucauld*. Oxford.

Morgan, Vance G. , 1994. *Foundations of Cartesian ethics*. Atlantic Highlands, N. J.

Mossner, E. C. , 1954. *The life of David Hume*. Oxford.

_____, 1971. *Bishop Butler and the age of reason*. New York.

Moyal, Georges J. D. , Ed. , 1991. *René Descartes. Critical assessments*. Vol. IV. London.

Muirhead, J. H. , 1931. *The Platonic tradition in Anglo-Saxon philosophy*. London.

Mulholland, Leslie A. , 1989. *Kant's system of rights*. New York.

Mulvaney, Robert J. , 1968. "The early development of Leibniz's concept of justice". *Journal of the History of Ideas*, 39, pp. 53~72.

_____, 1975. "Divine justice in Leibniz's discourse on metaphysics". *Studia Leibnitiana* (suppl.), 14, pp. 61~82.

Myers, Milton L. , 1983. *The soul of modern economic man*. Chicago.

Naville, Pierre, 1967. *D'Holbach et la philosophie scientifique au XVIIIe siècle*. 2nd ed. Paris.

Nell, Onora (O'Neill), 1975. *Acting on principle*. New York.

Noonan, John T. , Jr. , 1993. "Development in moral doctrine". *Theological Studies*, 54, pp. 662~677.

Normore, Calvin, 1994. "Ockham, self-motion, and the will". In *Self-motion from Aristotle to Newton*, Eds. , Mary Louise Gill and James G. Lennox, pp. 291~303. Princeton.

Norton, David Fate, 1974. "Hutcheson's moral sense theory reconsidered". *Dialogue*, 13, pp. 3~23.

_____, 1977. "Hutcheson on perception and moral perception". *Archiv für Geschichte der Philosophie*, 59, pp. 181~197.

_____, 1982. *David Hume: Common-sense moralist, sceptical metaphysician*. Princeton.

_____, 1985a. "Hume's moral ontology". *Hume Studies* (suppl.), 85, pp. 189~214.

_____, 1985b. "Hutcheson's moral realism". *Journal of the History of Philosophy*, 23, pp. 397~418.

_____, Ed., 1993. *The Cambridge companion to Hume*. Cambridge.

Noxon, James, 1973. *Hume's philosophical development*. Oxford.

Nutkiewicz, Michael, 1983. "Samuel Pufendorf: Obligation as the basis of the state". *Journal of the History of Philosophy*, 21, pp. 15~29.

O'Brien, Wendell, 1991. "Butler and the authority of conscience". *History of Philosophy Quarterly*, 8:1, pp. 43~57.

O'Connor, D. J., 1952. *John Locke*. London.

O'Higgins, J., 1976. *Determinism and freewill*. The Hague.

O'Neill, Onora, 1989. *Constructions of reason*. Cambridge.

Oakley, Francis, 1961. "Christian theology and the Newtonian science: The rise of the concept of the laws of nature". *Church History*, 30, pp. 433~457.

Oakley, Francis, 1984. *Omnipotence, covenant, and order*. Ithaca, N.Y.

Oberman, Heiko, 1963. *The harvest of mediaeval theology*. Camridge, Mass.

Oestreich, Gerhard, 1982. *Neostoicism and the early modern state*. Cambridge.

Olscamp, Paul J., 1970. *The moral philosophy of George Berkeley*. The Hague.

Osler, Margaret J., 1994. *Divine will and the mechanical philosophy*. Cambridge.

_____, Ed., 1991. *Atoms, pneuma, and tranquillity: Epicurean and stoic themes in European thought*. Cambridge.

Othmer, Sieglinde, 1970. *Berlin und die Verbreitung des Naturrechts in Europa*. Berlin.

Outram, Dorinda, 1995. *The enlightenment*. Cambridge.

Pagden, Anthony, Ed., 1987. *The languages of political theory in early-modern Europe*. Cambridge.

Palladini, Fiammetta and Gerald Hartung, Eds., 1996. *Samuel*

Pufendorf und die europäische Frühaufklärung. Berlin.

Palladini, Fiammetta, 1990. "Di una critica di Leibniz a Pufendorf". In *Percorsi della ricerca filosofica*, pp. 19~27. Rome.

Parfit, Derek, 1984. *Reasons and persons.* Oxford.

Parkinson, G. H. R., 1970. *Leibniz on human freedom. Studia Leibnitiana*, suppl. 2. Weisbaden.

Passerin d'Entreves, A., 1951. *Natural law.* London.

Passmore, J. A., 1951. *Ralph Cudworth: An interpretation.* Cambridge.

Paton, H. J., 1946. *The categorical imperative.* London.

Paulsen, Friedrich, 1919. *Geschichte des gelehrten Unterrichts.* Vol. I. Leipzig.

Peach, Bernard, 1958. "Shaftesbury's moral Arithmeticks". *Personalist*, 39, pp. 19~27.

Penelhum, Terence, 1975. *Hume.* New York.

_____, 1985. *Butler.* London.

Perelman, Chaim, 1980. *Introduction historique à la philosophie morale.* Brussels.

Peters, Richard, 1956. *Hobbes.* London.

_____, 1972. *Hobbes and Rousseau.* New York.

Peterson, Susan Rae, 1984. "The compatibility of Richard Price's politics and ethics". *Journal of the History of Ideas*, 45, pp. 537~547.

Phillipson, Nicholas, 1981. "The Scottish Enlightenment". In *The enlightenment in national context*, Eds., Roy Porter and Mikulas Teich, pp. 19~40. Cambridge.

_____, 1989. *Hume.* London.

Pintard, René, 1943. *Le libertinage érudite dans le premiére moitié du XVIIe siécle.* Paris.

Platts, Mark, 1988. "Hume and morality as matter of fact". *Mind*, 97:386, pp. 189~204.

Pocock, J. G. A., 1975. *The Machiavellian moment.* Princeton.

_____, 1985. *Virtue, commerce, and history.* Cambridge.

Pohlmann, R., 1971. "Autonomie". In *Historisches Wörterbuch der Philosophie*, Vol. I, Ed., Joachim Ritter, pp. 701~719.

Darmstadt.

Pomeau, René, 1969. *La religion de Voltaire.* 2nd ed. Paris.

Popkin, Richard, 1979. *The history of scepticism from Erasmus to Spinoza.* Berkeley.

———, 1980. *The high road to Pyrrhonism.* San Diego.

Porter, Roy and Mikulas Teich, Eds. , 1981. *The enlightenment in national context.* Cambridge.

Poser, Hans, 1980. "Die Bedeutung der Ethik Christian Wolffs für die deutsche Aufklärung". *Studia Leibnitziana* (suppl.), 19, pp. 206~217.

Postema, Gerald J. , 1986. *Bentham and the common law tradition.* Oxford.

Primer, Irwin, 1975a. "Mandeville and Shaftesbury: Some facts and problems". In *Mandeville studies*, Ed. , Irwin Primer, pp. 126 ~141. The Hague.

———, Ed. , 1975b. *Mandeville studies.* The Hague.

Prior, Arthur N. , 1949. *Logic and the basis of ethics.* Oxford.

Probst, Peter, 1994. *Kant: Bestirnter Himmel und moralisches Gesetz.* Würzburg.

Randall, John Herman, 1965. *The career of philosophy.* Vol. 2. New York.

Raphael, D. D. , 1947. *The moral sense.* Oxford.

———, 1949. "Bp. Butler's view of conscience". *Philosophy*, 24, pp. 218~238.

———, 1972. "The impartial spectator". *Proceedings of the British Academy*, 59, pp. 335~354.

Rapp, Hans, 1982. "Grotius and Hume on natural religion and natural law". *Archiv für Rechts- und Sozialphilosophie*, 68, pp. 372~387.

Rawls, John, n. d. "Lectures on Kant's ethics". Unpublished type-script.

Raymond, Marcel, 1957. "Du jansénisme à la morale de l'intérêt". *Mercure de France* (June), pp. 238~255.

Ree, Jonathan, 1974. *Descartes.* London.

Reibstein, Ernst, 1953. "Deutsche Grotius-Kommentatoren bis zu

326

Christian Wolff". *Zeitschrift für ausländisches öffentliches Recht*, 15:1~2 (Oct.), pp. 76~102.

Reich, Klaus, 1939. "Kant and Greek ethics". *Mind*, 48, pp. 338~354/447~463.

Reiner, Hans, 1983. *Duty and inclination*. The Hague.

Rendall, Janet, 1978. *The origins of Scottish Enlightenment*. New York.

Rescher, Nicholas, 1979. *Leibniz: An introduction to his philosophy*. Oxford.

Rex, Walter, 1965. *Essays on Pierre Bayle and religious controversy*. The Hague.

Riley, lawrence Joseph, 1948. *The history, nature, and use of EPIKEIA in moral theology*. Washington, D. C.

Riley, Patrick, 1982. *Will and political legitimacy*. Cambridge.

_____, 1983. *Kant's political philosophy*. Totowa, N. J.

_____, 1986. *The general will before Rousseau*. Princeton.

_____, 1996. *Leibniz' universal jurisprudence*. Cambridge, Mass.

Rist, John M., 1969. *Stoic philosophy*. Cambridge.

_____, Ed., 1978. *The stoics*. Berkeley.

Ritter, Christian, 1971. *Der Rechtsgedanke Kants nach den frühen Quellen*. Frankfurt am Main.

Ritter, Joachim, Ed., 1971. *Historisches Wörterbuch der Philosophie*. Vol. I. Darmstadt.

Ritzel, Wolfgang, 1985. *Immanuel Kant. Eine Biographie*. Berlin.

Rivers, Isabel, 1991. *Reason, grace, and sentiment*. Vol. I. Cambridge.

Robbins, Caroline, 1959. *The eighteenth century commonwealthman*. Cambridge, Mass.

_____, 1969. *Two English political tracts*. Cambridge.

Roberts, James Deotis, Sr., 1968. *From puritanism to Platonism in seventeenth century England*. The Hague.

Roberts, T. A., 1973. *The concept of benevolence*. London.

Robinet, André, 1955. *Malebranche et Leibniz*. Paris.

Rochot, Bernard, 1944. *Les travaux de Gassendi sur Epicure et sur l'atomisme, 1619~1658*. Paris.

_____, 1955. "Le philosophe". In *Pierre Gassendi, sa vie et son oeuvre*, pp. 71~107. Paris.

Röd, Wolfgang, 1969. "Erhard Weigl's Lehre von den entia moralia". *Archive für Geschichte der Philosophie*, 51, pp. 58~84.

_____, 1970. *Geometrischer Geist und Naturrecht*. Munich.

Rodis-Lewis, Geneviève, 1970. *La moral de Descartes*. Paris.

Rogers, G. A. J. and Alan Ryan, Eds., 1988. *Perspectives on Thomas Hobbes*. Oxford.

Rohls, Jan, 1991. *Geschichte der Ethik*. Tübingen.

Rommen, H. A., 1947. *The natural law*. Trans. Thomas R. Hanley. St. louis.

Rorty, Amelie, 1978. "Butler on benevolence and conscience". *Philosophy*, 53, pp. 171~184.

Rorty, Richard, Jerome B. Schneewind, and Quentin Skinner, Eds., 1984. *Philosophy in history*. Cambridge.

Rosen, Frederick, 1983. *Jeremy Bentham and representative democracy*. Oxford.

Ross, G. MacDonald, 1984. *Leibniz*. Oxford.

Ross, Ian Simpson, 1972. *Lord Kames and the Scotland of his day*. Oxford.

Rossi, Philip J. and Micheal Wreen, Eds., 1991. *Kant's philosophy of religion reconsidered*. Bloomington.

Rossvaer, Viggo, 1979. *Kant's moral philosophy*. Oslo.

Rowe, William L., 1991. *Thomas Reid on freedom and morality*. Ithaca, N. Y.

Rüping, Hinrich, 1968. *Die Naturrechtslehre des Christian Thomasius und ihre Fortbildung*. Bonn.

Rupp, Gordon, 1953. *The righteousness of God: Luther studies*. London.

Russell, Paul, 1993. "Epigram, pantheists, and freethought in Hume's treatise: A study in esoteric communication". *Journal of the History of Ideas*, 54:4, pp. 659~673.

Sabrié, J. B., 1913. *De l'humanisme au rationalisme: Pierre Charron*. Paris.

Sacksteder, William, 1982. *Hobbes studies (1879~1979): A biblio-*

graphy. Bowling Green.

Sandberg, Karl C. , 1966. *At the crossroads of faith and reason.* Tucson.

Santilli, Paul C. , 1992. "What did Descartes do to virtue?". *Journal of Value Inquiry*, 26:3, pp. 353~365.

Santinello, Giovanni, Ed. , 1993. *Models of the history of philosophy: From its origins in the renaissance to the "Historia philosophica"* (1981, 1988). Trans. C. W. T. Blackwell and Philip Weller. Dordrecht.

Sarasohn, Lisa T. , 1982. "The ethical and political thought of Pierre Gassendi". *Journal of the History of Philosophy*, 20, pp. 239~260.

_____, 1985. "Motion and morality: Pierre Gassendi, Thomas Hobbes, and the mechanical world-view". *Journal of the History of Ideas*, 46, pp. 363~370.

_____, 1991. "Epicureanism and the creation of a privatist ethic in early seventeenth century France". In *Atoms, pneuma, and tranquillity: Epicurean and stoic themes in European thought*, Ed. , Margaret J. Osler, pp. 175~195. Cambridge.

_____, 1996. *Gassendi's ethics.* Ithaca, N. Y.

Sayce, R. M. , 1972. *The essays of Montaigne: A critical exploration.* London.

Schilpp, P. A. , 1938. *Kant's pre-critical ethics.* Evanston, Ill.

Schmitt, Charles, Quentin Skinner, Ekhard Kessler, and Jill Kraye, Eds. , 1988. *The Cambridge history of renaissance philosophy.* Cambridge.

Schmucker, Josef, 1961. *Die Ursprünge der Ethik Kants.* Meisenheim.

Schneewind, Jerome B. , 1977. *Sidgwick's ethics and Victorian moral philosophy.* Oxford.

_____, 1984. "The divine corporation and the history of ethics". In *Philosophy and history*, Eds. , Richard Rorty, Jerome B. Schneewind, and Quentin Skinner, pp. 173~192.

_____, 1986. "The use of autonomy in ethical theory". In *Reconstructing Individualism*, Eds. , Thomas C. Heller,

Morton Sosna, and David E. Wellbery. Stanford.

_____, 1987. "Pufendorf's place in the history of ethics". *Synthese*, 72:1, pp. 123~155.

_____, 1990. "The misfortunes of virtue". *Ethics*, 101:1, pp. 42~63.

_____, 1991. "Natural law, skepticism, and methods of ethics". *Journal of the History of Ideas*, 52:2, pp 289~314.

_____, 1992a. "Autonomy, obligation and virtue: An overview of Kant's ethics". In *The Cambridge companion to Kant*, Ed. , Paul Guyer, pp. 309~341. Cambridge.

_____, 1992b. "History of ethics: Seventeenth and eighteenth century". In *Encyclopedia of ethics*, Eds. , Lawrence Becker and Charlotte Becker, Vol. I, pp. 500~509. New York.

_____, 1993a. "Classical republicanism and the history of ethics". *Utilitas*, 5:2, pp. 185~208.

_____, 1993b. "Kant and natural law ethics". *Ethics*, 104, pp. 53~74.

_____, 1994. "Locke's moral philosophy". In *The Cambridge companion to Locke*, Ed. , Vere Chappell, pp. 199~225. Cambridge.

_____, 1995. "Voluntarism and the origins of utilitarianism". *Utilitas*, 7, pp. 87~96.

_____, 1996a. "Barbeyrac and Leibniz on Pufendorf". In *Samuel Pufendorf und die europäische Frühaufklärung*, Eds. , Fiammetta Palladini, and Gerald Hartung, pp. 181~189. Berlin.

_____, 1996b. "Voluntarism and the foundations of ethics". *Proceedings and Addresses of the American Philosophical Association*, 70:2, pp. 25~42.

_____, 1996c. "Histoire de la philosophie morale". In *Dictionaire d'ethique et de la philosophie morale*, Ed. , Monique Canto-Sperber, pp. 651~657. Paris.

_____, 1997a. "No discipline, no history: The case of moral philosophy". In *History and the disciplines: The reclamation of knowledge in early modern Europe*, Ed. , Donald Kelley. Rochester.

_____, 1997b. "Active powers". In *Cambridge history of eighteenth century philosophy*, Ed. , Knud Haakonssen. Cambridge.

_____, 1983. "Moral crisis and the history of ethics". *Midwest Studies in Philosophy*, 8, pp. 525~542.

Schneider, Hans-Peter, 1967. *Justitia universalis*. Frankfurt am Main.

Schneiders, Werner, 1971. *Naturrecht und Liebesethik*. Hildesheim.

_____, Ed. , 1983. *Christian Wolff, 1679~1754*. Hamburg.

Schnoor, Christian, 1989. *Kants kategorischer Imperative als Kriterium der Richtigkeit des Handelns*. Tübingen.

Schobinger, Jean-Pierre, Ed. , 1988. *Die Philosophie des 17. Jahrhunderts*. Vol. 3: England. Basel.

Schofield, Malcolm, and Gisela Striker, eds. , 1986. *The norms of nature*. Cambridge.

Schrader, Wolfgang, 1984. *Ethik und Anthropologie in der englischen Aufklärung*. Hamburg.

Schröer, Christian, 1988. *Naturbegriff und Moralbegründung: Die Grundlegung der Ethik bei Christian Wolff und deren Kritik durch Immanuel Kant*. Stuttgart.

Scott, W. R. , 1900. *Francis Hutcheson*. Cambridge.

Scott-Taggart, M. J. , 1966. "Mandeville: Cynic or fool?". *Philosophical Quarterly*, 16:64, pp. 221~232.

_____, 1968. "Butler on disinterested actions". *Philosophical Quarterly*, 18, pp. 16~28.

Screech, M. A. , 1983. *Montaigne and melancholy*. London.

Sève, René, 1989. *Leibniz et l'école moderne du droit naturel*. Paris.

Shackleton, Robert, 1988. "The greatest happiness of the greatest number: The history of Bentham's phrase". In his *Essays on Montesquieu and the enlightenment*, Oxford.

Shahan, Robert W. , and J. I. Biro, eds. , 1978. *Spinoza: New perspectives*. Norman, Okla.

Sharp, Frank Chapman, 1912. "The ethical system of Richard Cumberland and its place in the history of British ethics". *Mind*, n. s. , 21, pp. 371~398.

Shaver, Robert, 1995. "Hume's moral theory?". *History of Philosophy Quarterly*.

Shearer, Edna, 1915. *Hume's place in ethics*. Bryn Mawr, PA.

Shklar, Judith, 1907. *The methods of ethics* (1874). 7th ed. London.

———, 1969. *Men and citizens: A study of Rousseau's social theory.* Cambridge.

———, 1972. "Conquest and consent: Thomas Hobbes and the engagement controversy". In *The interregnum*, Ed., G. E. Aylmer, pp. 79~88. London.

———, 1978. *The foundations of modem political thought.* 2 Vols. Cambridge.

———, 1981. *Machiavelli.* Oxford.

———, 1987. *Montesquieu.* Oxford.

———, 1990. "Thomas Hobbes: Rhetoric and the construction of Morality". *Proceedings of the British Academy*, 76:26, pp. 1~61.

Sidgwick, Henry, 1889. *Outlines of the history of ethics* (1886). 4th ed. London.

Skinner, Quentin, 1966. "Thomas Hobbes and his disciples in France and England". *Comparative Studies in Society and History*, 8, pp. 153~167.

Smith, D. W., 1965. *Helvétius, a study in persecution.* Oxford.

———, 1993. "Helvétius and the problems of utilitarianism". *Utilitas*, 5:2, pp. 275~290.

Smith, Michael, 1987. "The Humean theory of motivation". *Mind*, 96:381, pp. 36~61.

Smith, Norman Kemp, 1941. *The philosophy of David Hume.* London.

Smyth, Damian, Ed., n. d. *Frances Hutcheson.* A special symposium. Supplement to *Fortnight*.

Snare, Frank, 1975. "The argument from motivation". *Mind*, 84, pp. 1~9.

Sommerville, J. P., 1982. "From Suárez to Filmer: A reappraisal". *Historical Journal*, 25:3, pp. 525~540.

Sorell, Tom, 1986. *Hobbes.* London.

———, 1987. *Descartes.* New York.

———, 1993a. "Morals and modernity in Descartes". In *The rise of modern philosophy*, Ed. , Tom Sorell, pp. 273~288. Oxford.

_____, Ed. , 1993b. *The rise of modern philosophy*. Oxford.

_____, Ed. , 1996. *Cambridge companion to Hobbes*. Cambridge.

Sorley, W. R. , 1894. "The philosophy of Herbert of Cherbury". *Mind*, 3, pp. 491~540.

Speck, W. A. , 1975. "Mandeville and the eutopia seated in the brain". In *Mandeville studies*, Ed. , Irwin Primer, pp. 66~79. The Hague.

Spellman, W. M. , 1988. *John Locke and the problem of depravity*. Oxford.

Spink, J. S. , 1960. *French free thought from Gassendi to Voltaire*. London.

Stalley, R. F. , 1986. "The will in Hume's treatise". *Journal of the History of Philosophy*, 24, pp. 41~53.

Stark, Werner, 1993. *Nachforschungen zu Briefen und Handschriften Immanuel Kants*. Berlin.

Starobinski, Jean, 1985. *Montaigne in motion*. Trans. Arthur Goldhammer. Chicago.

State, S. A. , 1991. *Thomas Hobbes and the debate over natural law and religion*. New York.

Stäudlin, Carl Friedrich, 1822. *Geschichte der Moralphilosophie*. Hannover.

Stein, Peter, 1980. *Legal evolution: The story of an idea*. Cambridge.

Steinmetz, David. C. , 1988. "Calvin and the absolute power of God". *Journal of Medieval and Renaissance Studies*, 18:1, pp. 65 ~79.

Steintrager, James, 1971. "Morality and belief: The origin and purpose of Bentham's writings on religion". *Mill Newsletter*, 6:2, pp. 3~15.

_____, 1977. *Bentham*. Ithaca, N. Y.

Stephen, Leslie, 1876. *History of English thought in the eighteenth century*. 2 Vols. London.

Stephens, John, 1986. "The epistemological strategy of Price's review of morals". *Enlightenment and Dissent*, 5, pp. 39~50.

_____, 1987. "Price, providence and the principia". *Enlightenment and Dissent*, 6, pp. 77~93.

Stewart, Dugald, 1854. "Dissertation exhibiting the progress of metaphysical, ethical, and political philosophy since the revival of letters in Europe (1815, 1821)". In *Collected works*, Ed., William Hamilton, Vol. I. Edinburgh.

Stewart, John B., 1992. *Opinion and reform in Hume's political philosophy*. Princeton.

Stewart, M. A., 1991. "The stoic legacy in the early Scottish Enlightenment". In *Atoms, pneuma, and tranquillity: Epicurean and stoic themes in European thought*, Ed., Margaret J. Osler, pp. 273~296. Cambridge.

————, Ed., 1990. *Studies in the philosophy of the Scottish Enlightenment*. Oxford.

Stewart, M. A., and John P. Wright, eds., 1994. *Hume and Hume's connexions*. University Park, PA.

Stoeffler, F. Ernest, 1973. *German pietism during the eighteenth century*. Leiden.

Stolleis, M., Ed., 1977. *Staatsdenker im 17. und 18. Jahrhundert*. Frankfurt am Main.

Striker, Gisela, 1986. "Antipater, or the art of living". In *The norms of nature*, Eds., Malcolm Schofield and Gisela Striker, pp. 185~204. Cambridge.

————, 1987. "Origins of the concept of natural law". In *Proceedings of the Boston Area Colloquium in Ancient Philosophy*. Vol. II, Ed., John J. Cleary, pp. 79~94. Lanham.

————, 1990. "Ataraxia: Happiness as tranquillity". *Monist*, 73:1, pp. 97~110.

————, 1991. "Following nature: A study in stoic ethics". In *Oxford studies in ancient philosophy*, Vol. 9, Ed., Julia Annas, pp. 1~74. Oxford.

————, 1996. *Essays on Hellenistic epistemology and ethics*. Cambridge.

Stroud, Barry, 1977. *Hume*. London.

Sturgeon, Nicholas, 1976. "Nature and conscience in Butler's ethics". *Philosophical Review*, 85, pp. 316~356.

Sullivan, Robert E. , 1982. *John Toland and the deist controversy*. Cambridge, Mass.

Sullivan, Roger L. , 1989. *Immanuel Kant's moral theory*. Cambridge.

Tack, Reiner, 1974. *Untersuchungen zum Philosophie- und Wissenschaftsbegriff bei Pierre Gassendi* (1592~1655). Meisenheim am Glan.

Taylor, Charles, 1989. *Sources of the self.* Cambridge, Mass.

Teichgraber, Richard F. , III, 1986. *"Free trade" and moral philosophy*. Durham, N. C.

Thomas, D. O. , 1977. *The honest mind: The thought and work of Richard Price*. Oxford.

Thomas, D. O. , John Stephens, and P. A. L. Jones, 1993. *A b ibliography of the works of Richard Price*. Aldershot.

Thompson, W. D. J. Cargill, 1984. *The political thought of Martin Luther*. Ed. , Philip Broadhead. Sussex.

Thomson, Ann, 1981, *Materialism and society in the mid-eighteenth century: La Mettrie's "Discours preliminaire"*. Geneva.

Tierney, Brian, 1982. *Religion, law, and the growth of constitutional thought*. Cambridge.

_____, 1983. " Tuck on rights: Some medieval problems". *History of Political Thought*, 4:3, pp. 429~441.

_____, 1988. " Villey, Ockham and the origin of individual rights". In *The weightier matters of the law*, Eds. , John Witte Jr. and Frank S. Alexander, pp. 1~31. Atlanta.

_____, 1989. "The origins of natural rights language". *History of Political Thought*, 10:4, pp. 615~646.

_____, 1991. "Marsilius on rights". *Journal of the History of Ideas*, 52:1, pp. 3~17.

Todd, Margo, 1987. *Christian humanism and the Puritan social order*. Cambridge.

Tonelli, Giorgio, 1967. *Studien zu Kants philosophischer Entwickelung*. Hildesheim.

Topazio, Virgil W. , 1956. *D'Holbach's moral philosophy*. Geneva.

Trianosky, Gregory, 1978. " On the obligation to be virtuous: Shaftesbury and the question, why be moral?". *Journal of the*

History of Philosophy, 16, pp. 289~300.

Tuck, Richard, 1979. *Natural rights theories*. Cambridge.

———, 1983. "Grotius, Carneades, and Hobbes". *Grotiana*, n. s., 4, pp. 43~62.

———, 1987. "The 'modern' theory of natural law". In *The languages of political theory in early-modern Europe*, Ed., Anthony Pagden, pp. 99~119. Cambridge.

———, 1988. "Optics and sceptics: The philosophical foundations of Hobbes' political thought". In *Conscience and causistry in early modern Europe*, Ed., Edmund Leites, pp. 235~263. Cambridge.

———, 1989. *Hobbes*. Oxford.

———, 1993. *Philosophy and government, 1572~1651*. Cambridge.

Tulloch, John, 1874. *Rational theology and Christian philosophy in England in the seventeenth century*. 2nd ed. 2 Vols. Edinburgh.

Tully, James, 1980. *A discourse on property*. Cambridge.

———, 1988. *Meaning and context: Quentin Skinner and his critics*. Princeton.

———, 1993. *An approach to political philosophy: Locke in contexts*. Cambridge.

Turner, R. Steven, 1974. "University reformers and professorial scholarship in Germany, 1760~1806". In *The university in society*, Ed., Lawrence Stone, Vol. 2. Princeton.

Tuveson, Ernest, 1947~1948. "The origin of the moral sense". *Huntington Library Quarterly*, 11, pp. 241~259.

———, 1953. "The importance of Shaftesbury". *Journal of English Literary History*, 20, pp. 267~279.

———, 1960. *Imagination as a means of grace*. Berkeley.

———, 1976. "Truth, happiness and obligation: The moral philosophy of William Wollaston". *Philosophy*. 51, pp. 35~46.

Tweyman, Stanley, 1974. *Reason and conduct in Hume and his predecessors*. The Hague.

Vartanian, Aram, 1960. *La Mettrie's "L'homme machine"*. Princeton.

Velkley, Richard L., 1989. *Freedom and the end of reason*. Chicago.

Venturi, Franco, 1971. *Utopia and reform in the enlightenment*.

Cambridge.

Vienne, Jean Michel, 1991. "Malebranche and Locke: The theory of moral choice, a neglected theme". In *Nicholas Malebranche*, Ed., Stuart Brown, pp. 94~108. Assen.

_____, 1995. "La morale au risque de l'interpretation: L'*Encheiridion Ethicum* d'Henry More". *Archives de Philosophie*, 58:3, pp. 385 ~404.

Villey, Michel, 1957. *Lerçons d'histoire de la philosophie du droit*. Paris.

_____, 1968. *La formation de la pensée juridique moderne*. Paris.

Viner, Jacob, 1972. *The role of providence in the social order*. Princeton.

Viroli, Maurizio, 1988. *Jean-Jacques Rousseau and the "well-ordered society"*. Cambridge.

Voitle, Robert, 1961. *Samuel Johnson the moralist*. Cambridge, Mass.

_____, 1984. *The third Earl of Shaftesbury, 1671~1713*. Baton Rouge, LA.

von Eckhardt, Bettina, 1980. *Ethik der Selbstliebe*. Heidelberg.

von Selle, Götz, 1956. *Geschichte der Albertus-Universität zu König nigsberg in Preussen*. Würzburg.

Vorländer, Franz, 1855. *Geschichte der philosophischen Moral, Rechts- und Staats- Lehre der Engländer und Franzosen*. Marburg.

Vorländer, Karl, 1977. *Immanuel Kant: Der Mann und das Werk* (1924). Hamburg.

Wade, Ira O., 1971. *Intellectual origins of the French Enlightenment*. Princeton.

_____, 1977. *The structure and form of the French Enlightenment*. 2 Vols. Princeton.

Walker, D. P., 1972. *The ancient theology*. Ithaca, N. Y.

Walker, Ralph C. S., 1978. *Kant*. London.

Walton, Craig, 1972. *De la recherche du bien, a study of Malebranche's science of ethics*. The Hague.

Wand, Bernard, 1971. "Religious concepts and moral theory: Luther and Kant". *Journal of the History of Philosophy*, 9, pp. 329~348.

Ward, Keith, 1972. *The development of Kant's view of ethics*. Oxford.

Warda, Arthur, 1922. *Immanuel Kants Bücher.* Berlin.

Warrender, Howard, 1957. *The political philosophy of Hobbes.* Oxford.

Watkins, J. W. N., 1965. *Hobbes' system of ideas.* London.

Watson, Gerard, 1971. "The natural law and stoicism". In *Problems in stoicism*, Ed., A. A. Long, pp. 216~238. London.

Weinstock, Jerome, 1976. "Reid's definition of freedom". In *Thomas Reid: Critical interpretations*, Eds., Stephen F. Barker and Tom L. Beauchamp. Philadelphia.

Wellman, Kathleen, 1992. *La Mettrie: Medicine, philosophy, and enlightenment.* Durham, N. C.

Welzel, Hans, 1962. *Naturrecht und materiale Gerechtigkeit* (1950). 3rd ed. Göttingen.

_____, 1986. *Die Naturrechtslehre Samuel Pufendorfs* (1958). Berlin.

Wendel, Franois, 1963. *Calvin.* Trans. Philip Mairet. London.

Werner, Karl, 1859. *Grundriss einer Geschichte der Moralphilosophie.* Vienna.

Whelan, Frederick G., 1985. *Order and artifice in Hume's political philosophy.* Princeton.

Whewell, William, 1852. *Lectures on the history of moral philosophy in England.* London.

Wieacker, Franz, 1967. *Privatrechtsgeschichte der Neuzeit.* 2nd ed. Göttingen.

Wilenius, Reijo, 1963. *The social and political theory of Francisco Suá rez.* In Acta Philosophica Fennica, 15. Helsinki.

Williams, Bernard, 1985. *Ethics and the limits of philosophy.* Cambridge, Mass.

Williams, Howard, 1983. *Kant's political philosophy.* Oxford.

Williams, T. C., 1968. *The concept of the categorical imperative.* Oxford.

Wilson, Catherine, 1989. "Critical and constructive aspects of Leibniz's Monadology". In *The Leibniz renaissance*, pp. 291~ 303. Florence.

_____, 1990. "Nostalgia and counterrevolution: The case of Cudworth and Leibniz". In *Leibniz' Auseinandersetzung mit*

Vorgängern und Zeitgenossen, Eds., Ingrid Marchlewitz and Albert Heinekamp, pp. 138~146. *Studia Leibnitiana Supplementa*, 27, Stuttgart.

Wilson, Margaret, 1978. *Descartes*. London.

Winch, Donald, 1978. *Adam Smith's politics*. Cambridge.

Winkler, Kenneth P., 1985. "Hutcheson's alleged realism". *Journal of the History of Philosophy*, 23, pp. 179~194.

Wokler, Robert, 1975. "The influence of Diderot on the political theory of Rousseau: Two aspects of a relationship". In *Studies on Voltaire and the eighteenth century*, Ed., Theodore Besterman, Vol. 132, pp. 55~112. Banbury.

_____, 1994. "Rousseau's Pufendorf: Natural law and the foundations of commercial society". *History of Political Thought*, 15.

_____, 1995. *Rousseau*. Oxford.

Wood, Allen W., 1970. *Kant's moral religion*. Ithaca, N.Y.

_____, 1978. *Kant's rational theology*. Ithaca, N.Y.

_____, 1991. "Unsocial sociability: The anthropological basis of Kantian ethics". *Philosophical Topics*, 19:1, pp. 325~351.

_____, Ed., 1984. *Self and nature in Kant's philosophy*. Ithaca, N.Y.

Wood, Neal, 1988. *Cicero's social and political thought*. Berkeley.

Woolhouse, R. S., 1983. *Locke*. Minneapolis.

Worden, A. B., Ed., 1978. *Edmund Ludlow, a voice from the watch tower*. Camden Society, 4th Ser. London.

Wundt, Max, 1964. *Die Deutsche Schulphilosophie im Zeitalter der Aufklärung* (1945). Hildesheim.

Wundt, Wilhelm, 1917. *Ethics*. Trans. M. F. Washburn. Vol. II. London.

Yolton, John W., 1970. *Locke and the compass of human understanding*. Cambridge.

_____, 1985. *Locke, an introduction*. Oxford.

_____, 1986. "Schoolmen, logic, and philosophy". In *The history of the university of Oxford*, Eds., L. S. Sutherland and L. G. Mitchell, Vol. V. Oxford.

Yovel, Y. , 1980. *Kant and the philosophy of history.* Princeton.

_____, Ed. , 1989. *Kant's practical philosophy reconsidered.* Dordrecht.

Zarka, Yves Charles, 1995. "Ralph Cudworth et le fondement de la moral: L'action, le sujet et la norme". *Archives de Philosophie,* 58:3, pp. 405~420.

Zebrowski, Martha K. , 1994. "Richard Price: British Platonist of the eighteenth century". *Journal of the History of Ideas,* 55:1, pp. 17~35.

Zurbuchen, Simone, 1991. *Naturrecht und Natürliche Religion.* Würzburg.

용어

인물

제롬 B. 슈니윈드 Jerome B. Schneewind, 1930~

지은이 약력

1930년 뉴욕주 마운트버넌에서 태어났다. 코넬대를 졸업한 후 프린스턴 대에서 석사 및 박사학위를 받았으며 시카고대, 프린스턴대, 피츠버그 대, 스탠퍼드대 및 헬싱키대 등에서 철학을 가르쳤다. 1981년부터 존스 홉킨스대에 재직하다 2003년에 은퇴, 현재는 명예교수로서 연구에 전념 하고 있다. 1973년부터 1978년까지는 미국철학협회 회장직을 맡았으며 구겐하임재단 및 멜론재단 등에서 특별연구원직을 맡기도 하였다.

대표 저서로는 《영국 빅토리아 문학의 배경》(1970), 《시지윅의 윤리학 과 빅토리아 도덕철학》(1977), 《근대 도덕철학의 역사: 자율의 발명》 (1998), 《도덕철학사 에세이》(2009), 편저로는 《기부: 자선에 관한 서 구 철학》(1996), 《칸트 윤리학 강의》(2001), 《도덕철학, 몽테뉴에서 칸트까지》(2003) 등이 있다.

슈니윈드는 도덕철학사와 윤리학 이론, 칸트, 영국 경험주의 분야의 탁 월한 연구자로 평가받는다. 근대 도덕철학사에 관한 그의 연구는 오늘 날의 철학 연구에 깊은 영향을 미쳤다. 특히 《자율의 발명》은 칸트의 문제의식을 상세히 추적하면서 방대하고도 치밀한 윤리학사를 완성함으 로써 서양 근대 윤리학을 다룬 저술 중에서도 독보적 위치를 차지한다.

김성호 金聖昊

옮긴이 약력

고려대 철학과를 졸업하고 같은 대학원에서 칸트 윤리학 연구로 철학박 사 학위를 받았다. 서양근대철학회장, 한남대 연구원 등을 역임하였으 며, 현재는 고려대, 강원대에서 철학사와 윤리학을 가르친다. 철학서 번역에 큰 관심을 갖고 여러 책을 지속적으로 번역 중이다. 대표적인 번역서로는 애링턴의 《서양 윤리학사》(서광사, 2003), 케니의 《고대철 학》(서광사, 2008), 《중세철학》(서광사, 2010), 《근대철학》(서광사, 2014), 웨스트의 《밀의 공리주의 입문》(서광사, 2015) 등이 있다.